〔唐〕魏徵 等撰

點校本二十四史修訂本

隋書

第三册

卷二二至卷三一

中華書局

2019 年 1 月第 1 版　　2025 年 5 月第 4 次印刷

ISBN 978-7-101-13628-9

隋書卷二十二

志第十七

五行上

易以八卦定吉凶，則庖犧所以稱聖也。書以九疇論休咎，則大禹所以爲明也。春秋以災祥驗行事，則仲尼所以垂法也。天道以星象示廢興，則甘、石所以先知也。是以祥符之兆可得而言，妖訛之占所以徵驗。夫神則陰陽不測，天則欲人遷善。均乎影響，殊致同歸。漢時有伏生、董仲舒、京房、劉向之倫，能言災異，顧盻六經，有足觀者。劉向曰：「君道得則和氣應，休徵生。君道違則乖氣應，咎徵發。」夫天有七曜，地有五行。五事愆違則天地見異，況於日月星辰乎？況於水火金木土乎？若梁武之降號伽藍，齊文宣之盤遊市里，陳則蔣山之鳥呼曰「奈何」，周則陽武之魚乘空而鬭，隋則鵲巢黼帳，火炎門闕，豈唯天道，亦曰人妖，則祥眚呈形，于何不至？亦有脱略政教，張羅罇糈，崇信巫史，重增愆罰。昔懷王事神而秦兵逾進，萇弘尚鬼而諸侯不來。性者，生之靜也；欲者，心之使也。置情攸往，引類同歸。雀乳於空城之側，鷭飛于鼎耳之上。短長之制，既曰由人；黔隧崇山，同車共軫。必有神道，裁成倚伏。一則以爲殃釁，一則以爲休徵。故曰，德勝不祥而義厭不惠。是以聖王常由德義消伏災咎也。

洪範五行傳曰：「木者東方，威儀容貌也。古者聖王垂則，天子穆穆，諸侯皇皇。登輿則有鸞和之節，降車則有佩玉之度，田狩則有三驅之制，飲食則有享獻之禮。無事不出境。此容貌動作之得節，所以順木氣也。如人君違時令，失威儀，田獵馳騁，不反宮室，飲食沉湎，不顧禮制，縱欲恣睢，出入無度，多繇役以奪人時，增賦稅以奪人財，則木不曲直。」

齊後主武平五年，鄴城東青桐樹，有如人狀。京房易傳曰：「王德衰，下人將起，則有木生爲人狀。」是時後主怠於國政，耽荒酒色，威儀不肅，馳騁無度，大發繇役，盛脩宮室，後二歲而亡。木不曲直之効也。

七年，宮中有樹，大數圍，夜半無故自拔。齊以木德王，無故自拔，亡國之應也。其年，齊亡。

開皇八年四月，幽州人家以白楊木懸竈上，積十餘年，忽生三條，皆長三尺餘，甚鮮茂。仁壽二年春，盩厔人以楊木爲屋梁，生三條，長二尺。京房易傳曰：「妃后有顓，木仆反立，斷枯復生。」獨孤后專恣之應也。

仁壽元年十月，蘭州楊樹上松生，高三尺，六節十二枝。宋志曰：「松不改柯易葉，楊者危脆之木，此永久之業，將集危亡之地也。」是時帝惑讒言，幽廢冢嫡，初立晉王爲皇太子。天戒若曰，皇太子不勝任，永久之業，將致危亡。帝不悟。及帝崩，太子立，是爲煬帝，竟以亡國。

仁壽四年八月，河間柳樹無故枯落，既而花葉復生。京房易飛候曰：「木再榮，國有大喪。」是歲，宮車晏駕。

洪範五行傳曰：「金者西方，萬物既成，殺氣之始也。古之王者，興師動衆，建立旗鼓，以誅殘賊，禁暴虐，安天下，殺伐必應義，以順金氣。如人君樂侵陵，好攻戰，貪城邑之賂，以輕百姓之命，人皆不安，外内騷動，則金不從革。」

陳禎明二年五月，東冶鐵鑄，有物赤色，大如斗，自天墜鎔所，隆隆有聲，鐵飛破屋而四散，燒人家。時後主與隋雖結和好，遣兵度江，掩襲城鎮，將士勞敝，府藏空竭。東冶者，陳人鑄兵之所。鐵飛爲變者，金不從革之應。天戒若曰，陳國小而兵弱，當以和好爲固，無鑄兵而黷武，以害百姓。後主不悟，又遣僞將陳紀、任蠻奴、蕭摩訶數寇江北，百姓不堪其役。及隋師度江，而二將降款，卒以滅亡。

洪範五行傳曰：「火者南方，陽光爲明也。人君向南，蓋取象也。昔者聖帝明王，負扆攝袂，南面而聽斷天下。攬海内之雄俊，積之於朝，以續聰明，推邪佞之僞臣，投之于野，以通壅塞，以順火氣。夫不明之君，惑於讒口，白黑雜揉，代相是非，衆邪並進，人君疑惑。棄法律，間骨肉，殺太子，逐功臣，以孽代宗，則火失其性。」

梁天監元年五月，有盜入南、北掖，燒神武門總章觀。時帝初即位，而火燒觀闕，不祥之甚也。既而太子薨，皇孫不得立。及帝暮年，惑於朱异之口，果有侯景之亂，宫室多被焚燒。天誡所以先見也。

普通二年五月，琬琰殿火，延燒後宫三千餘間。中大通元年，朱雀航華表災。明年，同泰寺災。大同三年，朱雀門災。水沴火也。是時帝崇尚佛道，宗廟牲牷，皆以麪代之。又委萬乘之重，數詣同泰寺，捨身爲奴，令王公已下贖之。初陽爲不許，後爲嘿許，方始還宮。天誡若曰，梁武爲國主，不遵先王之法，而淫於佛道，横多糜費，將使其社稷不得血食也。天數見變，而帝不悟，後竟以亡。及江陵之敗，闔城爲賤隸焉，即捨身爲奴之應也。

陳永定三年，重雲殿災。

東魏天平二年十一月，閶闔門災。是時齊神武作宰，而大野拔斬樊子鵠，以州來降，神武聽讒而殺之。司空元暉業免〔一〕。逐功臣大臣之罰也。

武定五年八月，廣宗郡火，燒數千家。

後齊後主天統三年，九龍殿災，延燒西廊。四年，昭陽、宣光、瑶華三殿災，延燒龍舟。是時讒言任用，正士道消，祖孝徵作歌謡，斛律明月以誅死。讒夫昌，邪勝正之應也。京房易傳曰：「君不思道，厥妖火燒宮。」

開皇十四年，將祠泰山，令使者致石像神祠之所。未至數里，野火欻起，燒像碎如小塊。時帝頗信讒言，猜阻骨肉，滕王瓚失志而死，創業功臣，多被夷滅，故天見變，而帝不悟，其後太子勇竟被廢戮。

大業十二年，顯陽門災，舊名廣陽，則帝之姓名也。國門之崇顯，號令之所由出也。時帝不遵法度，驕奢荒怠，裴藴、虞世基之徒，阿諛順旨，掩塞聰明，宇文述以讒邪顯進，忠諫者咸被誅戮。天戒若曰，信讒害忠，則除「廣陽」也。

洪範五行傳曰：「水者，北方之藏，氣至陰也。宗廟者，祭祀之象也。故天子親耕以供粢盛，王后親蠶以供祭服，敬之至也。發號施令，十二月咸得其氣，則水氣順。如人君簡宗廟，不禱祀，逆天時，則水不潤下。」

梁天監二年六月，太末、信安、安豐三縣大水〔二〕。春秋考異郵曰：「陰盛臣逆人悲，則水出河決。」是時江州刺史陳伯之、益州刺史劉季連舉兵反叛，師旅數興，百姓愁怨，臣逆人悲之應也。

六年八月，建康大水，濤上御道七尺。七年五月，建康又大水。是時數興師旅，以拒魏軍。十二年四月，建康大水。是時大發卒築浮山堰，以遏淮水，勞役連年，百姓悲怨之應也。

中大通五年五月，建康大水，御道通船。京房易飛候曰：「大水至國，賤人將貴。」蕭棟、侯景僭稱尊號之應也。

後齊河清二年十二月，兗、趙、魏三州大水。天統三年，并州汾水溢。讖曰：「水者純陰之精。陰氣洋溢者，小人專制。」是時和士開、元文遥、趙彦深專任之應也。

武平六年八月，山東諸州大水。京房易飛候曰：「小人踊躍，無所畏忌，陰不制於陽，則涌水出。」是時羣小用事，邪佞滿朝。閹豎嬖倖，伶人封王。此其所以應也。

開皇十八年，河南八州大水。是時獨孤皇后干預政事，濫殺宮人，放黜宰相。楊素頗專。水陰氣，臣妾盛强之應也。

仁壽二年，河南、河北諸州大水。京房易傳曰：「顓事有智，誅罰絶理，則厥災水。」亦由帝用刑嚴急，臣下有小過，帝或親臨斬決，又先是柱國史萬歲以忤旨被戮，誅罰絶理之應也。

大業三年，河南大水，漂没三十餘郡。帝嗣位已來，未親郊廟之禮，簡宗廟，廢祭祀之應也。

洪範五行傳曰：「土者中央，爲内事。宮室臺榭，夫婦親屬也。古者，自天子至于士，宮室寢居，大小有差，高卑異等，骨肉有恩。故明王賢君，脩宮室之制，謹夫婦之别，加親戚之恩，敬父兄之禮，則中氣和。人君肆心縱意，大爲宮室，高爲臺榭，雕文刻鏤，以疲人力，淫泆無别，妻妾過度，犯親戚，侮父兄，中氣亂，則稼穡不成。」

齊後主武平四年，山東饑。是時，大興土木之功於仙都苑。又起宮於邯鄲，窮侈極麗。後宮侍御千餘人，皆寶衣玉食。逆中氣之咎也。

煬帝大業五年，燕、代、齊、魯諸郡饑。先是建立東都，制度崇侈。又宗室諸王，多遠徙邊郡。

貌不恭

洪範五行傳曰：「貌之不恭，是謂不肅，則下不敬。陰氣勝，故厥咎狂，厥罰常雨，厥極惡。時則有服妖，時則有龜孽，有雞禍，有下體生上體之痾，有青眚青祥。惟金沴木。」

侯景僭即尊號，升圓丘，行不能正履，有識者知其不免。景尋敗。

梁元帝既平侯景，破蕭紀，而有驕矜之色。性又沉猜，由是臣下離貳。即位三年而爲西魏所陷，帝竟不得其死。

陳後主每祀郊廟，必稱疾不行。建寧令章華上奏諫曰：「拜三妃以臨軒，祀宗廟而稱疾，非祇肅之道。」後主怒而斬之。又引江總、孔範等內宴，無復尊卑之序，號爲狎客，專以詩酒爲娛，不恤國政。祕書監傅縡上書諫曰：「人君者，恭事上帝，子愛下人，省嗜慾，遠邪佞，未明求衣，日旰忘食，是以澤被區宇，慶流子孫。陛下頃來，酒色過度，不虔郊廟大神，專媚淫昏之鬼。小人在側，宦豎擅權，惡誠直如仇讎，視時人如草芥。後宮曳羅綺，厩馬餘菽粟，百姓流離，轉屍蔽野。神怒人怨，衆叛親離。臣恐東南王氣，自斯而盡。」後主不聽，驕恣日甚。未幾而國滅。

陳司空侯安都，自以有安社稷之功，驕矜日甚，每侍宴酒酣，輒箕踞而坐。嘗謂文帝曰：「何如作臨川王時？」又借華林園水殿，與妻妾賓客，置酒於其上，帝甚惡之。後竟誅死。

東魏武定五年，後齊文襄帝時爲世子，屬神武帝崩，秘不發喪，朝魏帝於鄴。魏帝宴之，文襄起儛。及嗣位，又朝魏帝於鄴，侍宴而惰。有識者知文襄之不免。後果爲盜所害。

神武時，司徒高昂嘗詣相府，將直入門，門者止之。昂怒，引弓射門者，神武不之罪。尋爲西魏所殺。

後齊後主爲周師所迫，至鄴集兵。斛律孝卿勸後主親勞將士，宜流涕慷慨，以感激之，人當自奮。孝卿授之以辭，後主然之。及對衆，嘿無所言，因赧然大笑，左右皆哂。將士怒曰：「身尚如此，吾輩何急！」由是皆無戰心，俄爲周師所虜。

煬帝自負才學，每驕天下之士。嘗謂侍臣曰：「天下當謂朕承藉餘緒而有四海耶？設令朕與士大夫高選，亦當爲天子矣。」謂當世之賢，皆所不逮。書云：「謂人莫己若者亡。」帝自矜己以輕天下，能不亡乎？帝又言習吴音，其後竟終於江都，此亦魯襄公終於楚宮之類也。

常雨水

梁天監七年七月，雨，至十月乃霽。洪範五行傳曰：「陰氣强積，然後生水雨之災。」時武帝頻年興師，是歲又大舉北伐，諸軍頗捷，而士卒罷敝，百姓怨望，陰氣畜積之應也。

陳太建十二年八月，大雨霪霖。時始興王叔陵驕恣，陰氣盛强之應也。明年，宣帝崩，後主立。叔陵刺後主於喪次。宮人救之，僅而獲免。叔陵出閤，就東府作亂。後主令蕭摩訶破之，死者千數。

東魏武定五年秋，大雨七十餘日，元瑾、劉思逸謀殺後齊文襄之應也。

後齊河清三年六月庚子，大雨，晝夜不息，至甲辰。山東大水，人多餓死。是歲，突厥寇并州，陰戎作梗，此其應也。

天統三年十月，積陰大雨。胡太后淫亂之所感也。

武平七年七月，大霖雨，水澇，人户流亡。是時駱提婆、韓長鸞等用事，小人專政之罰也。

後周建德三年七月，霖雨三旬。時衞刺王直潛謀逆亂。屬帝幸雲陽宮，以其徒襲肅章門，尉遲運逆拒破之。其日雨霽。

大雨雪

梁普通二年三月，大雪，平地三尺。洪範五行傳曰：「庶徵之常，雨也，然尤甚焉。雨，陰也；雪，又陰畜積甚盛也。皆妾不妾、臣不臣之應。」時義州刺史文僧朗以州叛於魏，臣不臣之應也。

大同三年七月，青州雪，害苗稼。是時交州刺史李賁舉兵反，僭尊號，置百官，擊之不能克。

十年十二月，大雪，平地三尺。是時邵陵王綸、湘東王繹、武陵王紀並權侔人主，頗爲驕恣，皇太子甚惡之，帝不能抑損。上天見變，帝又不悟。及侯景之亂，諸王各擁强兵，外有赴援之名，内無勤王之實，委棄君父，自相屠滅，國竟以亡。

東魏興和二年五月，大雪。時後齊神武作宰，發卒十餘萬築鄴城，百姓怨思之徵也。

武定四年二月，大雪，人畜凍死，道路相望。時後齊霸政，而步落稽舉兵反，寇亂數州，人多死亡。

後齊河清二年二月〔三〕，大雪連雨，南北千餘里，平地數尺，繁霜晝下。是時突厥木杆可汗與周師入并州〔四〕，殺掠吏人，不可勝紀。

天統二年十一月，大雪；三年正月，又大雪，平地二尺；武平三年正月，又大雪。是時馮淑妃、陸令萱内制朝政，陰氣盛積，故天變屢見，雷雨不時。

陳太建元年七月，大雨，震萬安陵華表，又震慧日寺刹，瓦官寺重閣門下一女子震死。京房易飛候曰：「雷雨霹靂丘陵者，逆先人令，爲火殺人者，人君用讒言殺正人。」時蔡景歷以奸邪任用，右僕射陸繕以讒毁獲譴，發病而死。

十年三月，震武庫。時帝好兵，頻年北伐，内外虚竭，將士勞敝。既克淮南，又進圖彭、汴，毛喜切諫，不納。由是吴明徹諸軍皆没，遂失淮南之地。武庫者，兵器之所聚也，而震之，天戒若曰，宜戢兵以安百姓。帝不悟，又大興軍旅。其年六月，又震太皇寺刹、莊嚴寺露槃、重陽閣東樓、鴻臚府門。太皇、莊嚴二寺，陳國奉佛之所，重陽閣每所遊宴，鴻臚賓客禮儀之所在，而同歲震者，天戒若曰，國威已喪，不務脩德，後必有恃佛道，耽宴樂，棄禮儀而亡國者。陳之君臣竟不悟。至後主之代，災異屢起，懼而於太皇寺捨身爲奴，以祈冥助，不恤國政，耽酒色，棄禮法，不脩鄰好，以取敗亡。

齊武平元年夏，震丞相段孝先南門柱。京房易傳曰：「震擊貴臣門及屋者，不出三年，佞臣被誅。」後歲，和士開被戮。

木冰

東魏武定四年冬，天雨木冰。洪範五行傳曰：「陰之盛而凝滯也。木者少陽，貴臣象也。將有害，則陰氣脅木，木先寒，故得雨而冰襲之。木冰一名介，介者兵之象也。」時司徒侯景制河南，及神武不豫，文襄懼其爲亂而徵之，景因舉兵反。豫州刺史高元成、襄州刺史李密、廣州刺史暴顯並爲景所執辱，貴臣有害之應也。其後左僕射慕容紹宗與景戰於渦陽，俘斬五萬。

後齊天保二年，雨木冰三日。初，清河王岳爲高歸彦所譖，是歲以憂死。武平元年冬，雨木冰；明年二月，又木冰。時録尚書事和士開專政。其年七月，太保、琅邪王儼矯詔殺之。領軍大將軍庫狄伏連、尚書右僕射馮子琮，並坐儼賜死。九月，儼亦遇害。

六年、七年，頻歲春冬木冰。其年周師入晉陽，因平鄴都。後主走青州，貴臣死散，州郡被兵者不可勝數。

大雨雹

梁中大通元年四月，大雨雹。洪範五行傳曰：「雹，陰脅陽之象也。」時帝數捨身爲奴，拘信佛法，爲沙門所制。

陳太建二年六月，大雨雹；十年四月，又大雨雹；十三年九月，又雨雹。時始興王叔陵驕恣，陰結死士，圖爲不逞，帝又寵遇之，故天三見變。帝不悟。及帝崩，叔陵果爲亂逆。

服妖

後齊婁后臥疾，寢衣無故自舉。俄而后崩。

文宣帝末年，衣錦綺，傅粉黛，數爲胡服，微行市里。粉黛者，婦人之飾，陽爲陰事，君變爲臣之象也。及帝崩，太子嗣位，被廢爲濟南王。又齊氏出自陰山，胡服者，將反初服也。錦綵非帝王之法服，微服者布衣之事，齊亡之効也。

後主好令宮人以白越布折額，狀如髽幗；又爲白蓋。此二者，喪禍之服也。後主果爲周武帝所滅，父子同時被害。

武平時，後主於苑内作貧兒村，親衣襤褸之服而行乞其間，以爲笑樂。多令人服烏衣，以相執縛。後主果爲周所敗，被虜於長安而死，妃后窮困，至以賣燭爲業。

後周大象元年，服冕二十有四旒，車服旗鼓，皆以二十四爲節。侍衞之官，服五色，雜以紅紫。令天下車以大木爲輪，不施輻。朝士不得佩綬，婦人墨粧黄眉。又造下帳，如送終之具，令五皇后各居其一，實宗廟祭器於前，帝親讀版而祭之。又將五輅載婦人，身率左右步從。又倒懸鷄及碎瓦於車上，觀其作聲，以爲笑樂。皆服妖也。帝尋暴崩，而政由於隋，周之法度，皆悉改易。

開皇中，房陵王勇之在東宮，及宜陽公王世積家，婦人所服領巾製同槊幡軍幟。婦人爲陰，臣象也，而服兵幟，臣有兵禍之應矣。勇竟而遇害，世積坐伏誅。

雞禍

開皇中，有人上書，言頻歲已來，雞鳴不鼓翅，類腋下有物而妨之，翮不得舉，肘腋之臣，當爲變矣。書奏不省。京房易飛候曰：「雞鳴不鼓翅，國有大害。」其後大臣多被夷滅，諸王廢黜，太子幽廢。

大業初，天下雞多夜鳴。京房易飛候曰：「雞夜鳴，急令。」又云：「昏而鳴，百姓有事；人定鳴，多戰；夜半鳴，流血漫漫。」及中年已後，軍國多務，用度不足，於是急令暴賦，責成守宰，百姓不聊生矣，各起而爲盜，戰爭不息，屍骸被野。

黿孽

開皇中，掖庭宮每夜有人來挑宮人。宮司以聞。帝曰：「門衞甚嚴，人何從而入。當是妖精耳。」因戒宮人曰：「若逢，但斫之。」其後有物如人，夜來登牀，宮人抽刀斫之，若中枯骨。其物落牀而走，宮人逐之，因入池而没。明日，帝令涸池，得一黿，徑尺餘，其上有刀迹。殺之，遂絶。黿者水居而靈，陰謀之象，晉王諂媚宮掖求嗣之應云。

青眚青祥

陳禎明二年四月，羣鼠無數，自蔡洲岸入石頭淮，至青塘兩岸。數日死，隨流出江。近青祥也。京房易飛候曰：「鼠無故羣居不穴衆聚者，其君死。」未幾而國亡。

金沴木

陳天嘉六年秋七月，儀賢堂無故自壓，近金沴木也。時帝盛脩宮室，起顯德等五殿，稱爲壯麗，百姓失業，故木失其性也。儀賢堂者，禮賢尚齒之謂，無故自壓，天戒若曰，帝好奢侈，不能用賢使能，何用虛名也。帝不悟，明年竟崩。

禎明元年六月，宮内水殿若有刀鋸斫伐之聲，其殿因無故而倒。七月，朱雀航又無故自沉。時後主盛脩園囿，不虔宗廟。水殿者，遊宴之所，朱雀航者，國門之大路，而無故自壞。天戒若曰，宮室毁，津路絶。後主不悟，竟爲隋所滅，宮廟爲墟。

後齊孝昭帝將誅楊愔，乘車向省，入東門，幰竿無故自折。帝甚惡之，歲餘而崩。

河清三年，長廣郡廳事梁忽剥若人狀，太守惡而削去之，明日復然。長廣，帝本封也；木爲變，不祥之兆。其年帝崩。

武平七年秋，穆后將如晉陽，向北宮辭胡太后。至宮内門，所乘七寶車無故陷入於地，牛没四足。是歲齊滅，后被虜於長安。

後周建德六年，青城門無故自崩。青者東方色，春宮之象也。時皇太子無威儀禮節，青城門無故自崩者，皇太子不勝任之應。帝不悟。明年太子嗣位，果爲無道。周室危亡，實自此始。

大業中，齊王暕於東都起第，新構寢堂，其梁無故而折。時上無太子，天下皆以暕次當立，公卿屬望。暕遂驕恣，呼術者令相，又爲厭勝之事。堂梁無故自折，木失其性，奸謀之應也。天見變以戒之，暕不悟，後竟得罪於帝。

言不從

洪範五行傳曰：「言之不從，是謂不乂。厥咎僭，厥罰常暘〔五〕，厥極憂。時則有詩妖，時則有毛蟲之孽，時則有犬禍。故有口舌之痾，有白眚白祥。惟木沴金。」

梁武陵王紀僭即帝位，建元曰天正。永豐侯蕭撝曰：「王不克矣。昔桓玄年號大亨，有識者以爲『二月了』，而玄之敗，實在仲春。今曰天正，正之爲文『一止』，其能久乎！」果一年而敗。

後齊文宣帝時，太子殷當冠，詔令邢子才爲制字。子才字之曰正道。帝曰：「正，一止也。吾兒其替乎？」子才請改，帝不許，曰：「天也。」因顧謂常山王演曰：「奪時任汝，慎無殺也。」及帝崩，太子嗣位，常山果廢之而自立。殷尋見害。

武成帝時，左僕射和士開言於帝曰：「自古帝王，盡爲灰土，堯舜、桀紂，竟亦何異。陛下宜及少壯，恣意歡樂，一日可以當千年，無爲自勤約也。」帝悦其言，彌加淫侈。士開既導帝以非道，身又擅權，竟爲御史中丞所殺。

武平中，陳人寇彭城，後主發言憂懼，侍中韓長鸞進曰：「縱失河南，猶得爲龜茲國子。淮南今没，何足多慮。人生幾何時，但爲樂，不須憂也。」帝甚悦，遂耽荒酒色，不以天下爲虞。未幾，爲周所滅。

武平七年，後主爲周師所敗，走至鄴，自稱太上皇，傳位於太子恒，改元隆化。時人離合其字曰「降死」。竟降周而死。

周武帝改元爲宣政，梁主蕭巋離合其字爲「宇文亡日」。其年六月，帝崩。宣帝在東宫時，不脩法度，武帝數撻之。及嗣位，摸其痕而大駡曰：「死晚也。」年又改元爲大象，蕭巋又離合其字曰「天子冢」。明年而帝崩。

開皇初，梁主蕭琮改元爲廣運〔六〕。江陵父老相謂曰：「運之爲字，軍走也。吾君當爲軍所走乎？」其後琮朝京師而被拘留不反，其叔父巖掠居人以叛，梁國遂廢。

文帝名皇太子曰勇，晉王曰英，秦王曰俊，蜀王曰秀。開皇初，有人上書曰：「勇者一夫之用。又千人之秀爲英，萬人之秀爲俊。斯乃布衣之美稱，非帝王之嘉名也。」帝不省。

時人呼楊姓多爲嬴者。或言於上曰：「楊英反爲嬴殃。」帝聞而不懌，遽改之。其後勇、俊、秀皆被廢黜，煬帝嗣位，終失天下，卒爲楊氏之殃。

煬帝即位，號年曰大業。識者惡之，曰：「於字離合爲『大苦未』也〔七〕。」尋而天下喪亂，率土遭荼炭之酷焉。

煬帝常從容謂祕書郎虞世南曰：「我性不欲人諫。若位望通顯而來諫我，以求當世之名者，彌所不耐。至於卑賤之士，雖少寬假，然卒不置之於地。汝其知之！」時議者以爲古先哲王之馭天下也，明四目，達四聰，懸敢諫之鼓，立書謗之木，以開言者之路，猶恐忠言之不至。由是澤敷四海，慶流子孫。而帝惡直言，讎諫士，其能久乎！竟逢殺逆。

旱

梁天監元年，大旱，米斗五千，人多餓死。洪範五行傳曰：「君持亢陽之節，興師動衆，勞人過度，以起城邑，不顧百姓，臣下悲怨。然而心不能從，故陽氣盛而失度，陰氣沉而不附。陽氣盛，旱災應也。」初帝起兵襄陽，破張沖，敗陳伯之，及平建康，前後連戰，百姓勞弊，及即位後，復與魏交兵不止之應也。

陳太建十二年春，不雨至四月。先是周師掠淮北，始興王叔陵等諸軍敗績，淮北之地皆没於周，蓋其應也。

東魏天平四年，并、肆、汾、建、晉、絳、秦、陝等諸州大旱，人多流散。是歲，齊神武與西魏戰於沙苑，敗績，死者數萬。

東魏武定二年冬春旱。先是西魏師入洛陽，神武親帥軍大戰於芒山，死者數萬。

後齊天保九年夏，大旱。先是大發卒築長城四百餘里，勞役之應也。

乾明元年春，旱。先是發卒數十萬築金鳳、聖應、崇光三臺，窮極侈麗，不恤百姓，亢陽之應也。

河清二年四月，并、晉已西五州旱。是歲，發卒築軹關。突厥二十萬衆毁長城，寇恒州。

後主天統二年春，旱。是時大發卒〔八〕，起大明宮。

開皇四年已後，京師頻旱。時遷都龍首，建立宮室，百姓勞敝，亢陽之應也。

大業四年，燕、代緣邊諸郡旱。時發卒百餘萬築長城，帝親巡塞表，百姓失業，道殣相望。

八年，天下旱，百姓流亡。時發四海兵，帝親征高麗，六軍凍餒，死者十八九。

十三年，天下大旱。時郡縣鄉邑，悉遣築城，發男女，無少長，皆就役。

詩妖

梁天監三年六月八日，武帝講於重雲殿，沙門誌公忽然起儛歌樂，須臾悲泣，因賦五言詩曰：「樂哉三十餘，悲哉五十裏！但看八十三，子地妖災起。佞臣作欺妄，賊臣滅君子。若不信吾語，龍時侯賊起。且至馬中間，銜悲不見喜。」梁自天監至于大同，三十餘年，江表無事。至太清二年，臺城陷，帝享國四十八年，所言五十裏也。太清元年八月十三，而侯景自懸瓠來降，在丹陽之北，子地。帝惑朱异之言以納景。景之作亂，始自戊辰之歲。至午年，帝憂崩。十年四月八日，誌公於大會中又作詩曰：「兀尾狗子始著狂，欲死不死齧人傷，須臾之間自滅亡。患在汝陰死三湘，横尸一旦無人藏。」侯景小字狗子。初自懸瓠來降，懸瓠則古之汝南也。巴陵南有地名三湘，即景奔敗之所。

天監中，茅山隱士陶弘景爲五言詩曰：「夷甫任散誕，平叔坐談空。不意昭陽殿，忽作單于宫。」及大同之季，公卿唯以談玄爲務。夷甫、平叔，朝賢也。侯景作亂，遂居昭陽殿。

大同中，童謡曰：「青絲白馬壽陽來。」其後侯景破丹陽，乘白馬，以青絲爲羈勒。

陳初，有童謡曰：「黄班青驄馬，發自壽陽涘。來時冬氣末，去日春風始。」其後陳主果爲韓擒所敗。擒本名擒獸，黄班之謂也。破建康之始，復乘青驄馬，往反時節皆相應。

陳時，江南盛歌王獻之桃葉之詞曰：「桃葉復桃葉，度江不用檝，但度無所苦，我自迎接汝。」晉王伐陳之始，置營桃葉山下，及韓擒度江，大將任蠻奴至新林以導北軍之應。陳後主造齊雲觀，國人歌之曰：「齊雲觀，寇來無際畔。」功未畢，而爲隋師所虜。禎明初，後主作新歌，詞甚哀怨，令後宮美人習而歌之。其辭曰：「玉樹後庭花，花開不復久。」時人以歌讖，此其不久兆也。

齊神武始移都于鄴，時有童謡云：「可憐青雀子，飛入鄴城裏。作窠猶未成，舉頭失鄉里。寄書與婦母，好看新婦子。」魏孝靜帝者，清河王之子也。后則神武之女。鄴都宫室未備，即逢禪代，作窠未成之効也。孝靜尋崩，文宣以后爲太原長公主，降於楊愔。時婁后尚在，故言寄書於婦母。新婦子，斥后也。

武定中，有童謡云：「百尺高竿摧折，水底燃燈澄滅。」高者，齊姓也。澄，文襄名。五年，神武崩，摧折之應。七年，文襄遇盜所害，澄滅之徵也。

天保中，陸法和入國，書其屋壁曰：「十年天子爲尚可，百日天子急如火，周年天子迭代坐。」時文宣帝享國十年而崩，廢帝嗣立百餘日，用替厥位，孝昭即位一年而崩。此其効也。

武平元年，童謡曰：「狐截尾，你欲除我我除你。」其年四月，隴東王胡長仁謀遣刺客殺和士開，事露，返爲士開所譖死。

二年，童謠曰：「和士開，七月三十日，將你向南臺。」小兒唱訖，一時拍手云：「殺却。」至七月二十五日，御史中丞、琅邪王儼執士開，送於南臺而斬之。是歲，又有童謠曰：「七月刈禾傷早，九月喫餻正好。十月洗蕩飯瓮，十一月出却趙老。」七月士開被誅，九月琅邪王遇害，十一月趙彦深出爲西兗州刺史。

武平末，童謠曰：「黄花勢欲落，清觴但滿酌。」時穆后母子淫僻，干預朝政，時人患之。穆后小字黄花，尋逢齊亡，欲落之應也。

鄴中又有童謠曰：「金作掃帚玉作把，淨掃殿屋迎西家。」未幾，周師入鄴。

周初有童謠曰：「白楊樹頭金雞鳴，祇有阿舅無外甥。」静帝隋氏之甥，既遜位而崩，諸舅强盛。

周宣帝與宫人夜中連臂蹋蹀而歌曰：「自知身命促，把燭夜行遊。」帝即位三年而崩〔九〕。

開皇十年，高祖幸并州，宴秦孝王及王子相。帝爲四言詩曰：「紅顔詎幾，玉貌須臾。一朝花落，白髮難除。明年後歲，誰有誰無。」明年而子相卒，十八年而秦孝王薨。

大業十一年，煬帝自京師如東都，至長樂宫，飲酒大醉，因賦五言詩。其卒章曰：「徒有歸飛心，無復因風力。」令美人再三吟詠，帝泣下霑襟，侍御者莫不歔欷。帝因幸江都，復作五言詩曰：「求歸不得去，真成遭箇春。鳥聲爭勸酒，梅花笑殺人。」帝以三月被弒，即遭春之應也。是年盜賊蜂起，道路隔絶，帝懼，遂無還心。帝復夢二豎子歌曰：「住亦死，去亦死。未若乘船度江水。」由是築宮丹陽，將居焉〔一〇〕。功未就而帝被殺。

大業中，童謡曰：「桃李子，鴻鵠遶陽山，宛轉花林裏。莫浪語，誰道許。」其後李密坐楊玄感之逆，爲吏所拘，在路逃叛。潛結羣盜，自陽城山而來，襲破洛口倉，後復屯兵苑内。莫浪語，密也。宇文化及自號許國，尋亦破滅。誰道許者，蓋驚疑之辭也。

毛蟲之孽

梁武帝中大同元年，邵陵王綸在南徐州卧内，方晝，有狸鬬於櫩上，墮而獲之。太清中，遇侯景之亂，將兵援臺城。至鍾山，有蟄熊無何至，齧綸所乘馬。毛蟲之孽也。綸尋爲王僧辯所敗，亡至南陽，爲西魏所殺。

中大同中，每夜狐鳴闕下，數年乃止。京房易飛候曰：「野獸羣鳴，邑中且空虚。」俄而國亂，丹陽死喪略盡。

陳禎明初，狐入牀下，捕之不獲。京房易飛候曰：「狐入君室，室不居。」未幾而國滅。

東魏武定三年九月，豹入鄴城南門，格殺之。五年八月，豹又上銅爵臺。京房易飛候曰：「野獸入邑，及至朝廷若道，上官府門，有大害，君亡。」是歲，東魏師敗於玉壁，神武遇疾崩。

後齊武平二年，有兔出廟社之中。京房易飛候曰：「兔入王室，其君亡。」案廟者，祖宗之神室也。後五歲，周師入鄴，後主東奔。

武平末，并、肆諸州多狼而食人。洪範五行傳曰：「狼貪暴之獸，大體以白色爲主，兵之表也。又似犬，近犬禍也。」京房易傳曰：「君將無道，害將及人，去之深山以全身。厥妖狼食人。」時帝任用小人，競爲貪暴，殘賊人物，食人之應。尋爲周軍所滅，兵之象也。

武平中，朔州府門外，無何有小兒脚跡，又擁土爲城雉之狀，時人怪而察之，乃狐媚所爲，漸流至并、鄴。與武定三年同占。是歲，南安王思好起兵於北朔，直指并州，爲官軍所敗。鄭子饒、羊法暠等復亂山東。

犬禍

後齊天保四年，鄴中及頓丘，並有犬與女子交。洪範五行傳曰：「異類不當交而交，誖亂之氣。犬交人爲犬禍。」犬禍者，亢陽失衆之應也。時帝不恤國政，恩澤不流於其國。

後主時，犬爲開府儀同，雌者有夫人郡君之號，給兵以奉養，食以粱肉，藉以茵蓐。天奪其心，爵加於犬，近犬禍也。天意若曰，卿士皆類犬。後主不悟，遂以取滅。

後周保定三年，有犬生子，腰已後分爲兩身，二尾六足。犬猛畜而有爪牙，將士之象也。時宇文護與侯伏侯龍恩等，有謀懷貳。犬體後分，此其應也。

大業元年，雁門百姓間犬多去其主，羣聚於野，形頓變如狼而噉噬行人，數年而止。五行傳曰：「犬，守禦者也，而今去其主，臣下不附之象。形變如狼，狼色白，爲主兵之應也。」其後帝窮兵黷武，勞役不息。天戒若曰，無爲勞役，守禦之臣將叛而爲害。帝不悟，遂起長城之役。續有西域、遼東之舉，天下怨叛。及江都之變，並宿衞之臣也。

白眚白祥

梁大同二年，地生白毛，長二尺，近白祥也。孫盛以爲勞人之異。先是大發卒築浮山堰，功費鉅億，功垂就而復潰者，數矣。百姓厭役，吁嗟滿道。

齊河清元年九月，滄州及長城之下〔二〕，地多生毛，或白或黑，長四五寸，近白祥也。時北築長城，内興三臺，人苦勞役。

開皇六年七月，京師雨毛，如髮尾。長者三尺餘，短者六七寸。京房易飛候曰：「天雨毛，其國大飢。」是時關中旱，米粟涌貴。

後齊天統初，岱山封禪壇玉璧自出，近白祥也。岱山，王者易姓告代之所，玉璧所用幣。而自出，將有易姓者用幣之象。其後齊亡，地入于周，及高祖受周禪，天下一統，焚柴太山告祠之應也。

武平三年，白水巖下青石壁傍，有文曰：「齊亡走。」人改之爲「上延」，後主以爲嘉瑞，百寮畢賀。後周師入國，後主果棄鄴而走。

開皇十七年，石隕於武安、滏陽間十餘。洪範五行傳曰：「石自高隕者，君將有危殆也。」後七載，帝崩。

開皇末，高祖於宮中埋二小石於地，以誌置牀之所。未幾，變爲玉。劉向曰：「玉者至貴也。賤將爲貴之象。」及大業末，盜皆僭名號。

大業十三年，西平郡有石，文曰：「天子立千年。」百寮稱賀。有識者尤之曰：「千年萬歲者，身後之意也。今稱立千年者，禍在非遠。」明年而帝被殺。

木沴金

梁大同十二年，曲阿建陵隧口石騏驎動。木沴金也。動者，遷移之象。天戒若曰，園陵無主，石驎將爲人所徙也。後竟國亡。

後齊河清四年，殿上石自起，兩兩相擊。眭孟以爲石陰類，下人象，殿上石自起者，左右親人離叛之應。及周師東伐，寵臣尉相願、乞扶貴和兄弟、韓建業之徒，皆叛入周。

梁大同十二年正月，送辟邪二于建陵。左雙角者至陵所。右獨角者，將引，於車上振躍者三，車兩轅俱折。因換車。未至陵二里，又躍者三，每一振則車側人莫不聳奮，去地三四尺，車輪陷入土三寸。木沴金也。劉向曰：「失衆心，令不行，言不從，以亂金氣也。石爲陰，臣象也。臣將爲變之應。」梁武暮年，不以政事爲意，君臣唯講佛經、談玄而已。朝綱紊亂，令不行，言不從之咎也。其後果致侯景之亂。

周建德元年，濮陽郡有石像，郡官令載向府，將刮取金。在道自躍投地，如此者再。乃以大繩縛著車壁，又絶繩而下。時帝既滅齊，又事淮南，征伐不息，百姓疲敝，失衆心之應也。

校勘記

〔一〕司空元暉業免　「元暉業」，原作「元暉」，據魏書卷一二孝靜帝紀、北史卷五魏本紀東魏孝靜帝紀補。元暉業，濟陰王小新成後裔，北史卷一七有傳。

〔二〕太末信安安豐三縣大水　「安豐」，梁書卷二武帝紀中作「豐安」，疑是。梁書稱「東陽、信安、豐安三縣水潦」，據南齊書卷一四州郡志上，豐安屬揚州東陽郡，安豐屬豫州安豐郡。

〔三〕後齊河清二年二月　「二月」，疑當作「十二月」。北史卷八齊本紀下武成帝紀、通鑑卷一六九陳紀三文帝天嘉四年，並繫其事於是年十二月。
〔四〕木杆可汗與周師入并州　「木杆可汗」，原作「木杵可汗」，據宋甲本、汲本改。
〔五〕厥罰常暘　「暘」，原作「陽」，據宋甲本改。
〔六〕梁主蕭琮改元爲廣運　「主」，原作「王」，據本書卷一高祖紀上開皇七年、卷二三五行志下改。通考卷三一〇物異考一六流言亦稱蕭琮爲「梁主」。按，周書卷四八蕭詧傳，自西魏恭帝元年于謹平江陵，立蕭詧爲梁主，稱皇帝、建年號，歷蕭巋、蕭琮不改。
〔七〕大若未　北監本、汲本、殿本作「大苦來」，南監本作「大若者」。汲本「苦來」下夾注稱：「宋本作『若未』，雍本作『若者』。」册府卷一五帝王部年號作「大苦未」。
〔八〕是時大發卒　「時」，至順本作「歲」。
〔九〕帝即位三年而崩　「三」，原作「二」，據汲本改。按，周宣帝以宣政元年即位，大象二年去世。
〔一〇〕由是築宮丹陽將居焉　「宮」，原作「居」，據宋甲本改。
〔一一〕滄州　原作「滄洲」，據至順本、汲本改。御覽卷八八〇咎徵部七地生毛引隋書亦作「滄州」。

隋書卷二十三

志第十八

五行下

洪範五行傳曰：「視之不明，是謂不知。厥咎舒，厥罰常燠，厥極疾。時則有草妖，時則有羽蟲之孽。故有羊禍，故有目疾，有赤眚赤祥。惟水沴火。」

常燠

後齊天保八年三月，大熱，人或暍死。劉向五行傳曰：「視不明，用近習，賢者不進，不肖不退，百職廢壞，庶事不從，其過在政教舒緩。」時帝狂躁、荒淫無度之應。

草妖

高祖時，上黨有人，宅後每夜有人呼聲，求之不得。去宅一里所，但見人參一本，枝葉峻茂。因掘去之，其根五尺餘，具體人狀，呼聲遂絕。蓋草妖也。視不明之咎。時晉王陰有奪宗之計，諂事親要，以求聲譽。譖皇太子，高祖惑之。人參不當言，有物憑之。上黨，黨，與也。親要之人，乃黨晉王而譖太子。高祖不悟，聽邪言，廢無辜，有罪用〔一〕，因此而亂也。

羽蟲之孽

梁中大同元年，邵陵王綸在南徐州，坐聽事。有野鳥如戴數百，飛屋梁上，彈射不中。俄頃失所在。京房易飛候曰：「野鳥入君室，其邑虛，君亡之他方。」後綸爲湘東王所襲，竟致奔亡，爲西魏所殺。

侯景在梁，將受錫命，陳備物於庭。有野鳥如山鵲，赤觜，集於册書之上，鵂鶹鳴於殿。與中大同元年同占。景尋敗，將亡入海中，爲羊鵾所殺。

陳後主時，蔣山有衆鳥，鼓翼而鳴曰：「奈何帝。」京房易飛候曰：「鳥鳴門闕，如人音，邑且亡。」蔣山，吴之望也。鳥於上鳴，吴空虛之象。及陳亡，建康爲墟。又陳未亡時，有一足鳥，集于殿庭，以觜畫地成文，曰：「獨足上高臺，盛草變成灰。」獨足者，叔寶獨行無衆之應。盛草成灰者，陳政蕪穢，被隋火德所焚除也。叔寶至長安，館於都水臺上，高臺之義也。

後齊孝昭帝，即位之後，有雉飛上御座。占同中大同元年。又有鳥止於後園，其色赤，形似鴨而有九頭。其年帝崩。

天統三年九月，萬春鳥集仙都苑。京房易飛候曰：「非常之鳥，來宿於邑中，邑有兵。」周師入鄴之應也。

武成胡后，生後主初，有梟升后帳而鳴。梟不孝之鳥，不祥之應也。後主嗣位，胡后淫亂事彰，遂幽后於北宮焉。

武平七年，有鸛巢太極殿，又巢并州嘉陽殿。雉集晉陽宮御座，獲之。京房易飛候曰：「鳥無故巢居君門及殿屋上，邑且虛。」其年國滅。

周大象二年二月，有禿鶖集洛陽宮太極殿。其年帝崩，後宮常虛。

開皇初，梁主蕭琮新起後，有鵂鳥集其帳隅。未幾，琮入朝，被留於長安。梁國遂廢。

大業末，京師宮室中，恒有鴻雁之類無數，翔集其間。俄而長安不守。

十三年十一月，烏鵲巢帝帳幄，驅不能止。帝尋逢弑。

羊禍

開皇十二年六月，繁昌楊悦，見雲中二物，如羝羊，黄色，大如新生犬，鬭而墜。悦獲其一，數旬失所在。近羊禍也。洪範五行傳曰：「君不明，逆火政之所致也。」狀如新生犬者，羔類也。雲體掩蔽，邪佞之象。羊，國姓。羔，羊子也。皇太子勇，既升儲貳，晉王陰毀而被廢黜。二羔鬬，一羔墜之應也。

恭帝義寧二年，麟遊太守司馬武，獻羊羔，生而無尾。時議者以爲楊氏子孫無後之象。是歲，煬帝被殺於江都，恭帝遜位。

赤眚赤祥

梁天監十五年七月，荆州市殺人而身不僵，首墮于地，動口張目，血如竹箭，直上丈餘，然後如雨細下。是歲荆州大旱。近赤祥，冤氣之應。

陳太建十四年三月，御座幄上見一物，如車輪，色正赤。尋而帝患，無故大叫數聲而崩。

至德三年十二月，有赤物隕于太極殿前，初下時，鐘皆鳴。又嘗進白飲，忽變爲血。又有血霑殿階，瀝瀝然至御榻。尋而國滅。

後齊河清二年，太原雨血。劉向曰：「血者陰之精，傷害之象。僵尸之類也。」明年，周師與突厥入并州，大戰城西，伏屍百餘里。京房易飛候曰：「天雨血染衣，國亡君戮。」亦後主亡國之應。

四年三月，有物隕於殿庭，色赤，形如數斗器，衆星隨者如小鈴。四月，婁太后崩。武平中，有血點地，自咸陽王斛律明月宅，而至于太廟。大將，社稷之臣也，後主以讒言殺之。天戒若曰，殺明月，則宗廟隨而覆矣。後主不悟，國祚竟絶。

洪範五行傳曰：「聽之不聰，是謂不謀。厥咎急，厥罰寒，厥極貧。時則有鼓妖，有魚孽，有彘禍，有黑眚黑祥，惟火沴水。」

寒

東魏武定四年二月，大寒。人畜凍死者，相望於道。京房易飛候曰：「誅過深，當燠而寒。」是時後齊神武作相。先是尒朱文暢等謀害神武，事泄伏誅，諸與交通者，多有濫死。河清元年，歲大寒。京房易傳曰：「有德遭險，兹謂逆命。厥異寒。」讖曰：「殺無罪，其寒必異。」是時，帝淫於文宣李后，因生子，后愧恨，不舉之。帝大怒，於后前殺其子太原王紹德。后大哭，帝倮后而撻殺之，投于水中，良久乃蘇。寃酷之應。

梁天監三年三月，六年三月，並隕霜殺草。京房易傳曰：「興兵妄誅，謂亡法，厥罰霜。」是時，大發卒，拒魏軍於鍾離，連兵數歲。

大同三年六月，朐山隕霜。

陳太建十年八月，隕霜，殺稻菽。是時，大興師選衆，遣將吴明徹，與周師相拒於吕梁。

鼓妖

梁天監四年十一月，天清朗，西南有電光，有雷聲二。易曰：「鼓之以雷霆。」霆近鼓妖。洪範五行傳曰：「雷霆託於雲，猶君之託於人也。君不恤於天下，故兆人有怨叛之心也。」是歲，交州刺史李凱舉兵反。

十九年九月，西北隱隱有聲如雷，赤氣下至地。是歲，盜殺東莞、琅邪二郡守，以朐山引魏軍。

中大通六年十二月，西南有聲如雷。其年北梁州刺史蘭欽舉兵反。

陳太建二年十二月，西北有聲如雷。其年湘州刺史華皎舉兵反。

齊天保四年四月，西南有聲如雷。是時，帝不恤天下，興師旅。

後周建德六年正月，西方有聲如雷。未幾，吐谷渾寇邊。

開皇十四年正月旦，廓州連雲山，有聲如雷。是時五羌反叛，侵擾邊鎮。二十年，無雲而雷。京房易飛候曰：「國將易君，下人不静，小人先命。國凶，有兵甲。」後數歲，帝崩，漢王諒舉兵反。徙其黨數十萬家。

大業中，滏陽石鼓頻歲鳴。其後，天下大亂，兵戎並起。

魚孽

梁大同十年三月，帝幸朱方，至四塹中，及玄武湖，魚皆驤首見於上，若望乘輿者。帝入宮而没。洪範五行傳曰：「魚陰類也，下人象。又有鱗甲，兵之應也。」下人將舉兵圍宮，而睥睨乘輿之象也。後果有侯景之亂。

齊武平七年〔二〕，相州鸕鷀泊，魚盡飛去而水涸。洪範五行傳曰：「急之所致。魚陰類，下人象也。」晏子曰：「河伯以水爲國，以魚爲百姓。」水涸魚飛，國亡人散之象。明年而國亡。

後周大象元年六月，陽武有鯉魚乘空而鬭。猶臣下興起，小人從之而鬭也。明年帝崩，國失政。尉迥起兵相州，高祖遣兵擊敗之。

開皇十七年，大興城西南四里，有袁村，設佛會。有老翁，皓首，白裙襦衣，來食而去。衆莫識，追而觀之，行二里許，不復見。但有一陂，中有白魚，長丈餘，小魚從者無數。人爭射之，或弓折弦斷。後竟中之，剖其腹，得秔飯，始知此魚向老翁也。後數日，漕渠暴溢，射人皆溺死。

大業十二年，淮陽郡驅人入子城，鑿斷羅郎郭〔三〕。至女垣之下，有穴，其中得鯉魚，長七尺餘。昔魏嘉平四年，魚集武庫屋上。王肅以爲魚生於水，而亢於屋，水之物失其所也，邊將殆棄甲之變。後果有東關之敗〔四〕。是時，長白山賊，寇掠河南，月餘，賊至城下。郡兵拒之，反爲所敗，男女死者萬餘人。

蟲妖

梁大同初，大蝗，籬門松柏葉皆盡。洪範五行傳曰：「介蟲之孽也。」與魚同占。京房易飛候曰：「食祿不益聖化，天視以蟲。蟲無益於人而食萬物也。」是時公卿皆以虛澹爲美，不親職事，無益食物之應也。

後齊天保八年，河北六州、河南十二州蝗。畿人皆祭之。帝問魏尹丞崔叔瓚曰：「何故蟲？」叔瓚對曰：「五行志云：『土功不時則蝗蟲爲災。』今外築長城，內脩三臺，故致災也。」帝大怒，毆其頰，擢其髮，溷中物塗其頭。役者不止。九年，山東又蝗，十年，幽州大蝗。洪範五行傳曰：「刑罰暴虐，貪饕不厭，興師動衆，取城脩邑，而失衆心，則蟲爲災。」是時帝用刑暴虐，勞役不止之應也。

後周建德二年，關中大蝗。

開皇十六年，并州蝗。時秦孝王俊裒刻百姓，盛脩邸第。後竟獲譴而死。

旤禍

開皇末，渭南有沙門三人，行投陁法於人場圃之上。夜見大豖來詣其所，小豖從者十餘，謂沙門曰：「阿練，我欲得賢聖道，然猶負他一命。」言罷而去。賢聖道者，君上之所行也。皇太子勇當嗣業，行君上之道，而被囚廢之象也。一命者，言爲煬帝所殺。

開皇末，渭南有人寄宿他舍，夜中聞二豕對語。其一曰：「歲將盡，阿耶明日殺我供歲。何處避之？」一答曰：「可向水北姊家。」因相隨而去。天將曉，主人覓豕不得，意是宿客而詰之。宿客言狀，主人如其言而得豕。其後蜀王秀得罪，帝將殺之，樂平公主每匡救〔五〕，得全。後數年而帝崩，歲盡之應。

黑眚黑祥

梁承聖三年六月，有黑氣如龍，見于殿内。近黑祥也。黑，周所尚之色。今見於殿内，周師入梁之象。其年，爲周所滅，帝亦遇害。

陳太建五年六月，西北有黑雲屬地，散如猪者十餘。洪範五行傳曰：「當有兵起西北。」時後周將王軌，軍於吕梁。明年，擒吴明徹，軍皆覆没。

火沴水

後齊河清元年四月，河、濟清。襄楷曰：「河，諸侯之象。應濁反清，諸侯將爲天子之象。」是後十餘歲，隋有天下。

大業三年，武陽郡河清，數里鏡澈。十二年，龍門又河清。後二歲，大唐受禪。

陳太建十四年七月，江水赤如血，自建康，西至荆州。禎明中，江水赤，自方州，東至海。洪範五行傳曰：「火沴水也。法嚴刑酷，傷水性也。五行變節，陰陽相干，氣色繆亂，皆敗亂之象也。」京房易占曰：「水化爲血，兵且起。」是時後主初即位，用刑酷暴之應。其後爲隋師所滅。

禎明二年四月，郢州南浦水，黑如墨。黑水在關中，而今淮南水黑，荆、揚州之地，陷於關中之應。

後周大象元年六月，咸陽池水變爲血。與陳太建十四年同占。是時，刑罰嚴急，未幾國亡。

洪範五行傳曰：「思心不容，是謂不聖。厥咎瞀，厥罰常風，厥極凶短折。有脂夜之妖，有華孽，有牛禍，有心腹之痾，有黄眚黄祥，木金水火沴土。」

常風

梁天監六年八月戊戌，大風折木。京房易飛候曰：「角日疾風，天下昏。不出三月中，兵必起。」是歲魏軍入鍾離。

承聖三年十一月癸未，帝閱武於南城，北風大急，普天昏闇。洪範五行傳曰：「人君瞀亂之應。」時帝既平侯景，公卿咸勸帝反丹陽，帝不從。又多猜忌，有瞀亂之行，故天變應之以風。是歲爲西魏滅。

陳天嘉六年七月癸未，大風起西南，吹倒靈臺候樓。洪範五行傳，以爲大臣專恣之咎。時太子沖幼，安成王頊專政，帝不時抑損。明年崩，皇太子嗣位，頊遂廢之。

太建十二年六月壬戌，大風吹壞皋門中闥。十二年九月，夜又風，發屋拔樹。始興王叔陵專恣之應。

至德中，大風吹倒朱雀門。

禎明二年六月丁巳〔六〕，大風，自西北，激濤水入石頭、淮。是時，後主任司馬申，誅戮忠諫。沈客卿、施文慶，專行邪僻。江總、孔範等，崇長淫縱。杜塞聰明，瞀亂之咎。

後齊河清二年，大風，三旬乃止。時帝初委政佞臣和士開，專恣日甚。天統三年五月，大風，晝晦，發屋拔樹。天變再見，而帝不悟。明年帝崩。後主詔内外表奏，皆先詣士開，然後聞徹。趙郡王叡、馮翊王潤，按士開驕恣，不宜仍居内職，反爲士開所譖，叡竟坐死。士開出入宮掖，生殺在口，尋爲琅邪王儼所誅。

七年三月，大風起西北，發屋拔樹。五日乃止。時高阿那瓌〔七〕、駱提婆等專恣之應。

開皇二十年十一月，京都大風，發屋拔樹，秦、隴壓死者千餘人。地大震，鼓皆應。淨刹寺鐘三鳴，佛殿門鎖自開，銅像自出户外。鐘鼓自鳴者，近鼓妖也。揚雄以爲人君不聰，爲衆所惑，空名得進，則鼓妖見。時獨孤皇后干預政事，左僕射楊素權傾人主。帝聽二人之讒，而黜僕射高熲，廢太子勇爲庶人，晉王釣虚名而見立。思心瞀亂，陰氣盛之象也。鎖及銅像，並金也。金動木震之，水沴金之應。洪範五行傳曰：「失衆心甚之所致也。」高熲、楊勇，無罪而咸廢黜，失衆心也。

仁壽二年，西河有胡人，乘騾在道，忽爲迴風所飄，并一車上千餘尺，乃墜，皆碎焉。京房易傳曰：「衆逆同志，至德乃潛，厥異風。」後二載，漢王諒在并州，潛謀逆亂，車及騾騎之象也。升空而墜，顛隕之應也。天戒若曰，無妄動車騎，終當覆敗，而諒不悟。及高祖崩，諒發兵反，州縣響應，衆至數十萬。月餘而敗。

夜妖

梁承聖二年十月丁卯，大風，晝晦，天地昏暗。近夜妖也。京房易飛候曰：「羽日風，天下昏，人大疾。不然，多寇盜。」三年爲西魏所滅。

陳禎明三年正月朔旦，雲霧晦冥，入鼻辛酸。後主昏昧，近夜妖也。洪範五行傳曰：「王失中，臣下强盛，以蔽君明，則雲陰。」是時北軍臨江，柳莊、任蠻奴並進中款，後主惑佞臣孔範之言，而昏闇不能用，以至覆敗。

東魏武定四年冬，大霧六日，晝夜不解。洪範五行傳曰：「晝而晦冥若夜者，陰侵陽，臣將侵君之象也。」明年，元瑾、劉思逸謀殺大將軍之應。

周大象二年，尉迥敗於相州。坑其黨與數萬人於遊豫園。其處每聞鬼夜哭聲。洪範五行傳曰：「哭者死亡之表，近夜妖也。鬼而夜哭者，將有死亡之應。」京房易飛候曰：「鬼夜哭，國將亡。」明年，周氏王公皆見殺，周室亦亡。

仁壽中，仁壽宮及長城之下，數聞鬼哭。尋而獻后及帝，相次而崩於仁壽宮。

大業八年，楊玄感作亂於東都。尚書樊子蓋，坑其黨與於長夏門外，前後數萬。洎于末年，數聞其處鬼哭，有呻吟之聲。與前同占。其後王世充害越王侗于洛陽。

華孽

後齊武平元年，槐華而不結實。槐，三公之位也，華而不實，萎落之象。至明年，録尚書事和士開伏誅。隴東王胡長仁，太保、琅邪王儼皆遇害。左丞相段韶薨。

陳後主時，有張貴妃、孔貴嬪，並有國色，稱爲妖豔。後主惑之，寵冠宮掖，每充侍從，詩酒爲娛。一入後庭，數旬不出，荒淫侈靡，莫知紀極。府庫空竭，頭會箕斂，天下怨叛，將士離心。敵人鼓行而進，莫有死戰之士。女德之咎也。及敗亡之際，後主與此姬俱投於井，隋師執張貴妃而戮之，以謝江東。洪範五行傳曰：「華者，猶榮華容色之象也。以色亂國，故謂華孽。」

齊後主有寵姬馮小憐，慧而有色，能彈琵琶，尤工歌儛。後主惑之，拜爲淑妃。選綵女數千，爲之羽從，一女之飾，動費千金。帝從禽於三堆，而周師大至，邊吏告急，相望於道。帝欲班師，小憐意不已，更請合圍。帝從之。由是遲留，而晉州遂陷。後與周師相遇於晉州之下，坐小憐而失機者數矣，因而國滅。齊之士庶，至今咎之。

牛禍

梁武陵王紀祭城隍神，將烹牛，忽有赤蛇繞牛口。牛禍也。象類言之，又爲龍蛇之孽。魯宣公三年，郊牛之口傷，時以爲天不享，棄宣公也。五行傳曰：「逆君道傷，故有龍蛇之孽。」是時紀雖以赴援爲名，而實妄自尊亢。思心之咎，神不享，君道傷之應。果爲元帝所敗。

後齊武平二年，并州獻五足牛〔八〕。牛禍也。洪範五行傳曰：「牛事應，宮室之象也。」帝尋大發卒，於仙都苑穿池築山，樓殿間起，窮華極麗。功始就而亡國。

後周建德六年，陽武有獸三，狀如水牛，一黃，一赤，一黑。與黑者鬬久之，黄者自傍觸之，黑者死，黄赤俱入于河。近牛禍也。黑者，周之所尚色。死者，滅亡之象。後數載，周果滅而隋有天下，旗牲尚赤，戎服以黃。

大業初，恒山有牛，四脚膝上，各生一蹄。其後建東都，築長城，開溝洫。

心腹之痾

陳禎明三年，隋師臨江，後主從容而言曰：「齊兵三來，周師再來，無復摧敗。彼何爲者？」都官尚書孔範曰：「長江天塹，古以爲限隔南北。今日北軍豈能飛度耶？臣每患官卑，彼若度來，臣爲太尉矣。」後主大悦，因奏妓縱酒，賦詩不輟。心腹之痾也。存亡之機，定之俄頃，君臣旰食不暇，後主已不知懼，孔範從而蕩之，天奪其心，曷能不敗。陳國遂亡，範亦遠徙。

齊文宣帝，嘗宴於東山，投杯赫怒，下詔西伐，極陳甲兵之盛。既而泣謂羣臣曰：「黑衣非我所制。」卒不行。有識者，以帝精魄已亂，知帝祚之不永。帝後竟得心疾，耽荒酒色，性忽狂暴，數年而崩。

武成帝丁太后憂，緋袍如故。未幾，登三臺，置酒作樂，侍者進白袍，帝大怒，投之臺下。未幾而崩。

黄眚黄祥

梁大同元年，天雨土。二年，天雨灰，其色黄。近黄祥也。京房易飛候曰：「聞善不及，茲謂有知。厥異黄，厥咎聾，厥災不嗣。蔽賢絶道之咎也。」時帝自以爲聰明博達，惡人勝己。又篤信佛法，捨身爲奴，絶道蔽賢之罰也。

大寶元年正月，天雨黄沙。二年，簡文帝夢丸土而吞之。尋爲侯景所廢，以土囊壓之而斃，諸子遇害，不嗣之應也。

陳後主時，夢黄衣人圍城。後主惡之，遶城橘樹，盡伐去之。隋高祖受禪之後，上下通服黄衣。未幾隋師攻圍之應也。

後周大象二年正月，天雨黄土，移時乃息。與大同元年同占。時帝昏狂滋甚，期年而崩，至于靜帝，用遜厥位。絶道不嗣之應也。

開皇二年，京師雨土。是時，帝懲周室諸侯微弱，以亡天下，故分封諸子，並爲行臺，專制方面。失土之故，有土氣之祥，其後諸王各謀爲逆亂。京房易飛候曰：「天雨土，百姓勞苦而無功。」其時營都邑。後起仁壽宫，頽山堙谷，丁匠死者太半。

裸蟲之孽

梁太清元年，丹陽有莫氏妻，生男，眼在頂上，大如兩歲兒。墜地而言曰：「兒是旱疫鬼，不得住。」母曰：「汝當令我得過。」疫鬼曰：「有上官，何得自由。母可急作絳帽，故當無憂。」母不暇作帽，以絳繫髮。自是旱疫者二年，揚、徐、兖、豫尤甚。莫氏鄉鄰，多以絳免，他土効之無驗。

大寶二年，京口人於藏兒，年五歲，登城西南角大樓，打鼓作長江檑。鼓，兵象也。是時侯景亂江南。

陳永定三年，有人長三丈，見羅浮山，通身潔白，衣服楚麗。京房占曰：「長人見，亡。」後二歲，帝崩。

後主爲太子時，有婦人突入東宮而大言曰：「畢國主。」後主立而祚終之應也。

至德三年八月，建康人家婢死，埋之九日而更生。有牧牛人聞而出之。

禎明二年，有船下，忽聞人言曰：「明年亂。」視之，得死嬰兒，長二尺而無頭。明年陳滅。

齊天保中，臨漳有婦人産子，二頭共體。是後政由姦佞，上下無別，兩頭之應也。

後主時，有桑門，貌若狂人，見烏則向之作禮，見沙門則毆辱之。烏，周色也。未幾，齊爲周所吞，滅除佛法。

後周保定三年，有人産子男，陰在背上如尾，兩足指如獸爪。陰不當生於背而生於背者，陰陽反覆，君臣顛倒之象。人足不當有爪而有爪者，將致攫人之變也。是時，晉蕩公宇文護，專擅朝政，征伐自己，陰懷簒逆。天戒若曰，君臣之分已傎矣，將行攫噬之禍。帝見變而悟，遂誅晉公，親萬機，躬節儉，克平齊國，號爲高祖。轉禍爲福之効也。

武帝時，有强練者，佯狂，持一瓠，至晉蕩公護門，而擊破之，曰：「身尚可，子苦矣。」時護專政，因朝太后，帝擊殺之。發兵捕其諸子，皆備楚毒而死。强練又行乞於市，人或遺之粟麥，輒以無底帒受之。因大笑曰：「盛空。」未幾，周滅，高祖移都，長安城爲墟矣。

開皇六年，霍州有老翁，化爲猛獸。

七年，相州有桑門，變爲蛇，尾繞樹而自抽，長二丈許。

仁壽四年，有人長數丈，見於應門〔九〕，其迹長四尺五寸。其年帝崩。

大業元年，雁門人房回安，母年百歲，額上生角，長二寸。洪範五行傳曰：「婦人，陰象也。角，兵象也。下反上之應。」是後天下果大亂，陰戎圍帝於雁門。

四年，雁門宋谷村，有婦人生一肉卵，大如斗，埋之。後數日，所埋處雲霧晝合，從地雷震而上，視之洞穴，失卵所在。

六年，趙郡李來王家婢，産一物，大如卵。

六年正月朔旦，有盜衣白練裙襦，手持香花，自稱彌勒佛出世。入建國門，奪衞士仗，將爲亂。齊王暕遇而斬之。後三年，楊玄感作亂，引兵圍洛陽，戰敗伏誅。

八年，有澄公者，若狂人，於東都大叫唱賊。帝聞而惡之。明年，玄感舉兵，圍洛陽。

十二年，澄公又叫賊。李密逼東都，孟讓燒豐都市而去。

九年，帝在高陽。唐縣人宋子賢，善爲幻術。每夜，樓上有光明，能變作佛形，自稱彌勒出世。又懸大鏡於堂上，紙素上畫爲蛇爲獸及人形。有人來禮謁者，轉側其鏡，遣觀來生形像。或映見紙上蛇形，子賢輒告云：「此罪業也，當更禮念。」又令禮謁，乃轉人形示之。遠近惑信〔一〇〕，日數百千人。遂潛謀作亂，將爲無遮佛會，因舉兵，欲襲擊乘輿。事泄，鷹揚郎將以兵捕之。夜至其所，遶其所居，但見火坑，兵不敢進。郎將曰：「此地素無坑，止妖妄耳。」及進，無復火矣。遂擒斬之，并坐其黨與千餘家。其後復有桑門向海明，於扶風自稱彌勒佛出世，潛謀逆亂。人有歸心者，輒獲吉夢。由是人皆惑之，三輔之士，翕然稱爲大聖。因舉兵反，衆至數萬。官軍擊破之。京房易飛候曰：「妖言動衆者，茲謂不信。路無人行。不出三年，起兵。」自是天下大亂，路無人行。

木金水火沴土

梁天監五年十一月，京師地震，木金水火沴土也。洪範五行傳曰：「臣下盛，將動而爲害。」京房易飛候曰：「地動以冬十一月者，其邑飢亡。」時交州刺史李凱舉兵反。明年，霜，歲儉人飢。

普通三年正月，建康地震〔一一〕。是時，義州刺史文僧朗以州叛。

六年十二月，地震。京房易飛候曰：「地冬動有音，以十二月者，其邑有行兵。」是時，帝令豫章王琮，將兵北伐。

中大通五年正月，建康地震。京房易飛候曰：「地以春動，歲不昌。」是歲，大水，百姓飢饉。

大同三年十一月，建康地震。京房易飛候曰：「地震以十一月，邑有大喪及飢亡。」明年，霜爲災，百姓飢。

三年十月，建康地震。是歲，會稽山賊起。

七年二月，建康地震。是歲，交州人李賁舉兵，逐刺史蕭諮。

九年閏正月，地震。李賁自稱皇帝，署置百官。

太清三年四月，建康地再震。時侯景自爲大丞相、録尚書事，帝所須不給。是月，以憂憤崩。

陳永定二年五月，建康地震。時王琳立蕭莊於郢州。

太建四年十一月，地震。陳寶應反閩中。

禎明元年正月，地震。施文慶、沈客卿專恣之應也。

東魏武定二年十一月，西河地陷而且然。京房易妖占曰：「地自陷，其君亡。」祖暅曰：「火，陽精也。地者，陰主也。地然，越陰之道，行陽之政，臣下擅恣，終以自害。」時後齊神武作宰，而侯景專擅河南。後二歲，神武果崩，景遂作亂，而自取敗亡之應。

後齊河清二年，并州地震。和士開專恣之應。

後周建德二年，涼州地頻震。城郭多壞，地裂出泉。京房易妖占曰：「地分裂，羌夷叛。」時吐谷渾頻寇河西。

開皇十四年五月，京師地震。京房易飛候曰：「地動以夏五月，人流亡。」是歲關中飢，帝令百姓就糧於關東。

仁壽二年四月，岐、雍地震。京房易飛候曰：「地動以夏四月，五穀不熟，人大飢。」三年，梁州就谷山崩。洪範五行傳曰：「崩散落，背叛不事上之類也。」梁州爲漢地。明年，漢王諒舉兵反。

大業七年，砥柱山崩，壅河，逆流數十里。劉向洪範五行傳曰：「山者，君之象。水者，陰之表。人之類也。天戒若曰，君人擁威重，將崩壞，百姓不得其所。」時帝興遼東之師，百姓不堪其役，四海怨叛。帝不能悟，卒以滅亡。

洪範五行傳曰：「皇之不極，是謂不建。厥咎瞀，厥罰常陰，厥極弱。時則有射妖，則有龍蛇之孽，則有馬禍。」

雲陰

開皇二十年十月，久陰不雨。劉向曰：「王者失中，臣下强盛而蔽君明，則雲陰。」是時，獨孤后遂與楊素，陰譖太子勇，廢爲庶人。

射妖

東魏武定四年，後齊神武作宰，親率諸軍，攻西魏於玉壁。其年十一月，帝不豫，班師。將士震懼，皆曰：「韋孝寬以定功弩射殺丞相。」西魏下令國中曰：「勁弩一發，凶身自殞。」神武聞而惡之，其疾暴增，近射妖也。洪範五行傳曰：「射者，兵戎禍亂之象，氣逆天則禍亂將起。」神武行，殿中將軍曹魏祖諫曰〔二〕：「王以死氣逆生氣，爲客不利，主人則可。」帝不從，頓軍五旬，頻戰沮衄。又聽孤虛之言，於城北斷汾水，起土山。其處天險千餘尺，功竟不就，死者七萬。氣逆天之咎也。其年帝崩。明年，王思政擾河南。

武平〔三〕，後主自并州還鄴，至八公嶺，夜與左右歌而行。有一人忽發狂，意後主以爲狐媚，伏草中彎弓而射之。傷數人，幾中後主。後主執而斬之。其人不自覺也。狐而能媚，獸之妖妄也。時帝不恤國政，專與內人閹豎酣歌爲樂。或衣繿縷衣，行乞爲娛。此妖妄之象。人又射之，兵戎禍亂之應也。未幾而國滅。

龍蛇之孽

梁天監二年，北梁州潭中有龍鬭，濆霧數里。龍蛇之孽。洪範五行傳曰：「龍，獸之難害者也。天之類，君之象。天氣害，君道傷，則龍亦害。鬭者兵革之象也。」京房易飛候曰：「衆心不安，厥妖龍鬭。」是時帝初即位，而有陳伯之、劉季連之亂，國内危懼。

普通五年六月，龍鬭于曲阿王陂，因西行，至建陵城，所經之處，樹木皆折開數十丈。與天監二年同占。經建陵而樹木折者，國有兵革之禍，園陵殘毀之象。時帝專以講論爲務，不崇耕戰，將輕而卒惰。君道既傷，故有龍孽之應。帝殊不悟。至太清元年，黎州水中又有龍鬭。波浪涌起，雲霧四合，而見白龍南走，黑龍隨之。其年，侯景以兵來降，帝納之而無備，國人皆懼。俄而難作，帝以憂崩。

大同十年夏，有龍，夜因雷而墮延陵人家井中。明旦視之，大如驢。將以戟刺之，俄見庭中及室中各有大蛇，如數百斛船，家人奔走。洪範五行傳曰：「龍，陽類，貴象也。上則在天，下則在地，不當見庶人邑里室家。井中，幽深之象也，諸侯且有幽執之禍，皇不建之咎也。」後侯景反，果幽殺簡文于酒庫，宗室王侯皆幽死。

陳太建十一年正月，龍見南兗州池中。與梁大同十年同占。未幾，後主嗣位，驕淫荒怠，動不得中。其後竟以國亡，身被幽執。

東魏武定元年〔一四〕，有大蛇見武牢城。是時，北豫州刺史高仲密妻李氏，慧而艷。世子澄悦之，仲密内不自安，遂以武牢叛，陰引西魏，大戰於河陽。神武爲西兵所窘，僅而獲免，死者數千。

後齊天保九年，有龍長七八丈，見齊州大堂。占同大同十年。時常山、長廣二王權重，帝不思抑損。明年帝崩，太子殷嗣立。常山王演，果廢帝爲濟南王，幽而害之。河清元年，龍見濟州浴堂中。占同天保九年。先是平秦王歸彦，受昭帝遺詔，立太子百年爲嗣。而歸彦遂立長廣王湛，是爲武成帝。而廢百年爲樂陵王，竟以幽死。

天統四年，貴鄉人伐枯木，得一黄龍，折脚，死於孔中。齊稱木德。龍，君象。木枯龍死，不祥之甚。其年武成崩。

武平三年，龍見邯鄲井中，其氣五色屬天。又見汲郡佛寺涸井中。占同河清元年。後主竟降周，後被誅。

武平七年，并州招遠樓下，有赤蛇與黑蛇鬬，數日，赤蛇死。赤，齊尚色。黑，周尚色。鬬而死，滅亡之象也。後主任用邪佞，與周師連兵於晉州之下。委軍於孽臣高阿那肱，竟啓敵人，皇不建之咎也。後主遂爲周師所虜。

琅邪王儼壞北宮中白馬浮圖，石趙時澄公所建。見白蛇長數丈，迴旋失所在。時儼專誅失中之咎也。見變不知戒，以及於難。

後周建德五年，黑龍墜於亳州而死。龍，君之象。黑，周所尚色。墜而死，不祥之甚。時皇太子不才，帝每以爲慮，直臣王軌、宇文孝伯等，驟請廢立，帝不能用。後二歲，帝崩，太子立，虐殺齊王及孝伯等，因而國亡。

仁壽四年，龍見代州總管府井中。其龍或變爲鐵馬甲士彎弓上射之象。變爲鐵馬，近馬禍也。彎弓上射，又近射妖。諸侯將有兵革之變，以致幽囚也。是時漢王諒潛謀逆亂，故變兵戒之。諒不悟，遂興兵反，事敗，廢爲庶人，幽囚數年而死。

馬禍

侯景僭尊號於江南，每將戰，其所乘白馬，長鳴蹀足者輒勝，垂頭者輒不利。西州之役，馬卧不起，景拜請，且箠之，竟不動。近馬禍也。洪範五行傳曰：「馬者兵象。將有寇戎之事，故馬爲怪。」景因此大敗。

陳太建五年，衡州馬生角。洪範五行傳曰：「馬生角，兵之象，敗亡之表也。」是時宣帝遣吴明徹出師吕梁，與周師拒。連兵數歲，衆軍覆没，明徹竟爲周師所虜。

天保中，廣宗有馬，兩耳間生角，如羊尾。京房易傳曰：「天子親伐，則馬生角。」四年，契丹犯塞，文宣帝親御六軍以擊之。

大業四年，太原廐馬死者太半，帝怒，遣使案問。主者曰：「每夜廐中馬無故自驚，因而致死。」帝令巫者視之。巫者知帝將有遼東之役，因希旨言曰：「先帝令楊素、史萬歲取之，將鬼兵以伐遼東也。」帝大悅，因釋主者。洪範五行傳曰：「逆天氣，故馬多死。」是時，帝每歲巡幸，北事長城，西通且末，國内虛耗，天戒若曰，除廄馬，無事巡幸。帝不悟，遂至亂。

十一年，河南、扶風三郡〔一五〕，並有馬生角，長數寸。與天保初同占。是時，帝頻歲親征高麗。

義寧元年，帝在江都宮，龍廄馬無故而死，旬日，死至數百匹。與大業四年同占。

校勘記

〔一〕有罪用　依上文「聽邪言，廢無辜」文例，疑應作「用有罪」。

〔二〕齊武平七年　「齊」原作「齊神武」。按，「武平」爲齊後主年號，「神武」應爲衍文。洪範政鑒卷二下水行下魚孽「齊神武」作「後齊」，今據删「神武」二字。

〔三〕羅郎郭　「郎」字疑衍，按古稱外城爲羅城或羅郭。

〔四〕東關　原作「東闕」，據三國志卷四魏書三少帝齊王芳紀、宋書卷三三五行志四改。

〔五〕樂平公主　原作「平樂公主」，據太平廣記卷一三九徵應渭南人引廣古今五行記乙正。按，樂平公主見本書卷三七李穆傳附李敏傳、卷五九煬三子齊王暕傳、卷六九王劭傳、周書卷九皇后宣帝楊皇后傳。

〔六〕禎明二年六月丁巳　「二年」，原作「三年」，據陳書卷六後主紀改。按，禎明二年六月戊戌朔，二十日丁巳；三年六月壬戌朔，無丁巳日。

〔七〕高阿那瓌　即高阿那肱。北齊書卷五〇恩倖高阿那肱傳：「雖作『肱』字，世人皆稱爲『瓌』音。」

〔八〕武平二年并州獻五足牛　「二年」，至順本作「三年」；「五足」作「三足」。

〔九〕應門　本書卷二高祖紀下作「雁門」。

〔一〇〕遠近惑信　「惑」，原作「感」，據宋甲本、至順本、汲本、殿本改。

〔一一〕建康地震　「建康」，原作「建寧」，據宋甲本改。

〔一二〕曹魏祖　原作「曹魏」，據北史卷六齊本紀上神武帝紀補。按曹魏祖見本書卷七五儒林何妥傳、北史卷五一齊宗室諸王傳上上洛王思宗傳附高元海傳、卷五四斛律金傳附斛律光傳。

〔一三〕武平　「武平」下不載年份，疑有奪文。洪範政鑒卷一一上皇極上射妖作「武平中」。

〔一四〕東魏武定元年　「武定」，原作「武安」，據北史卷六齊本紀上神武帝紀改。按東魏無武安年號。御覽卷九三三鱗介部五蛇上引後魏書亦作「武定」。

〔一五〕河南扶風三郡　「三郡」上僅列河南、扶風二郡，疑有訛脱。

隋書卷二十四

志第十九

食貨

王者量地以制邑，度地以居人，總土地所生，料山澤之利，式遵行令，敬授人時，農商趣向，各本事業。書稱懋遷有無，言穀貨流通，咸得其所者也。周官太府，掌九貢九賦之法，王之經用，各有等差。所謂取之有道，用之有節，故能養百官之政，勗戰士之功，救天災，服方外，活國安人之大經也。爰自軒、項，至于堯、舜，皆因其所利而勸之，因其所欲而化之。不奪其時，不窮其力，輕其征，薄其賦，此五帝三皇不易之教也。古語曰：「善爲人者，愛其力而成其財。」若使之不以道，斂之如不及，財盡則怨，力盡則叛。昔禹制九等而康歌興，周人十一而頌聲作。於是東周遷洛，諸侯不軌，魯宣初税畝，鄭產爲丘賦，先王之制，靡有孑遺。秦氏起自西戎，力正天下，驅之以刑罰，棄之以仁恩，以太半之收，長城絶於地脉，以頭會之斂，屯戍窮於嶺外。漢高祖承秦凋敝，十五税一，中元繼武，府廩彌殷。世宗得之，用成雄侈，開邊擊胡，蕭然咸罄。宫宇摺於天漢，巡遊跨於海表，旱歲除道，凶年嘗秣，户口以之減半，盜賊以之公行。於是譎詭賦税，異端俱起，賦及童齓，筭至舡車。光武中興，聿遵前事，成賦單薄，足稱經遠。靈帝開鴻都之牓，通賣官之路，公卿州郡，各有等差。漢之常科，土貢方物，帝又遣先輸中署，名爲導行，天下賄成，人受其敝。自魏、晉二十一帝，宋、齊十有五主，雖用度有衆寡，租賦有重輕，大抵不能傾人産業，道闕政亂。

隋文帝既平江表，天下大同，躬先儉約，以事府帑。開皇十七年，户口滋盛，中外倉庫，無不盈積。所有賚給，不踰經費，京司帑屋既充，積於廊廡之下，高祖遂停此年正賦，以賜黎元。煬皇嗣守鴻基，國家殷富，雅愛宏翫，肆情方騁，初造東都，窮諸巨麗。帝昔居藩翰，親平江左，兼以梁、陳曲折，以就規摹。曾雉踰芒，浮橋跨洛，金門象闕，咸竦飛觀，頹巖塞川，構成雲綺，移嶺樹以爲林藪，包芒山以爲苑囿。長城御河，不計於人力，運驢武馬，指期於百姓，天下死於役而家傷於財。既而一討渾庭，三駕遼澤，天子親伐，師兵大舉，飛糧輓秣，水陸交至。疆場之所傾敗，勞敝之所殂殞，雖復太半不歸，而每年興發，比屋良家之子，多赴於邊陲，分離哭泣之聲，連響於州縣。老弱耕稼，不足以救飢餒，婦工紡績，不足以贍資裝。九區之內，鸞和歲動，從行宫掖，常十萬人，所有供須，皆仰州縣。租賦之外，一切徵斂，趣以周備，不顧元元，吏因割剥，盜其太半。遐方珍膳，必登庖厨，翔禽毛羽，用爲玩飾，買以供官，千倍其價。人愁不堪，離棄室宇，長吏叩扉而達曙，猛犬迎吠而終夕。自燕、趙跨於齊、韓，江、淮入於襄、鄧，東周洛邑之地，西秦隴山之右，僭僞交侵，盜賊充斥。宫觀鞠爲茂草，鄉亭絶其煙火，人相啖食，十而四五。關中癘疫，炎旱傷稼，代王開永豐之粟，以振飢人，去倉數百里，老幼雲集。吏在貪殘，官無攸次，咸資鑼貨，動移旬月，頓卧墟野，欲返不能，死人如積，不可勝計。雖復皇王撫運，天禄有終，而隋氏之亡，亦由於此。

馬遷爲平準書，班固述食貨志，上下數千載，損益粗舉。自此史官曾無概見。夫厥初生人，食貨爲本。聖王割廬井以業之，通貨財以富之。富而教之，仁義以之興，貧而爲盜，刑罰不能止。故爲食貨志，用編前書之末云。

晉自中原喪亂，元帝寓居江左，百姓之自拔南奔者，並謂之「僑人」。皆取舊壤之名，僑立郡縣，往往散居，無有土著。而江南之俗，火耕水耨，土地卑濕，無有蓄積之資。諸蠻陬俚洞，霑沐王化者，各隨輕重，收其賧物，以裨國用。又嶺外酋帥，因生口翡翠明珠犀象之饒，雄於鄉曲者，朝廷多因而署之，以收其利。歷宋、齊、梁、陳，皆因而不改。其軍國所須雜物，隨土所出，臨時折課市取，乃無恒法定令。列州郡縣，制其任土所出，以爲徵賦。其無貫之人，不樂州縣編户者，謂之「浮浪人」，樂輸亦無定數，任量准所輸，終優於正課焉。

都下人多爲諸王公貴人左右、佃客、典計、衣食客之類，皆無課役。官品第一第二，佃客無過四十户，第三品三十五户，第四品三十户，第五品二十五户，第六品二十户，第七品十五户，第八品十户，第九品五户。其佃穀，皆與大家量分。其典計，官品第一第二置三人，第三第四置二人，第五第六及公府參軍、殿中監、監軍、長史、司馬、部曲督、關外侯、材官、議郎已上一人，皆通在佃客數中。官品第六已上，并得衣食客三人，第七第八二人，第九品及轝輦、跡禽、前驅、由基强弩司馬、羽林郎、殿中冗從武賁、殿中武賁、持椎斧武騎武賁、持鈒冗從武賁、命中武賁武騎一人。客皆注家籍。

其課，丁男調布絹各二丈，絲三兩，綿八兩，禄絹八尺，禄綿三兩二分，租米五石，禄米二石。丁女並半之。男女年十六已上至六十，爲丁。男年十六，亦半課，年十八正課，六十六免課。女以嫁者爲丁，若在室者，年二十乃爲丁。其男丁，每歲役不過二十日。又率十八人出一運丁役之。其田，畝税米二斗。蓋大率如此。其度量，斗則三斗當今一斗，稱則三兩當今一兩，尺則一尺二寸當今一尺。

其倉，京都有龍首倉，即石頭津倉也，臺城内倉、南塘倉、常平倉、東西太倉、東宫倉，所貯總不過五十餘萬。在外有豫章倉、釣磯倉、錢塘倉，並是大貯備之處。自餘諸州郡臺傳，亦各有倉。大抵自侯景之亂，國用常褊。京官文武，月别唯得廩食〔一〕，多遥帶一郡縣官而取其禄秩焉。揚、徐等大州，比令、僕班。寧、桂等小州，比參軍班。丹陽、吴郡、會稽等郡，同太子詹事、尚書班。高涼、晋康等小郡，三班而已。大縣六班，小縣兩轉方至一班。品第既殊，不可委載〔二〕。州郡縣禄米絹布絲綿，當處輸臺傳倉庫。若給刺史守令等，先准其所部文武人物多少，由敕而裁。凡如此禄秩，既通所部兵士給之，其家所得蓋少。諸王諸主，出閤就第婚冠所須，及衣裳服飾，并酒米魚鮭香油紙燭等，並官給之。王及主婿外禄者，不給。解任還京，仍亦公給云。

魏自永安之後，政道陵夷，寇亂實繁，農商失業。官有征伐〔三〕，皆權調於人，猶不足以相資奉，乃令所在迭相糾發，百姓愁怨，無復聊生。尋而六鎮擾亂，相率内徙，寓食於齊、晋之郊。齊神武因之，以成大業。魏武西遷，連年戰爭，河、洛之間，又並空竭。天平元年，遷都於鄴，出粟一百三十萬石，以振貧人。是時六坊之衆，從武帝而西者，不能萬人，餘皆北徙，並給常廩，春秋二時賜帛，以供衣服之費。常調之外，逐豐稔之處，折絹糴粟，以充國儲。於諸州緣河津濟，皆官倉貯積，以擬漕運。於滄、瀛、幽、青四州之境，傍海置鹽官，以煮鹽，每歲收錢，軍國之資，得以周贍。自是之後，倉廩充實，雖有水旱凶饑之處，皆仰開倉以振之。元象、興和之中，頻歲大穰，穀斛至九錢。是時法網寬弛，百姓多離舊居，闕於徭賦。神武乃命孫騰、高隆之，分括無籍之户，得六十餘萬。於是僑居者各勒還本屬，是後租調之入有加焉。及文襄嗣業，侯景背叛，河南之地，困於兵革。尋而侯景亂梁，乃命行臺辛術，略有淮南之地。其新附州郡，羈縻輕稅而已。

及文宣受禪，多所創革。六坊之内徙者，更加簡練，每一人必當百人，任其臨陣必死，然後取之，謂之百保鮮卑。又簡華人之勇力絶倫者，謂之勇士〔四〕，以備邊要。始立九等之户，富者稅其錢，貧者役其力。北興長城之役，南有金陵之戰。其後南征諸將，頻歲陷没，士馬死者，以數十萬計。重以脩創臺殿，所役甚廣。而帝刑罰酷濫，吏道因而成姦，豪黨兼并，户口益多隱漏。舊制，未娶者輸半牀租調，陽翟一郡，户至數萬，籍多無妻。有司劾之，帝以爲生事。由是姦欺尤甚，户口租調，十亡六七。

是時用度轉廣，賜與無節，府藏之積，不足以供。乃減百官之禄，撤軍人常廩，併省州郡縣鎮戍之職。又制刺史守宰行兼者，並不給幹，以節國之費用焉。天保八年，議徙冀、定、瀛無田之人，謂之樂遷，於幽州范陽寬鄉以處之，百姓驚擾。屬以頻歲不熟，米糴踊貴矣。

廢帝乾明中，尚書左丞蘇珍芝〔五〕，議脩石鼈等屯，歲收數萬石。自是淮南軍防，糧廩充足。孝昭皇建中，平州刺史嵇曄建議，開幽州督亢舊陂，長城左右營屯，歲收稻粟數十萬石，北境得以周贍。又於河内置懷義等屯，以給河南之費。自是稍止轉輸之勞。

至河清三年定令，乃命人居十家爲比鄰，五十家爲閭里，百家爲族黨。男子十八以上，六十五已下爲丁；十六已上，十七已下爲中；六十六已上爲老；十五已下爲小。率以十八受田，輸租調，二十充兵，六十免力役，六十六退田，免租調。

京城四面，諸坊之外三十里内爲公田。受公田者，三縣代遷户執事官一品已下，逮于羽林、武賁，各有差。其外畿郡，華人官第一品已下，羽林、武賁已上，各有差。職事及百姓請墾田者，名爲永業田〔六〕。奴婢受田者，親王止三百人；嗣王止二百人；第二品嗣王已下及庶姓王，止一百五十人；正三品已上及皇宗，止一百人；七品已上，限止八十人；八品已下至庶人，限止六十人。奴婢限外不給田者，皆不輸。其方百里外及州人，一夫受露田八十畝，婦四十畝。奴婢依良人，限數與在京百官同。丁牛一頭，受田六十畝，限止四牛〔七〕。又每丁給永業二十畝爲桑田，其中種桑五十根、榆三根、棗五根，不在還受之限。非此田者，悉入還受之分。土不宜桑者，給麻田，如桑田法。

率人一牀，調絹一疋，綿八兩，凡十斤綿中，折一斤作絲，墾租二石，義租五斗。奴婢各准良人之半。牛調二尺，墾租一斗，義租五升。墾租送臺，義租納郡以備水旱。墾租皆依貧富爲三梟。其賦税常調，則少者直出上户，中者及中户，多者及下户。上梟輸遠處，中梟輸次遠，下梟輸當州倉。三年一校焉。租入臺者，五百里内輸粟，五百里外輸米。入州鎮者，輸粟。人欲輸錢者，准上絹收錢。諸州郡皆别置富人倉。初立之日，准所領中下户口數，得支一年之糧，逐當州穀價賤時，斟量割當年義租充入。穀貴，下價糶之；賤則還用所糴之物，依價糴貯。

每歲春月，各依鄉土早晚，課人農桑〔八〕。自春及秋，男子十五已上〔九〕，皆布田畝〔一〇〕。桑蠶之月，婦女十五已上，皆營蠶桑。孟冬，刺史聽審邦教之優劣，定殿最之科品。人有人力無牛，或有牛無力者，須令相便，皆得納種。使地無遺利，人無遊手焉。緣邊城守之地，堪墾食者，皆營屯田，置都使、子使以統之。一子使當田五十頃，歲終考其所入，以論褒貶。

是時頻歲大水，州郡多遇沉溺，穀價騰踊。朝廷遣使開倉，從貴價以糶之，而百姓無益，飢饉尤甚。重以疾疫相乘，死者十四五焉。

至天統中〔一一〕，又毁東宫，造脩文、偃武隆基，嬪嬙諸院起玳瑁樓。又於遊豫園穿池，周以列館，中起三山，構臺，以象滄海，并大修佛寺，勞役鉅萬計。財用不給，乃減朝士之禄，斷諸曹糧膳，及九州軍人常賜以供之。武平之後，權幸並進，賜與無限，加之旱蝗，國用轉屈。乃料境内六等富人，調令出錢。而給事黄門侍郎顔之推奏請立關市邸店之税，開府鄧長顒贊成之，後主大悦。於是以其所入，以供御府聲色之費，軍國之用不豫焉。未幾而亡。

後周太祖作相，創制六官。載師掌任土之法，辨夫家田里之數，會六畜車乘之稽，審賦役斂弛之節，制畿疆修廣之域，頒施惠之要，審牧産之政。司均掌田里之政令。凡人口十已上，宅五畝；口七已上〔一二〕，宅四畝；口五已下，宅三畝〔一三〕。有室者，田百四十畝，丁者田百畝。司賦掌功賦之政令。凡人自十八以至六十有四，與輕癃者，皆賦之。其賦之法，有室者，歲不過絹一疋，綿八兩，粟五斛；丁者半之。其非桑土，有室者，布一疋，麻十斤；丁者又半之。豐年則全賦，中年半之，下年一之〔一四〕，皆以時徵焉。若艱凶札，則不徵其賦。司役掌力役之政令。凡人自十八以至五十有九，皆任於役。豐年不過三旬，中年則二旬，下年則一旬。凡起徒役，無過家一人。其人有年八十者，一子不從役，百年者，家不從役。廢疾非人不養者，一人不從役。若凶札，又無力征。掌鹽掌四鹽之政令。一曰散鹽，煮海以成之；二曰盬鹽，引池以化之；三曰形鹽，物地以出之；四曰飴鹽，於戎以取之。凡盬鹽形鹽，每地爲之禁，百姓取之，皆税焉。司倉掌辨九穀之物，以量國用。國用足，即蓄其餘，以待凶荒；不足則止。餘用足，則以粟貸人。春頒之，秋斂之。

閔帝元年，初除市門税。及宣帝即位，復興入市之税。武帝保定元年，改八丁兵爲十二丁兵，率歲一月役。建德二年，改軍士爲侍官〔一五〕，募百姓充之，除其縣籍。是後夏人半爲兵矣。宣帝時，發山東諸州，增一月功爲四十五日役，以起洛陽宮。并移相州六府於洛陽，稱東京六府。

武帝保定二年正月，初於蒲州開河渠，同州開龍首渠，以廣溉灌。

高祖登庸，罷東京之役，除入市之税。是時尉迥、王謙、司馬消難，相次叛逆，興師誅討，賞費鉅萬。及受禪，又遷都，發山東丁，毁造宮室。仍依周制，役丁爲十二番，匠則六番。及頒新令，制人五家爲保，保有長。保五爲閭，閭四爲族，皆有正。畿外置里正，比閭正，黨長比族正，以相檢察焉。男女三歲已下爲黄，十歲已下爲小，十七已下爲中，十八已上爲丁。丁從課役，六十爲老，乃免。自諸王已下，至于都督，皆給永業田，各有差。多者至一百頃，少者至四十畝。其丁男、中男永業露田，皆遵後齊之制。並課樹以桑榆及棗。其園宅，率三口給一畝，奴婢則五口給一畝。丁男一牀，租粟三石。桑土調以絹絁，麻土以布。絹絁以疋，加綿三兩。布以端，加麻三斤。單丁及僕隸各半之。未受地者皆不課。有品爵及孝子順孫義夫節婦，並免課役。京官又給職分田。一品者給田五頃。每品以五十畝爲差，至五品，則爲田三頃，六品二頃五十畝。其下每品以五十畝爲差，至九品爲一頃。外官亦各有職分田。又給公廨田，以供公用。

開皇三年正月，帝入新宮。初令軍人以二十一成丁。減十二番每歲爲二十日役，減調絹一疋爲二丈。先是尚依周末之弊，官置酒坊收利，鹽池鹽井，皆禁百姓採用。至是罷酒坊，通鹽池鹽井與百姓共之。遠近大悅。

是時突厥犯塞，吐谷渾寇邊，軍旅數起，轉輸勞敝。帝乃令朔州總管趙仲卿，於長城以北，大興屯田，以實塞下。又於河西，勒百姓立堡，營田積穀。京師置常平監。

是時山東尚承齊俗，機巧姦僞，避役惰遊者十六七。四方疲人，或詐老詐小，規免租賦。高祖令州縣大索貌閱，户口不實者，正長遠配，而又開相糾之科。大功已下，兼令析籍，各爲户頭，以防容隱。於是計帳進四十四萬三千丁，新附一百六十四萬一千五百口〔一六〕。

高熲又以人間課輸，雖有定分，年常徵納，除注恒多，長吏肆情，文帳出沒，復無定簿，難以推校，乃爲輸籍定樣，請徧下諸州。每年正月五日，縣令巡人，各隨便近，五黨三黨，共爲一團，依樣定户上下。帝從之。自是姦無所容矣。

時百姓承平日久，雖數遭水旱，而户口歲增。諸州調物，每歲河南自潼關、河北自蒲坂，達于京師，相屬於路，晝夜不絶者數月。帝既躬履儉約，六宫咸服澣濯之衣。乘輿供御有故敝者，隨令補用，皆不改作。非享燕之事，所食不過一肉而已。有司嘗進乾薑，以布袋貯之，帝用爲傷費，大加譴責。後進香，復以氈袋，因笞所司，以爲後誡焉。由是内外率職，府帑充實，百官禄賜及賞功臣，皆出於豐厚焉。九年陳平，帝親御朱雀門勞凱旋師〔一七〕，因行慶賞。自門外，夾道列布帛之積〔一八〕，達于南郭，以次頒給。所費三百餘萬段。帝以江表初定，給復十年。自餘諸州，並免當年租賦。十年五月，又以宇内無事，益寬徭賦。百姓年五十者，輸庸停防。十一年，江南又反，越國公楊素討平之，師還，賜物甚廣。其餘出師命賞，亦莫不優隆。十二年，有司上言，庫藏皆滿。帝曰：「朕既薄賦於人，又大經賜用，何得爾也？」對曰：「用處常出，納處常入。略計每年賜用，至數百萬段，曾無減損。」於是乃更闢左藏之院，構屋以受之。下詔曰：「既富而教，方知廉恥，寧積於人，無藏府庫。河北、河東今年田租三分減一，兵減半功，調全免。」

時天下户口歲增，京輔及三河，地少而人衆，衣食不給，議者咸欲徙就寬鄉。其年冬，帝命諸州考使議之。又令尚書，以其事策問四方貢士，竟無長筭。帝乃發使四出，均天下之田。其狹鄉，每丁纔至二十畝，老小又少焉。

十三年，帝命楊素出，於岐州北造仁壽宫。素遂夷山堙谷，營構觀宇，崇臺累榭，宛轉相屬。役使嚴急，丁夫多死，疲敝顛仆者，推填坑坎，覆以土石，因而築爲平地。死者以萬數。宫成，帝行幸焉。時方暑月，而死人相次於道，素乃一切焚除之。帝頗知其事，甚不悦。及入新宫遊觀，乃喜，又謂素爲忠。後帝以歲暮晚日，登仁壽殿，周望原隰，見宫外燐火彌漫，又聞哭聲。令左右觀之，報曰：「鬼火。」帝曰：「此等工役而死，既屬年暮，魂魄思歸耶？」乃令灑酒宣敕，以呪遣之。自是乃息。

開皇三年，朝廷以京師倉廩尚虚，議爲水旱之備，於是詔於蒲、陝、虢、熊、伊、洛、鄭、懷、邵、衛、汴、許、汝等水次十三州，置募運米丁。又於衛州置黎陽倉，洛州置河陽倉，陝州置常平倉，華州置廣通倉，轉相灌注。漕關東及汾、晉之粟，以給京師。又遣倉部侍郎韋瓚，向蒲、陝以東，募人能於洛陽運米四十石，經砥柱之險，達于常平者，免其征戍。其後以渭水多沙，流有深淺，漕者苦之。四年，詔曰：

京邑所居，五方輻湊，重關四塞，水陸艱難。大河之流，波瀾東注，百川海瀆，萬里交通。雖三門之下，或有危慮，但發自小平，陸運至陜，還從河水，入於渭川，兼及上流，控引汾、晉，舟車來去，爲益殊廣。而渭川水力，大小無常，流淺沙深，即成阻閡。計其途路，數百而已，動移氣序，不能往復，汎舟之役，人亦勞止。朕君臨區宇，興利除害，公私之弊，情實愍之。故東發潼關，西引渭水，因藉人力，開通漕渠，量事計功，易可成就。已令工匠，巡歷渠道，觀地理之宜，審終久之義，一得開鑿，萬代無毁。可使官及私家，方舟巨舫，晨昏漕運，沿泝不停，旬日之功，堪省億萬。誠知時當炎暑，動致疲勤，然不有暫勞，安能永逸。宣告人庶，知朕意焉。

於是命宇文愷率水工鑿渠，引渭水，自大興城東至潼關，三百餘里，名曰廣通渠〔一九〕。轉運通利，關内賴之。諸州水旱凶飢之處，亦便開倉振給。

五年五月，工部尚書、襄陽縣公長孫平奏曰：「古者三年耕而餘一年之積，九年作而有三年之儲，雖水旱爲災，而人無菜色，皆由勸導有方，蓄積先備故也。去年亢陽，關内不熟，陛下哀愍黎元，甚於赤子。運山東之粟，置常平之官，開發倉廩，普加賑賜。少食之人，莫不豐足。鴻恩大德，前古未比。其强宗富室，家道有餘者，皆競出私財，遞相賙贍。此乃風行草偃，從化而然。但經國之理，須存定式。」於是奏令諸州百姓及軍人，勸課當社，共立義倉。收穫之日，隨其所得，勸課出粟及麥，於當社造倉窖貯之。即委社司，執帳檢校，每年收積，勿使損敗。若時或不熟，當社有飢饉者，即以此穀振給。自是諸州儲峙委積。其後關中連年大旱，而青、兗、汴、許、曹、亳、陳、仁、譙、豫、鄭、洛、伊、潁、邳等州大水，百姓飢饉。高祖乃命蘇威等，分道開倉振給。又命司農丞王亶，發廣通之粟三百餘萬石，以拯關中。又發故城中周代舊粟，賤糶與人。買牛驢六千餘頭，分給尤貧者，令往關東就食。其遭水旱之州，皆免其年租賦。

十四年，關中大旱，人饑。上幸洛陽，因令百姓就食。從官並准見口賑給，不以官位爲限。明年，東巡狩，因祠泰山。是時義倉貯在人間，多有費損。十五年二月，詔曰：「本置義倉，止防水旱，百姓之徒，不思久計，輕爾費損，於後乏絶。又北境諸州，異於餘處，雲、夏、長、靈、鹽、蘭、豐、鄯、涼、甘、瓜等州，所有義倉雜種，並納本州。若人有旱儉少糧，先給雜種及遠年粟。」十六年正月，又詔秦、疊、成、康、武、文、芳、宕、旭、洮、岷、渭、紀、河、廓、豳、隴、涇、寧、原、敷、丹、延、綏、銀、扶等州社倉，並於當縣安置。二月，又詔社倉，准上中下三等稅，上户不過一石，中户不過七斗，下户不過四斗。其後山東頻年霖雨，杞、宋、陳、亳、曹、戴、譙、潁等諸州，達于滄海，皆困水災，所在沉溺。十八年，天子遣使將水工，巡行川源，相視高下，發隨近丁以疏導之。困乏者，開倉賑給，前後用穀五百餘石〔二〇〕。

澧水之處，租調皆免。自是頻有年矣。

開皇八年五月，高熲奏諸州無課調處，及課州管户數少者，官人禄力，乘前已來，恒出隨近之州。但判官本爲牧人，役力理出所部。請於所管户内，計户徵税。帝從之。先是京官及諸州，並給公廨錢，迴易生利，以給公用。至十四年六月，工部尚書、安平郡公蘇孝慈等，以爲所在官司，因循往昔，以公廨錢物，出舉興生，唯利是求，煩擾百姓，敗損風俗，莫斯之甚。於是奏皆給地以營農，迴易取利，一皆禁止。十七年十一月，詔在京及在外諸司公廨，在市迴易及諸處興生，並聽之，唯禁出舉收利云。

煬帝即位，是時户口益多，府庫盈溢，乃除婦人及奴婢部曲之課，男子以二十二成丁。始建東都，以尚書令楊素爲營作大監，每月役丁二百萬人。徙洛州郭内人及天下諸州富商大賈數萬家，以實之。新置興洛及迴洛倉。又於皁澗營顯仁宫，苑囿連接，北至新安，南及飛山，西至澠池，周圍數百里。課天下諸州，各貢草木花果、奇禽異獸。於其中開渠，引穀、洛水，自苑西入，而東注于洛。又自板渚引河，達于淮海，謂之御河。河畔築御道，樹以柳。又命黄門侍郎王弘、上儀同於士澄，往江南諸州採大木，引至東都。所經州縣，遞送往返，首尾相屬，不絶者千里。而東都役使促迫，僵仆而斃者，十四五焉。每月載死丁，東至城皋，北至河陽，車相望於道。時帝將事遼、碣，增置軍府，掃地爲兵。自是租賦之入益減矣。

又造龍舟鳳䑔、黃龍赤艦、樓船篾舫。募諸水工，謂之殿脚，衣錦行幐，執青絲纜挽舡〔三〕，以幸江都。帝御龍舟，文武官五品已上給樓舡，九品已上給黃篾舫，舳艫相接，二百餘里。所經州縣，並令供頓，獻食豐辦者加官爵，闕乏者譴至死。又盛脩車輿輦輅，旌旗羽儀之飾。課天下州縣，凡骨角齒牙、皮革毛羽，可飾器用，堪爲氅毦者，皆責焉。徵發倉卒，朝命夕辦，百姓求捕，網罟徧野，水陸禽獸殆盡，猶不能給，而買於豪富蓄積之家，其價騰踊。是歲，翟雉尾一直十縑，白鷺鮮半之。

乃使屯田主事常駿使赤土國，致羅刹。又使朝請大夫張鎮州擊流求，俘虜數萬。士卒深入，蒙犯瘴癘，餧疾而死者十八九。又以西域多諸寶物，令裴矩往張掖，監諸商胡互市，啖之以利，勸令入朝。自是西域諸蕃，往來相繼，所經州郡，疲於送迎，縻費以萬萬計。

明年，帝北巡狩。又興衆百萬，北築長城，西距榆林，東至紫河，緜亘千餘里，死者太半。四年，發河北諸郡百餘萬衆，引沁水，南達于河，北通涿郡。自是以丁男不供，始以婦人從役。五年，西巡河右。西域諸胡，佩金玉，被錦罽，焚香奏樂，迎候道左。帝乃令武威、張掖士女，盛飾縱觀。衣服車馬不鮮者，州縣督課，以誇示之。其年，帝親征吐谷渾，破之於赤水。慕容佛允〔二二〕，委其家屬，西奔青海。帝駐兵不出，遇天霖雨，經大斗拔谷，士卒死者十二三焉，馬驢十八九。於是置河源郡、積石鎮。又於西域之地，置西海、鄯善、且末等郡。謫天下罪人，配爲戍卒，大開屯田，發西方諸郡運糧以給之。道里懸遠，兼遇寇抄，死亡相續。

六年，將征高麗，有司奏兵馬已多損耗。詔又課天下富人，量其貲產，出錢市武馬，填元數，限令取足。復點兵具器仗，皆令精新，濫惡則使人便斬。於是馬匹至十萬。七年冬，大會涿郡。分江淮南兵，配驍衛大將軍來護兒，別以舟師濟滄海，舳艫數百里。並載軍糧，期與大兵會平壤。是歲山東、河南大水，漂没四十餘郡，重以遼東覆敗，死者數十萬。因屬疫疾，山東尤甚。所在皆以徵斂供帳軍旅所資爲務，百姓雖困，而弗之恤也。每急徭卒賦，有所徵求，長吏必先賤買之，然後宣下，乃貴賣與人，旦暮之間，價盈數倍，裒刻徵斂，取辦一時。彊者聚而爲盜，弱者自賣爲奴婢。九年，詔又課關中富人，計其貲產出驢，往伊吾、河源、且末運糧。多者至數百頭，每頭價至萬餘。又發諸州丁，分爲四番，於遼西柳城營屯，往來艱苦，生業盡罄。盜賊四起，道路南絕〔二三〕，隴右牧馬，盡爲奴賊所掠，楊玄感乘虛爲亂。時帝在遼東，聞之，遽歸于高陽郡。及玄感平，帝謂侍臣曰：「玄感一呼而從者如市，益知天下人不欲多，多則爲賊。不盡誅，後無以示勸。」乃令裴蘊窮其黨與，詔郡縣坑殺之，死者不可勝數，所在驚駭。舉天下之人，十分九爲盜賊，皆盜武馬，始作長槍，攻陷城邑。帝又命郡縣置督捕以討賊。益遣募人征遼，馬少不充八馱，而許爲六馱。又不足，聽半以驢充。在路逃者相繼，執獲皆斬之，而莫能止。帝不懌。遇高麗執送叛臣斛斯政，遣使求降，發詔赦之。囚政至于京師，於開遠門外〔二四〕，磔而射殺之。遂幸太原，爲突厥圍於雁門。突厥尋散，遽還洛陽，募益驍果，以充舊數。

是時百姓廢業，屯集城堡，無以自給。然所在倉庫，猶大充牣，吏皆懼法，莫肯振救，由是益困。初皆剥樹皮以食之，漸及於葉，皮葉皆盡，乃煮土或擣藁爲末而食之。其後人乃相食。十二年，帝幸江都。是時李密據洛口倉，聚衆百萬。越王侗與段達等守東都。東都城内糧盡，布帛山積，乃以絹爲汲綆，然布以爨。代王侑與衞玄守京師，百姓飢饉，亦不能救。義師入長安，發永豐倉以振之，百姓方蘇息矣。

晉自過江，凡貨賣奴婢馬牛田宅，有文券，率錢一萬，輸估四百入官，賣者三百，買者一百。無文券者，隨物所堪，亦百分收四，名爲散估。歷宋齊梁陳，如此以爲常。以此人競商販，不爲田業，故使均輸，欲爲懲勵。雖以此爲辭，其實利在侵削。又都西有石頭津，東有方山津，各置津主一人，賊曹一人，直水五人，以檢察禁物及亡叛者。其荻炭魚薪之類過津者，並十分稅一以入官。其東路無禁貨，故方山津檢察甚簡。淮水北有大市百餘，小市十餘所〔二五〕。大市備置官司，稅斂既重，時甚苦之。

梁初，唯京師及三吴、荆、郢、江、湘、梁、益用錢。其餘州郡，則雜以穀帛交易。交、廣之域，全以金銀爲貨。武帝乃鑄錢，肉好周郭，文曰「五銖」，重如其文。而又别鑄，除其肉郭，謂之女錢。二品並行。百姓或私以古錢交易，有直百五銖、五銖女錢、太平百錢、定平一百、五銖雉錢、五銖對文等號，輕重不一。天子頻下詔書，非新鑄二種之錢，並不許用。而趣利之徒，私用轉甚。至普通中，乃議盡罷銅錢，更鑄鐵錢。人以鐵賤易得，並皆私鑄。及大同已後，所在鐵錢，遂如丘山，物價騰貴。交易者以車載錢，不復計數，而唯論貫。商旅姦詐，因之以求利。自破嶺以東，八十爲百，名曰東錢。江、郢已上，七十爲百，名曰西錢。京師以九十爲百，名曰長錢。中大同元年，天子乃詔通用足陌。詔下而人不從，錢陌益少。至于末年，遂以三十五爲百云。

陳初，承梁喪亂之後，鐵錢不行。始梁末又有兩柱錢及鵝眼錢，于時人雜用，其價同，但兩柱重而鵝眼輕。私家多鎔錢，又間以錫鐵，兼以粟帛爲貨。至文帝天嘉五年，改鑄五銖。初出，一當鵝眼之十。宣帝太建十一年，又鑄大貨六銖，以一當五銖之十，與五銖並行。後還當一，人皆不便。乃相與訛言曰：「六銖錢有不利縣官之象。」未幾而帝崩，遂廢六銖而行五銖，竟至陳亡。其嶺南諸州，多以鹽米布交易，俱不用錢云。

齊神武霸政之初，承魏猶用永安五銖。遷鄴已後，百姓私鑄，體制漸別，遂各以爲名。有雍州青赤，梁州生厚、緊錢、吉錢，河陽生澀、天柱、赤牽之稱。冀州之北，錢皆不行，交貿者皆以絹布〔二六〕。神武帝乃收境内之銅及錢，仍依舊文更鑄，流之四境。未幾之間，漸復細薄，姦僞競起。文宣受禪，除永安之錢，改鑄常平五銖，重如其文。其錢甚貴，且制造甚精。至乾明、皇建之間，往往私鑄。鄴中用錢，有赤熟、青熟、細眉、赤生之異。河南所用，有青薄鉛錫之别。青、齊、徐、兖、梁、豫州，輩類各殊。武平已後，私鑄轉甚，或以生鐵和銅。至于齊亡，卒不能禁。

後周之初，尚用魏錢。及武帝保定元年七月，乃更鑄布泉之錢，以一當五，與五銖並行。時梁、益之境，又雜用古錢交易。河西諸郡，或用西域金銀之錢，而官不禁。建德三年六月，更鑄五行大布錢，以一當十，大收商估之利，與布泉錢並行。四年七月，又以邊境之上，人多盜鑄，乃禁五行大布，不得出入四關，布泉之錢，聽入而不聽出。五年正月，以布泉漸賤而人不用，遂廢之。初令私鑄者絞，從者遠配爲户。齊平已後，山東之人，猶雜用齊氏舊錢。至宣帝大象元年十一月，又鑄永通萬國錢，以一當十，與五行大布及五銖，凡三品並用。

高祖既受周禪，以天下錢貨輕重不等，乃更鑄新錢。背面肉好，皆有周郭，文曰「五銖」，而重如其文。每錢一千，重四斤二兩。是時錢既新出，百姓或私有鎔鑄。三年四月，詔四面諸關，各付百錢爲樣。從關外來，勘樣相似，然後得過。樣不同者，即壞以爲銅，入官。詔行新錢已後，前代舊錢，有五行大布、永通萬國及齊常平，所在用以貿易不止。四年，詔仍依舊不禁者，縣令奪半年禄。然百姓習用既久，尚猶不絶。五年正月，詔又嚴其制。自是錢貨始一，所在流布，百姓便之。是時見用之錢，皆須和以錫鑞。錫鑞既賤，求利者多，私鑄之錢，不可禁約。其年，詔乃禁出錫鑞之處，並不得私有採取。十年，詔晉王廣，聽於揚州立五鑪鑄錢。其後姦狡稍漸磨鑢錢郭，取銅私鑄，又雜以錫錢，遞相放效，錢遂輕薄。乃下惡錢之禁，京師及諸州邸肆之上，皆令立榜，置樣爲准。不中樣者，不入於市。十八年，詔漢王諒，聽於并州立五鑪鑄錢。是時江南人間錢少，晉王廣又聽於鄂州白紵山有銅鉚處，錮銅鑄錢，於是詔聽置十鑪鑄錢。又詔蜀王秀，聽於益州立五鑪鑄錢。是時錢益濫惡，乃令有司，括天下邸肆見錢，非官鑄者，皆毁之，其銅入官。而京師以惡錢貿易，爲吏所執，有死者。數年之間，私鑄頗息。大業已後，王綱弛紊，巨姦大猾，遂多私鑄，錢轉薄惡。初每千猶重二斤，後漸輕至一斤。或翦鐵鍱，裁皮糊紙以爲錢，相雜用之。貨賤物貴，以至於亡。

校勘記

〔一〕月別唯得廩食　「廩」，原作「稟」，據宋乙本、至順本改。

〔二〕不可委載　「委」，原作「妄」，據通典卷五食貨五賦稅中、卷三五職官一七祿秩改。

〔三〕官有征伐　「征伐」，原作「征代」，據宋甲本、宋乙本、至順本、汲本改。

〔四〕謂之勇士　「勇士」，原作「勇夫」，據宋甲本、宋乙本、至順本、南監本、北監本、汲本改。

〔五〕蘇珎芝　即蘇瓊，北史卷八六有傳，字珍之。

〔六〕名爲永業田　「永業田」，原作「永田」，據通典卷二食貨二田制下補。

〔七〕限止四牛　「牛」，原作「年」，據通典卷二食貨二田制下改。

〔八〕課人農桑　「課人」，原作「課入」，據宋甲本改。通典卷二食貨二田制下亦作「課人」。

〔九〕男子十五已上　原作「男二十五已上」，據宋甲本改。通典卷二食貨二田制下亦作「男子十五以上」。

〔一〇〕皆布田畝　「布」，原作「有」，據宋乙本、大德本、南監本、北監本、汲本、殿本改。通典卷二食貨二田制下、册府卷四九五邦計部田制亦作「布」。

〔一一〕天統　原作「大統」，據通典卷五食貨五賦税中、册府卷二一八閏位部失政改。

〔一二〕口七已上　「七」，原作「九」，據通典卷二食貨二田制下改。

〔一三〕宅三畝　「三」，北監本、汲本、殿本作「二」。

〔一四〕下年一之　「一」，原作「三」，據宋甲本、宋乙本、至順本、汲本改。隋書詳節卷七食貨志、通典卷五食貨五賦税中、册府卷五〇四邦計部絲帛亦作「一」。

〔一五〕建德二年改軍士爲侍官　周書卷五武帝紀上、北史卷一〇周本紀下武帝紀繫此事於建德三年。

〔一六〕於是計帳進四十四萬三千丁新附一百六十四萬一千五百口　「四十四萬」，本書卷六七裴蘊傳作「二十四萬」；「一百六十四萬」作「六十四萬」。

〔一七〕朱雀門　本書卷二高祖紀下、北史卷一一隋本紀上文帝紀、册府卷七九帝王部慶賜、通鑑卷一七七隋紀一文帝開皇九年四月條皆作「廣陽門」。

〔一八〕布帛之積　「布」，原作「牛」，據宋甲本改。册府卷四八四邦計部經費、卷五〇四邦計部絲帛亦作「布」。

〔一九〕三百餘里名曰廣通渠　「三百餘里」、「廣通渠」，本書卷六一郭衍傳作「四百餘里」、「富民渠」。

〔二〇〕前後用穀五百餘石　「五百餘石」，册府卷一〇五帝王部惠民作「五千餘萬石」。陸錫熊炳燭偶鈔疑應作「五百餘萬石」。

〔二一〕執青絲纜挽舡　「纜」，原作「攬」，據宋甲本、宋乙本、至順本、南監本改。

〔二二〕慕容佛允　「佛允」，本書卷八三西域吐谷渾傳作「伏允」，爲音譯異字。

〔二三〕道路南絶　「南」，北監本、殿本作「隔」。張元濟校勘記疑「南」乃「鬲」之誤。

〔二四〕開遠門　本書卷四煬帝紀下、卷七〇斛斯政傳作「金光門」。

〔二五〕淮水北有大市百餘小市十餘所　「百」，北宋本、十通本通典卷一一食貨一一雜税作「自」。

〔二六〕交貿者皆以絹布　「以」字原闕，據宋甲本、宋乙本補。

隋書卷二十五

志第二十

刑法

夫刑者，制死生之命，詳善惡之源，翦亂誅暴，禁人爲非者也。聖王仰視法星，旁觀習坎，彌縫五氣，取則四時，莫不先春風以播恩，後秋霜而動憲。是以宣慈惠愛，導其萌芽，刑罰威怒，隨其肅殺。仁恩以爲情性，禮義以爲綱紀，養化以爲本，明刑以爲助。上有道，刑之而無刑；上無道，殺之而不勝也。記曰：「教之以德，齊之以禮，則人有格心。教之以政，齊之以刑，則人有遯心。」而始乎勸善，終乎禁暴，以此字人，必兼刑罰。至於時逢交泰，政稱忠厚，美化與車軌攸同，至仁與嘉祥間出，歲布平典，年垂簡憲。昭然如日月，望之者不迷，曠乎如大路，行之者不惑。

刑者甲兵焉，鈇鉞焉，刀鋸鑽鑿，鞭扑榎楚，陳乎原野而肆諸市朝，其所由來，亦已久矣。若夫龍官之歲，鳳紀之前，結繩而不違，不令而人畏。五帝畫象，殊其衣服，三王肉刑，刻其膚體。若重華之眚災肆赦，文命之刑罰三千，而都君卹刑，尚奉唐堯之德，高密泣罪，猶懷虞舜之心。殷因以降，去德滋遠。若紂能遵成湯，不造炮烙，設刑兼禮，守位依仁，則西伯斂轡，化爲田叟。周王立三刺以不濫，弘三宥以開物，成、康以四十二年之間，刑厝不用。薰風潛暢，頌聲遐舉，越裳重譯，萬里來歸。若乃魯接燕、齊，荆鄰鄭、晉，時之所尚，資乎辯舌，國之所恃，不在威刑。是以鑱鼓夷蒐，宣尼致誚，既鑄刑辟，叔向貽書。夫勃澥之浸，沾濡千里，列國之政，豈周之膏潤者歟！秦氏僻自西戎，初平區夏，于時投戈棄甲，仰恩祈惠，乃落嚴霜於政教，揮流電於邦國，棄灰偶語，生愁怨於前，毒網凝科，害肌膚於後。玄鉞肆於朝市，赭服飄於路衢，將閭有一劍之哀，茅焦請列星之數。漢高祖初以三章之約，以慰秦人，孝文躬親玄默，遂疎天網。孝宣樞機周密，法理詳備，選于定國爲廷尉，黄霸以爲廷平。每以季秋之後，諸所請讞，帝常幸宣室，齋居決事〔一〕，明察平恕，號爲寬簡。光武中興，不移其舊，是以二漢羣后，罕聞殘酷。魏武造易鈇之科，明皇施減死之令，中原凋敝，吴、蜀三分，哀矜折獄，亦所未暇。晉氏平吴，九州寧一，乃命賈充，大明刑憲。内以平章百姓，外以和協萬邦，寔曰輕平，稱爲簡易。是以宋、齊方駕，轥其餘軌。

若乃刑隨喜怒，道睽正直，布憲擬於秋荼，設網踰於朝脛，恣興夷翦，取快情靈。若隋高祖之揮刃無辜，齊文宣之輕刀臠割，此所謂匹夫私讎〔二〕，非關國典。孔子曰：「刑亂及諸政，政亂及諸身。」心之所詣，則善惡之本原也。彪、約所製，無刑法篇，臧、蕭之書，又多漏略。是以撮其遺事，以至隋氏，附于篇云。

梁武帝承齊昏虐之餘，刑政多僻。既即位，乃制權典，依周、漢舊事，有罪者贖。其科，凡在官身犯，罰金。鞭杖杖督之罪，悉入贖停罰。其臺省令史士卒欲贖者，聽之。時欲議定律令，得齊時舊郎濟陽蔡法度，家傳律學，云齊武時，删定郎王植之，集注張、杜舊律，合爲一書，凡一千五百三十條，事未施行，其文殆滅，法度能言之。於是以爲兼尚書删定郎，使損益植之舊本，以爲梁律。天監元年八月，乃下詔曰：「律令不一，實難去弊〔三〕。殺傷有法，昏墨有刑，此蓋常科，易爲條例。至如三男一妻，懸首造獄，事非慮内，法出恒鈞。前王之律，後王之令，因循創附，良各有以。若遊辭費句，無取於實録者，宜悉除之。求文指歸，可適變者，載一家爲本，用衆家以附。丙丁俱有，則去丁以存丙。若丙丁二事，注釋不同，則二家兼載。咸使百司，議其可不，取其可安，以爲標例。宜云『某等如干人同議，以此爲長』，則定以爲梁律。留尚書比部，悉使備文，若班下州郡，止撮機要。可無二門侮法之弊。」

法度又請曰：「魏、晉撰律，止關數人，今若皆諮列位，恐緩而無決。」於是以尚書令王亮、侍中王瑩、尚書僕射沈約、吏部尚書范雲、長兼侍中柳惲、給事黃門侍郎傅昭、通直散騎常侍孔藹、御史中丞樂藹、太常丞許懋等，參議斷定，定爲二十篇：一曰刑名，二曰法例，三曰盜劫，四曰賊叛，五曰詐僞，六曰受賕，七曰告劾，八曰討捕，九曰繫訊，十曰斷獄，十一曰雜，十二曰户，十三曰擅興，十四曰毀亡，十五曰衞宮，十六曰水火，十七曰倉庫，十八曰厩，十九曰關市，二十曰違制。其制刑爲十五等之差：棄市已上爲死罪，大罪梟其首，其次棄市。刑二歲已上爲耐罪，言各隨伎能而任使之也。有髡鉗五歲刑笞二百，收贖絹，男子六十疋。又有四歲刑，男子四十八疋。又有三歲刑，男子三十六疋。又有二歲刑，男子二十四疋。罰金一兩已上爲贖罪。贖死者金二斤，男子十六疋。贖髡鉗五歲刑笞二百者，金一斤十二兩，男子十四疋。贖四歲刑者，金一斤八兩，男子十二疋。贖三歲刑者，金一斤四兩，男子十疋。贖二歲刑者，金一斤，男子八疋。罰金十二兩者，男子六疋。罰金八兩者，男子四疋。罰金四兩者，男子二疋。罰金二兩者，男子一疋。罰金一兩者，男子二丈。女子各半之。五刑不簡，正于五罰，五罰不服，正于五過，以贖論，故爲此十五等之差。又制九等之差：有一歲刑，半歲刑，百日刑，鞭杖二百，鞭杖一百，鞭杖五十〔四〕，鞭杖三十，鞭杖二十，鞭杖一十。又有八等之差〔五〕：一曰免官，加杖督一百；二曰免官；三曰奪勞百日，杖督一百；四曰杖督一百；五曰杖督五十；六曰杖督三十〔六〕；七曰杖督二十；八曰杖督一十。論加者上就次，當減者下就次。

凡繫獄者，不即答款，應加測罰，不得以人士爲隔。若人士犯罰，違扞不款，宜測罰者，先參議牒啓，然後科行。斷食三日，聽家人進粥二升。女及老小，一百五十刻乃與粥，滿千刻而止。囚有械、杻、斗械及鉗〔七〕，並立輕重大小之差，而爲定制。其鞭，有制鞭、法鞭、常鞭，凡三等之差。制鞭，生革廉成；法鞭，生革去廉；常鞭，熟靼不去廉。皆作鶴頭紐，長一尺一寸。梢長二尺七寸，廣三分〔八〕，靶長二尺五寸。杖皆用生荆，長六尺。有大杖、法杖、小杖三等之差。大杖，大頭圍一寸三分，小頭圍八分半。法杖，圍一寸三分，小頭五分。小杖，圍一寸一分，小頭極杪。諸督罰，大罪無過五十、三十，小者二十。當笞二百以上者，笞半，餘半後決，中分鞭杖。老小於律令當得鞭杖罰者，皆半之。其應得法鞭、杖者，以熟靼鞭、小杖。過五十者，稍行之。將吏已上及女人應有罰者，以罰金代之。其以職員應罰〔九〕及律令指名制罰者，不用此令。其問事諸罰，皆用熟靼鞭、小杖。其制鞭制杖，法鞭法杖，自非特詔，皆不得用。詔鞭杖在京師者，皆於雲龍門行。女子懷孕者，勿得決罰。其謀反、降叛、大逆已上皆斬。父子同産男，無少長，皆棄市。母妻姊妹及應從坐棄市者，妻子女妾同補奚官爲奴婢。貲財没官。劫身皆斬，妻子補兵。遇赦降死者，黵面爲「劫」字，髡鉗，補治鎖士終身。其下又讁運，讁配材官冶士〔一〇〕、尚方鎖士，皆以輕重差其年數。其重者或終身。

士人有禁錮之科，亦以輕重爲差〔一一〕。其犯清議，則終身不齒。耐罪囚八十已上、十歲已下，及孕者、盲者、侏儒當械繫者，及郡國太守相、都尉、關中侯已下〔一二〕，亭侯已上之父母、妻、子及所生，坐非死罪、除名之罪，二千石已上非檻徵者，並頌繫之。

丹陽尹月一詣建康縣，令三官參共録獄，察斷枉直。其尚書當録人之月者，與尚書參共録之。大凡定罪二千五百二十九條。

二年四月癸卯，法度表上新律，又上令三十卷，科三十卷〔一三〕。帝乃以法度守廷尉卿，詔班新律於天下。

三年八月，建康女子任提女，坐誘口當死。其子景慈對鞫，辭云母實行此。是時法官虞僧虬啓稱：「案子之事親，有隱無犯，直躬證父，仲尼爲非。景慈素無防閑之道，死有明目之據，陷親極刑，傷和損俗。凡乞鞫不審，降罪一等，豈得避五歲之刑，忽死母之命！景慈宜加罪辟。」詔流于交州。至是復有流徒之罪。其年十一月甲子〔一四〕，詔以金作權典，宜在蠲息。於是除贖罪之科。

武帝敦睦九族，優借朝士，有犯罪者，皆諷羣下，屈法申之。百姓有罪，皆案之以法。其緣坐則老幼不免，一人亡逃，則舉家質作。人既窮急，姦宄益深。後帝親謁南郊，秣陵老人遮帝曰：「陛下爲法，急於黎庶，緩於權貴，非長久之術。誠能反是，天下幸甚。」帝於是思有以寬之。舊獄法，夫有罪，逮妻子，子有罪，逮父母。十一年正月壬辰，乃下詔曰：「自今逋謫之家〔一五〕，及罪應質作，若年有老小者，可停將送。」十四年，又除黵面之刑。

帝銳意儒雅，疎簡刑法，自公卿大臣，咸不以鞫獄留意。姦吏招權，巧文弄法，貨賄成市，多致枉濫。大率二歲刑已上，歲至五千人。是時徒居作者具五任，其無任者，著斗械〔一六〕。若疾病，權解之。是後囚徒或有優劇。大同中，皇太子在春宮視事，見而愍之，乃上疏曰：「臣以比時奉勑，權親京師雜事〔一七〕。切見南北郊壇、材官、車府、太官下省、左裝等處上啓，並請四五歲已下輕囚，助充使役。自有刑均罪等，愆目不異，而甲付錢署，乙配郊壇。錢署三所，於事爲劇〔一八〕，郊壇六處，在役則優。今聽獄官詳其可否，舞文之路，自此而生。公平難遇其人，流泉易啓其齒，將恐玉科重輕，全關墨綬，金書去取，更由丹筆。愚謂宜詳立條制，以爲永准。」帝手敕報曰：「頃年已來，處處之役，唯資徒謫，逐急充配。若科制繁細，義同簡絲〔一九〕，切須之處，終不可得。引例興訟，紛紜方始，防杜姦巧，自是爲難。更當別思，取其便也。」竟弗之從。是時王侯子弟皆長，而驕蹇不法。武帝年老，厭於萬機，又專精佛戒，每斷重罪，則終日弗懌。嘗遊南苑，臨川王宏伏人於橋下，將欲爲逆。事覺，有司請誅之。帝但泣而讓曰：「我人才十倍於爾，處此恒懷戰懼。爾何爲者？我豈不能行周公之事，念汝愚故也。」免所居官。頃之，還復本職。由是王侯驕橫轉甚，或白日殺人於都街，劫賊亡命，咸於王家自匿，薄暮塵起，則剥掠行路，謂之打稽。武帝深知其弊，而難於誅討。十一年十月，復開贖罪之科。中大同元年七月甲子，詔自今犯罪，非大逆，父母、祖父母勿坐。自是禁網漸疎，百姓安之，而貴戚之家，不法尤甚矣。尋而侯景逆亂。及元帝即位，懲前政之寬，且帝素苛刻，及周師至，獄中死囚且數千人，有司請皆釋之，以充戰士。帝不許，並令棒殺之。事未行而城陷。敬帝即位，刑政適陳矣。

陳氏承梁季喪亂，刑典疎闊。及武帝即位，思革其弊，乃下詔曰：「朕聞唐、虞道盛，設畫象而不犯，夏、商德衰，雖孥戮其未備。洎乎末代，綱目滋繁，矧屬亂離，憲章遺紊。朕始膺寶曆，思廣政樞，外可搜舉良才，删改科令，羣僚博議，務存平簡。」於是稍求得梁時明法吏，令與尚書删定郎范泉，參定律令。又敕尚書僕射沈欽、吏部尚書徐陵、兼尚書左丞宗元饒、兼尚書左丞賀朗參知其事，制律三十卷，令科四十卷〔二〇〕。採酌前代，條流冗雜，綱目雖多，博而非要。其制唯重清議禁錮之科。若縉紳之族，犯虧名教、不孝及内亂者，發詔棄之，終身不齒。先與士人爲婚者，許妻家奪之。其獲賊帥及士人惡逆，免死付治〔二一〕，聽將妻入役，不爲年數。又存贖罪之律，復父母緣坐之刑。自餘篇目條綱，輕重簡繁，一用梁法。其有贓驗顯然而不款，則上測立。立測者，以土爲垛，高一尺，上圓劣，容囚兩足立。鞭二十、笞三十訖，著兩械及杻，上垛。一上測七刻，日再上。三七日上測，七日一行鞭。凡經杖，合一百五十，得度不承者，免死。其髠鞭五歲刑，降死一等，鎖二重。其五歲刑已下，並鎖一重〔二二〕。五歲四歲刑，若有官，准當二年，餘並居作。其三歲刑，若有官，准當二年，餘一年贖。若公坐過誤，罰金。其二歲刑，有官者，贖論。一歲刑，無官亦贖論。寒庶人，准決鞭杖。囚並著械，徒並著鎖，不計階品。死罪將決，乘露車，著三械，加拲手。至市，脱手械及拲手焉〔二三〕。當刑於市者，夜須明，雨須晴。晦朔、八節、六齊、月在張心日，並不得行刑。廷尉寺爲北獄，建康縣爲南獄，並置正、監、平。又制，常以三月，侍中、吏部尚書、尚書三公郎、部都令史、三公録冤局令史〔二四〕、御史中丞、侍御史、蘭臺令史，親行京師諸獄及冶署，理察囚徒冤枉〔二五〕。

文帝性明察，留心刑政，親覽獄訟，督責羣下，政號嚴明。是時承寬政之後，功臣貴戚有非法，帝咸以法繩之，頗號峻刻。及宣帝即位，優借文武之士，崇簡易之政，上下便之。其後政令既寬，刑法不立，又以連年北伐，疲人聚爲劫盜矣。後主即位，信任讒邪，羣下縱恣，鬻獄成市，賞罰之命，不出于外。後主性猜忍疾忌，威令不行，左右有忤意者，動至夷戮。百姓怨叛，以至於滅。

齊神武、文襄，並由魏相，尚用舊法。及文宣天保元年，始命羣官刊定魏朝麟趾格。是時軍國多事，政刑不一，決獄定罪，罕依律文，相承謂之變法從事。清河房超爲黎陽郡守，有趙道德者，使以書屬超。超不發書，棒殺其使。文宣於是令守宰各設棒，以誅屬請之使。後都官郎中宋軌奏曰：「昔曹操懸棒，威於亂時，今施之太平，未見其可。若受使請賕，猶致大戮，身爲枉法，何以加罪？」於是罷之。既而司徒功曹張老上書，稱大齊受命已來，律令未改，非所以創制垂法，革人視聽。於是始命羣官，議造齊律，積年不成。其決獄猶依魏舊。是時刑政尚新，吏皆奉法。自六年之後，帝遂以功業自矜，恣行酷暴，昏狂酗酱，任情喜怒。爲大鑊、長鋸、剉碓之屬，並陳於庭，意有不快，則手自屠裂，或命左右臠噉，以逞其意。時僕射楊遵彥，乃令憲司先定死罪囚，置于仗衞之中，帝欲殺人，則執以應命，謂之供御囚。經三月不殺者，則免其死。帝嘗幸金鳳臺，受佛戒，多召死囚，編籧篨爲翅，命之飛下，謂之放生。墜皆致死，帝視以爲歡笑。時有司折獄，又皆酷法。訊囚則用車輻獨杖、夾指壓踝，又立之燒犁耳上，或使以臂貫燒車釭。既不勝其苦，皆致誣伏。七年，豫州檢使白擿，爲左丞盧斐所劾，乃於獄中誣告斐受金。文宣知其姦罔，詔令按之，果無其事。乃勑八座議立案劾格，負罪不得告人事。於是挾姦者畏糾，乃先加誣訟，以擬當格，吏不能斷。又妄相引，大獄動至十人〔二六〕，多移歲月。然帝猶委政輔臣楊遵彥，彌縫其闕，故時議者竊云，主昏於上，政清於下。

孝昭在藩，已知其失，即位之後，將加懲革。未幾而崩。武成即位，思存輕典，大寧元年，乃下詔曰：「王者所用，唯在賞罰，賞貴適理，罰在得情。然理容進退，事涉疑似，盟府司勳，或有開塞之路，三尺律令，未窮畫一之道。想文王之官人，念宣尼之止訟，刑賞之宜，思獲其所。自今諸應賞罰，皆賞疑從重，罰疑從輕。」又以律令不成，頻加催督。河清三年，尚書令、趙郡王叡等，奏上齊律十二篇：一曰名例，二曰禁衞，三曰婚户，四曰擅興，五曰違制，六曰詐僞，七曰鬭訟，八曰賊盜，九曰捕斷，十曰毁損，十一曰厩牧，十二曰雜。其定罪九百四十九條。又上新令四十卷〔二七〕，大抵採魏、晉故事。其制刑名五：一曰死，重者轘之，其次梟首，並陳屍三日；無市者，列於鄉亭顯處。其次斬刑，殊身首。其次絞刑，死而不殊。凡四等。二曰流刑，謂論犯可死，原情可降，鞭笞各一百，髡之，投于邊裔，以爲兵卒，未有道里之差。其不合遠配者，男子長徒，女子配舂，並六年。三曰刑罪，即耐罪也，有五歲、四歲、三歲、二歲、一歲之差，凡五等，各加鞭一百。其五歲者，又加笞八十，四歲者六十，三歲者四十，二歲者二十，一歲者無笞，並鎖輸左校而不髡，無保者鉗之，婦人配舂及掖庭織。四曰鞭，有一百、八十、六十、五十、四十之差，凡五等。五曰杖，有三十、二十、十之差，凡三等。大凡爲十五等。當加者上就次，當減者下就次。贖罪舊以金，皆代以中絹。死一百匹，流九十二匹，刑五歲七十八匹，四歲六十四匹，三歲五十匹，二歲三十六匹。各通鞭笞論。一歲無笞，則通鞭二十四匹。鞭杖每十，贖絹一匹。至鞭百，則絹十匹。無絹之鄉，皆准絹收錢。自贖笞十已上至死，又爲十五等之差。當加減次，如正決法。合贖者，謂流內官及爵秩比視、老小閹癡并過失之屬〔二八〕。犯罰絹一匹及杖十已上，皆名爲罪人。盜及殺人而亡者，即懸名注籍，甄其一房配驛户。宗室則不注盜，及不入奚官，不加宮刑〔二九〕。自犯流罪已下合贖者，及婦人犯刑已下，侏儒、篤疾、癃殘非犯死罪，皆頌繫之。罪刑年者鎖，無鎖以枷。流罪已上加杻械。死罪者桁之。決流刑鞭笞者，鞭其背。五十，一易執鞭人。鞭鞘皆用熟皮，削去廉稜。鞭瘡長一尺。笞者笞臀，而不中易人。杖長三尺五寸，大頭徑二分半，小頭徑一分半。決三十已下杖者，長四尺，大頭徑三分，小頭徑二分。在官犯罪，鞭杖十爲一負。閑局六負爲一殿，平局八負爲一殿，繁局十負爲一殿。加於殿者，復計爲負焉。赦日，則武庫令設金雞及鼓於閶闔門外之右。勒集囚徒於闕前，撾鼓千聲，釋枷鎖焉。

又列重罪十條：一曰反逆，二曰大逆，三曰叛，四曰降，五曰惡逆，六曰不道，七曰不敬，八曰不孝，九曰不義，十曰内亂。其犯此十者，不在八議論贖之限。是後法令明審，科條簡要，又勑仕門之子弟，常講習之。齊人多曉法律，蓋由此也。其不可爲定法者，別制權令二卷，與之並行。後平秦王高歸彥謀反，須有約罪，律無正條，於是遂有別條權格，與律並行。大理明法，上下比附，欲出則附依輕議，欲入則附從重法，姦吏因之，舞文出没。至于後主，權幸用事，有不附之者，陰中以法。綱紀紊亂，卒至於亡。

周文帝之有關中也，霸業初基，典章多闕。大統元年，命有司斟酌今古通變，可以益時者，爲二十四條之制，奏之。七年，又下十二條制。十年，魏帝命尚書蘇綽，總三十六條，更損益爲五卷，班於天下。其後以河南趙肅爲廷尉卿，撰定法律。肅積思累年，遂感心疾而死。乃命司憲大夫託拔迪掌之。至保定三年二月庚子乃就〔三〇〕，謂之大律，凡二十五篇：一曰刑名，二曰法例，三曰祀享，四曰朝會，五曰婚姻，六曰户禁，七曰水火，八曰興繕，九曰衛宫，十曰市廛，十一曰鬬競，十二曰刦盜，十三曰賊叛，十四曰毁亡，十五曰違制，十六曰關津，十七曰諸侯，十八曰廐牧，十九曰雜犯，二十曰詐僞，二十一曰請求，二十二曰告言，二十三曰逃亡，二十四曰繫訊，二十五曰斷獄。大凡定罪一千五百三十七條。

其制罪：一曰杖刑五，自十至五十。二曰鞭刑五，自六十至于百。三曰徒刑五，徒一年者，鞭六十，笞十。徒二年者，鞭七十，笞二十。徒三年者，鞭八十，笞三十。徒四年者，鞭九十，笞四十。徒五年者，鞭一百，笞五十。四曰流刑五，流衞服，去皇畿二千五百里者，鞭一百，笞六十。流要服，去皇畿三千里者，鞭一百，笞七十。流荒服，去皇畿三千五百里者，鞭一百，笞八十。流鎮服，去皇畿四千里者，鞭一百，笞九十。流蕃服，去皇畿四千五百里者，鞭一百，笞一百。五曰死刑五，一曰磬，二曰絞，三曰斬，四曰梟，五曰裂。五刑之屬各有五，合二十五等。不立十惡之目，而重惡逆、不道、大不敬、不孝、不義、内亂之罪。凡惡逆，肆之三日。盜賊羣攻鄉邑及入人家者，殺之無罪。若報讎者，告於法而自殺之，不坐。經爲盜者，注其籍，唯皇宗則否。凡死罪枷而拲，流罪枷而梏，徒罪枷，鞭罪桎，杖罪散以待斷。皇族及有爵者，死罪已下鎖之，徒已下散之。獄成將殺者，書其姓名及其罪於拲而殺之市，唯皇族與有爵者隱獄。

其贖杖刑五，金一兩至五兩。贖鞭刑五，金六兩至十兩。贖徒刑五，一年金十二兩，二年十五兩，三年一斤二兩，四年一斤五兩，五年一斤八兩。贖流刑，一斤十二兩，俱役六年，不以遠近爲差等。贖死罪，金二斤。鞭者以一百爲限。加笞者，合二百止。應加鞭笞者，皆先笞後鞭。婦人當笞者，聽以贖論。徒輸作者，皆任其所能而役使之。杖十已上，當加者上就次，數滿乃坐。當減者，死罪流蕃服，蕃服已下俱至徒五年。五年以下，各以一等爲差。盜賊及謀反、大逆、降叛、惡逆罪，當流者，皆甄一房配爲雜户。其爲盜賊事發逃亡者，懸名注配。若再犯徒、三犯鞭者，一身永配下役。應贖金者，鞭杖十，收中絹一匹。流徒者，依限歲收絹十二匹。死罪者一百匹。其贖刑，死罪五旬，流刑四旬，徒刑三旬，鞭刑二旬，杖刑一旬。限外不輸者，歸於法。貧者請而免之。大凡定法一千五百三十七條，班之天下。其大略滋章，條流苛密，比於齊法，煩而不要。

又初除復讎之法，犯者以殺論。時晉公護將有異志，欲寬政以取人心，然闇於知人，所委多不稱職。既用法寬弛，不足制姦，子弟僚屬，皆竊弄其權，百姓愁怨，控告無所。武帝性甚明察，自誅護後，躬覽萬機，雖骨肉無所縱捨，用法嚴正，中外肅然。自魏、晉相承，死罪其重者，妻子皆以補兵。魏虜西涼之人，没入名爲隸户。魏武入關，隸户皆在東魏，後齊因之，仍供厮役。建德六年，齊平後，帝欲施輕典於新國，乃詔凡諸雜户，悉放爲百姓。自是無復雜户。其後又以齊之舊俗，未改昏政，賊盜姦宄，頗乖憲章。其年，又爲刑書要制以督之。其大抵持仗羣盜一匹以上，不持仗羣盜五匹以上，監臨主掌自盜二十匹以上，盜及詐請官物三十匹以上，正長隱五户及十丁以上、及地三頃以上〔三一〕，皆死。自餘依大律。由是澆詐頗息焉。

宣帝性殘忍暴戾，自在儲貳，惡其叔父齊王憲及王軌、宇文孝伯等。及即位，並先誅戮，由是內外不安，俱懷危懼。帝又恐失衆望，乃行寬法，以取衆心。宣政元年八月，詔制九條，宣下州郡。大象元年，又下詔曰：「高祖所立刑書要制，用法深重，其一切除之。」然帝荒淫日甚，惡聞其過，誅殺無度，疏斥大臣。又數行肆赦，爲姦者皆輕犯刑法，政令不一，下無適從。於是又廣刑書要制，而更峻其法，謂之刑經聖制。宿衞之官，一日不直，罪至削除。逃亡者皆死，而家口籍没。上書字誤者，科其罪。鞭杖皆百二十爲度，名曰天杖，其後又加至二百四十。又作礔礰車，以威婦人。其決人罪，云「與杖」者，即一百二十，「多打」者，即二百四十。帝既酣飲過度，嘗中飲，有下士楊文祐白宮伯長孫覽，求歌曰：「朝亦醉，暮亦醉。日日恒常醉，政事日無次。」鄭譯奏之，帝怒，命賜杖二百四十而致死。後更令中士皇甫猛歌，猛歌又諷諫。鄭譯又以奏之，又賜猛杖一百二十。是時下自公卿，內及妃后，咸加棰楚，上下愁怨。及帝不豫，而內外離心，各求苟免。隋高祖爲相，又行寬大之典，删略舊律，作刑書要制。既成奏之，靜帝下詔頒行。諸有犯罪未科決者，並依制處斷。

高祖既受周禪，開皇元年，乃詔尚書左僕射、渤海公高熲，上柱國、沛公鄭譯，上柱國、清河郡公楊素，大理前少卿、平源縣公常明，刑部侍郎、保城縣公韓濬，比部侍郎李諤，兼考功侍郎柳雄亮等，更定新律，奏上之。其刑名有五：一曰死刑二，有絞，有斬。二曰流刑三，有一千里、千五百里、二千里。應配者，一千里居作二年，一千五百里居作二年半，二千里居作三年。應住居作者，三流俱役三年。近流加杖一百，一等加三十。三曰徒刑五，有一年、一年半、二年、二年半、三年。四曰杖刑五，自五十至于百〔三二〕。五曰笞刑五，自十至于五十。而蠲除前代鞭刑及梟首、轘裂之法，其流、徒之罪皆減從輕〔三三〕，唯大逆謀反叛者，父子兄弟皆斬，家口没官。又置十惡之條，多採後齊之制，而頗有損益。一曰謀反，二曰謀大逆，三曰謀叛，四曰惡逆，五曰不道，六曰大不敬，七曰不孝，八曰不睦，九曰不義，十曰内亂。犯十惡及故殺人獄成者，雖會赦，猶除名。

其在八議之科，及官品第七已上犯罪，皆例減一等。其品第九已上犯者，聽贖。應贖者，皆以銅代絹。贖銅一斤爲一負，負十爲殿。笞十者銅一斤，加至杖百則十斤。徒一年，贖銅二十斤，每等則加銅十斤，三年則六十斤矣。流一千里，贖銅八十斤，每等則加銅十斤，二千里則百斤矣。二死皆贖銅百二十斤。犯私罪以官當徒者，五品已上，一官當徒二年；九品已上，一官當徒一年；當流者，三流同比徒三年〔三四〕。若犯公罪者，徒各加一年，當流者各加一等。其累徒過九年者，流二千里。定訖，詔頒之曰：

帝王作法，沿革不同，取適於時，故有損益。夫絞以致斃，斬則殊形〔三五〕，除惡之體，於斯已極。梟首轘身，義無所取，不益懲肅之理，徒表安忍之懷。鞭之爲用，殘剥膚體，徹骨侵肌，酷均臠切。雖云遠古之式，事乖仁者之刑，梟轘及鞭，並令去也。貴礪帶之書，不當徒罰，廣軒冕之蔭，旁及諸親。流役六年，改爲五載，刑徒五歲，變從三祀。其餘以輕代重，化死爲生，條目甚多，備於簡策。宜班諸海内，爲時軌範，雜格嚴科，並宜除削。先施法令，欲人無犯之心，國有常刑，誅而不怒之義。措而不用，庶或非遠，萬方百辟，知吾此懷。

自前代相承，有司訊考，皆以法外。或有用大棒束杖，車輻鞵底，壓踝杖桄之屬，楚毒備至，多所誣伏。雖文致於法，而每有枉濫，莫能自理。至是盡除苛慘之法，訊囚不得過二百，枷杖大小，咸爲之程品，行杖者不得易人。

帝又以律令初行，人未知禁，故犯法者衆。又下吏承苛政之後，務鍛鍊以致人罪。乃詔申勑四方，敦理辭訟。有枉屈縣不理者，令以次經郡及州省，仍不理，乃詣闕申訴。有所未惬，聽撾登聞鼓，有司録狀奏之。

帝又每季親録囚徒。常以秋分之前，省閲諸州申奏罪狀。三年，因覽刑部奏，斷獄數猶至萬條。以爲律尚嚴密，故人多陷罪。又勑蘇威、牛弘等，更定新律〔三六〕。除死罪八十一條，流罪一百五十四條，徒杖等千餘條，定留唯五百條，凡十二卷。一曰名例，二曰衞禁，三曰職制，四曰户婚，五曰厩庫，六曰擅興，七曰賊盗，八曰鬭訟，九曰詐僞，十曰雜律，十一曰捕亡，十二曰斷獄。自是刑網簡要，疎而不失。於是置律博士弟子員。斷決大獄，皆先牒明法，定其罪名，然後依斷。五年，侍官慕容天遠糾都督田元冒請義倉事實，而始平縣律生輔恩，舞文陷天遠，遂更反坐。帝聞之，乃下詔曰：「人命之重，懸在律文，刊定科條，俾令易曉。分官命職，恒選循吏，小大之獄，理無疑舛。而因襲往代，别置律官，報判之人，推其爲首。殺生之柄，常委小人，刑罰所以未清，威福所以妄作。爲政之失，莫大於斯。其大理律博士、尚書刑部曹明法、州縣律生，並可停廢。」自是諸曹決事，皆令具寫律文斷之。六年，勑諸州長史已下、行參軍已上，並令習律，集京之日，試其通不。又詔免尉迥、王謙、司馬消難三道逆人家口之配没者，悉官酬贖，使爲編户。因除孥戮相坐之法。又命諸州囚有處死，不得馳驛行決。

高祖性猜忌，素不悦學，既任智而獲大位，因以文法自矜，明察臨下。恒令左右覘視内外，有小過失，則加以重罪。又患令史贓汙，因私使人以錢帛遺之，得犯立斬。每於殿廷打人，一日之中，或至數四。嘗怒問事揮楚不甚，即命斬之。十年，尚書左僕射高熲、治書侍御史柳彧等諫，以爲朝堂非殺人之所，殿庭非決罰之地。帝不納。熲等乃盡詣朝堂請罪，曰：「陛下子育羣生，務在去弊，而百姓無知，犯者不息，致陛下決罰過嚴。皆臣等不能有所裨益，請自退屏，以避賢路。」帝於是顧謂領左右都督田元曰：「吾杖重乎？」元曰：「重。」帝問其狀，元舉手曰：「陛下杖大如指，捶楚人三十者，比常杖數百，故多致死。」帝不懌，乃令殿内去杖，欲有決罰，各付所由。後楚州行參軍李君才上言，帝寵高熲過甚，上大怒，命杖之，而殿内無杖，遂以馬鞭笞殺之。自是殿内復置杖。未幾怒甚，又於殿庭殺人，兵部侍郎馮基固諫，帝不從，竟於殿庭行決。帝亦尋悔，宣慰馮基，而怒羣僚之不諫者。十二年，帝以用律者多致踳駁，罪同論異。詔諸州死罪不得便決，悉移大理案覆，事盡然後上省奏裁。十三年，改徒及流並爲配防。十五年制，死罪者三奏而後決〔三七〕。十六年，有司奏合川倉粟少七千石，命斛律孝卿鞫問其事，以爲主典所竊。復令孝卿馳驛斬之，没其家爲奴婢，鬻粟以填之。是後盜邊糧者，一升已上皆死，家口没官〔三八〕。上又以典吏久居其職，肆情爲姦。諸州縣佐史，三年一代〔三九〕，經任者不得重居之。十七年，詔又以所在官人，不相敬憚，多自寬縱，事難克舉。諸有殿失，雖備科條，或據律乃輕，論情則重，不即決罪，無以懲肅。其諸司屬官，若有愆犯，聽於律外斟酌決杖。於是上下相驅，迭行捶楚，以殘暴爲幹能，以守法爲懦弱。

是時帝意每尚慘急，而姦回不止，京市白日，公行掣盜，人間強盜，亦往往而有。帝患之，問羣臣斷禁之法。楊素等未及言，帝曰：「朕知之矣。」詔有糾告者〔四〇〕，没賊家産業，以賞糾人。時月之間，内外寧息。其後無賴之徒，候富人子弟出路者，而故遺物於其前，偶拾取則擒以送官，而取其賞。大抵被陷者甚衆。帝知之，乃命盜一錢已上皆棄市。行旅皆晏起晚宿〔四一〕，天下懍懍焉。此後又定制，行署取一錢已上，聞見不告言者，坐至死。自此四人共盜一榱桶，三人同竊一瓜，事發即時行決。有數人劫執事而謂之曰：「吾豈求財者邪？但爲枉人來耳。而爲我奏至尊，自古以來，體國立法，未有盜一錢而死也。而不爲我以聞，吾更來，而屬無類矣。」帝聞之，爲停盜取一錢棄市之法。

帝嘗發怒，六月棒殺人。大理少卿趙綽固爭曰：「季夏之月，天地成長庶類。不可以此時誅殺。」帝報曰：「六月雖曰生長，此時必有雷霆。天道既於炎陽之時，震其威怒，我則天而行，有何不可。」遂殺之。大理掌固來曠上封事，言大理官司恩寬。帝以曠爲忠直，遣每旦於五品行中參見。曠又告少卿趙綽濫免徒囚，帝使信臣推驗，初無阿曲。帝又怒曠，命斬之。綽因固爭，以爲曠不合死。帝乃拂衣入閤，綽又矯言，「臣更不理曠，自有他事未及奏聞」。帝命引入閤，綽再拜請曰：「臣有死罪三。臣爲大理少卿，不能制馭掌固，使曠觸挂天刑，死罪一也。囚不合死，而臣不能死爭，死罪二也。臣本無他事，而妄言求入，死罪三也。」帝解顏。會獻皇后在坐，帝賜綽二金盃酒，飲訖，并以盃賜之。曠因免死，配徙廣州。

帝以年齡晚暮，尤崇尚佛道，又素信鬼神。二十年，詔沙門道士壞佛像天尊，百姓壞岳瀆神像，皆以惡逆論。帝猜忌二朝臣寮，用法尤峻。御史監師，於元正日不劾武官衣劍之不齊者，或以白帝，帝謂之曰：「爾爲御史，何縱捨自由。」命殺之。諫議大夫毛思祖諫，又殺之。左領軍府長史考校不平，將作寺丞以課麥䴵遲晚〔四二〕，武庫令以署庭荒蕪，獨孤師以受蕃客鸚鵡，帝察知，並親臨斬決。

仁壽中，用法益峻，帝既喜怒不恒，不復依準科律。時楊素正被委任。素又稟性高下，公卿股慄，不敢措言。素於鴻臚少卿陳延不平，經蕃客館，庭中有馬屎，又庶僕氊上樗蒲。旋以白帝，帝大怒曰：「主客令不灑埽庭內，掌固以私戲汙敗官氊〔四三〕，罪狀何以加此。」皆於西市棒殺，而榜捶陳延，殆至於斃。大理寺丞楊遠、劉子通等，性愛深文，每隨牙奏獄，能承順帝旨。帝大悅，並遣於殿庭三品行中供奉，每有詔獄，專使主之。候帝所不快，則案以重抵，無殊罪而死者，不可勝原。遠又能附楊素，每於塗中接候，而以囚名白之，皆隨素所爲輕重。其臨終赴市者，莫不塗中呼枉，仰天而哭。越公素侮弄朝權，帝亦不之能悉。

煬帝即位，以高祖禁網深刻，又敕修律令，除十惡之條。時斗稱皆小舊二倍〔四四〕，其贖銅亦加二倍爲差。杖百則三十斤矣。徒一年者六十斤，每等加三十斤爲差，三年則一百八十斤矣。流無異等，贖二百四十斤。二死同贖三百六十斤。其實不異開皇舊制。

釁門子弟，不得居宿衛近侍之官。先是蕭巖以叛誅，崔君綽坐連庶人勇事，家口籍沒。巖以中宮故，君綽緣女入宮愛幸，帝乃下詔革前制曰：「罪不及嗣，既弘至孝之道，恩由義斷，以勸事君之節。故羊鮒從戮，彌見叔向之誠，季布立勳，無預丁公之禍，用能樹聲往代，貽範將來。朕虛己爲政，思遵舊典，推心待物，每從寬政。六位成象，美厥含弘，一眚掩德，甚非謂也。諸犯罪被戮之門，朞已下親，仍令合仕，聽預宿衛近侍之官。」

三年，新律成。凡五百條，爲十八篇。詔施行之，謂之大業律：一曰名例，二曰衛宮，三曰違制，四曰請求，五曰户，六曰婚，七曰擅興，八曰告劾，九曰賊，十曰盜，十一曰鬬，十二曰捕亡，十三曰倉庫，十四曰厩牧，十五曰關市，十六曰雜，十七曰詐僞，十八曰斷獄。其五刑之内，降從輕典者，二百餘條。其枷杖決罰訊囚之制，並輕於舊。是時百姓久厭嚴刻，喜於刑寬。後帝乃外征四夷，内窮嗜慾，兵革歲動，賦歛滋繁。有司皆臨時迫脅，苟求濟事，憲章遐棄，賄賂公行，窮人無告，聚爲盜賊。帝乃更立嚴刑，勑天下竊盜已上，罪無輕重，不待聞奏，皆斬。百姓轉相羣聚，攻剽城邑，誅罰不能禁。帝以盜賊不息，乃益肆淫刑。九年，又詔爲盜者籍沒其家。自是羣賊大起，郡縣官人，又各專威福，生殺任情矣。

及楊玄感反，帝誅之，罪及九族。其尤重者，行轘裂梟首之刑。或磔而射之，命公卿已下，臠噉其肉。百姓怨嗟，天下大潰。及恭帝即位，獄訟有歸焉。

校勘記

〔一〕齋居決事　「居」，宋甲本作「而」。

〔二〕此所謂匹夫私讎　「所」字原闕，據宋甲本、宋乙本、至順本補。

〔三〕實難去弊　「弊」，册府卷六一〇刑法部定律令作「取」。

〔四〕鞭杖二百鞭杖一百鞭杖五十　「二百」、「一百」、「五十」，通典卷一六四刑法二刑制中分别作「一百」、「五十」、「四十」。

〔五〕又有八等之差　「又」字原闕，據宋甲本、宋乙本、至順本補。通典卷一六四刑法二刑制中、册府卷六一〇刑法部定律令亦有「又」字。

〔六〕杖督三十　「三十」，通典卷一六四刑法二刑制中作「四十」。

〔七〕斗械　原作「升械」，據北宋本通典卷一六四刑法二刑制中、册府卷六一〇刑法部定律令改。

〔八〕廣三分　「分」，原作「寸」，鞭恐不能達三寸之寬，疑誤。御覽卷六四九刑法部一五鞭引晉令有鞭之規格，作「廣三分」，今據改。

〔九〕其以職員應罰　「員」，疑當作「負」，下文北齊「鞭杖十爲一負」，隋「贖銅一斤爲一負」。

〔一〇〕適配材官治士　「適」字原闕，據北宋本和十通本通典卷一六四刑法二刑制中、宋本册府卷六一〇刑法部定律令補。

〔一一〕亦以輕重爲差　「以」，原作「有」，據宋甲本、宋乙本、至順本改。

〔一二〕關中侯已下　「下」，原作「上」，據通典卷一六四刑法二刑制中改。

〔一三〕科三十卷　「三十」，梁書卷二武帝紀中作「四十」。

〔一四〕其年十一月甲子　「一」字原闕，十月無甲子，據梁書卷二武帝紀中補。

〔一五〕自今逋謫之家　「逋」，原作「捕」，據梁書卷二武帝紀中天監十一年正月壬辰詔改。

〔一六〕著斗械　「斗械」，原作「升械」，據册府卷二六一儲宮部忠諫改。

〔一七〕權親京師雜事　「權親」，宋甲本作「權視」。通典卷一七〇刑法八舞紊亦作「權視」。

〔一八〕於事爲劇　「事」，原作「辛」，據通典卷一七〇刑法八舞紊、册府卷二六一儲宮部忠諫改。

〔一九〕義同簡絲　「絲」，原作「約」，據宋甲本改。册府卷二六一儲宮部忠諫亦作「絲」。

〔二〇〕令科四十卷　「科」，原作「律」，據宋甲本、至順本、汲本改。册府卷六一一刑法部定律令亦作「科」。此句唐六典卷六尚書刑部注作「令三十卷、科三十卷」，通典卷一六四刑法二刑制中作「科三十卷」。

〔二一〕免死付治　「治」，原作「治」，據宋甲本改。北宋本通典卷一六四刑法二刑制中亦作「治」。本卷二字混用，不另出校。「免死」之上，通典有「雖經赦」三字。

〔二二〕鎖二重其五歲刑已下並鎖一重　二「鎖」，册府卷六一一刑法部定律令並作「鉗」；「二」，至順本作「一」，北宋本和十通本通典卷一六四刑法二刑制中作「三」。

〔二三〕著三械加拲手至市脱手械及拲手焉　「三」，宋甲本作「二」。「拲」，原作「壺」。通典卷一六四刑法二刑制中作「拲」，注「拲，音拱，兩手曰拲」。按本卷下文，北周「凡死罪枷而拲」，「獄成將殺者，書其姓名及其罪於拲而殺之市」。今據改。

〔二四〕三公録冤局令史　「史」字原闕，據宋甲本補。

〔二五〕理察囚徒冤枉　「理」，本作「治」，見北宋本通典卷一六四刑法二刑制中。史臣避唐諱改。下文「有枉屈縣不理者」、「令以次經郡及州省，仍不理」等同，不另出校。

〔二六〕大獄動至十人　「十人」，通考卷一六五刑考四刑制作「千人」。

〔二七〕又上新令四十卷　「四十」，通典卷一六四刑法二刑制中作「三十」，唐六典卷六刑部郎中員外郎條作「五十」。

〔二八〕老小闇癡　「癡」，原作「凝」，據宋甲本改。通典卷一六四刑法二刑制中、册府卷六一一刑法部定律令亦作「癡」。

〔二九〕不加宮刑　「宮」，原作「害」，據通典卷一六四刑法二刑制中、册府卷六一一刑法部定律令改。

〔三〇〕至保定三年二月庚子乃就　「二月」，原作「三月」，據周書卷五武帝紀上、北史卷一〇周本紀下武帝紀、册府卷六一一刑法部定律令改。

〔三一〕正長隱五户及十丁以上及地三頃以上　「十」、「三」二字原脱，據周書卷六武帝紀下、北史卷一〇周本紀下武帝紀、册府卷六一一刑法部定律令補。「十丁」，通典卷一六四刑法二刑制中作「丁五」；「三頃」，通鑑卷一七三陳紀七宣帝太建九年作「頃」。

〔三二〕自五十至于百　「五十」，通典卷一六四刑法二刑制中、册府卷六一一刑法部定律令作「六十」。

〔三三〕其流徒之罪皆減從輕　「流」，原作「法」，據通典卷一六四刑法二刑制中、册府卷六一一刑法部定律令改。

〔三四〕三流同比徒三年　「同」，原作「周」，據通典卷一六四刑法二刑制中、册府卷六一一刑法部定律令改。通典「同」下有「皆」，唐律疏議卷二名例云「以官當流者，三流同比徒四年」。

〔三五〕斬則殊形　「形」，宋甲本、大德本、南監本作「刑」。册府卷六一一刑法部定律令亦作「刑」。

〔三六〕又勑蘇威牛弘等更定新律　「又」字原闕，據宋甲本、宋乙本、至順本、汲本、殿本補。隋書詳節卷八刑法志亦有「又」字。

〔三七〕十五年制死罪者三奏而後決　本書卷二高祖紀下繫其事於十六年八月。

〔三八〕「十六年」至「是後盜邊糧者一升已上皆死家口没官」　按本書卷二高祖紀下：十五年「十二月戊子，勑盜邊糧一升已上皆斬，並籍没其家」。「一升」，通典卷一七〇刑法八峻酷作「一斗」。

〔三九〕諸州縣佐史三年一代　此處上承十六年。本書卷二高祖紀下繫其事於十四年十一月壬戌。

〔四〇〕詔有糾告者　「有」，宋甲本、宋乙本、至順本、汲本、殿本作「有能」。

〔四一〕晏起晚宿　「晚」，御覽卷六四六刑法部一二棄市引隋書作「早」。

〔四二〕課麥䴷遲晚　「課」，原作「諫」，據通典卷一七〇刑法八峻酷、通鑑卷一七八隋紀二文帝開皇十七年三月條改。

〔四三〕掌固以私戲汙敗官氊　「固」，原作「國」，據宋甲本、宋乙本、至順本改。

〔四四〕時斗稱皆小舊二倍　「斗稱」，原作「升稱」，據通典卷一六四刑法二刑制中、册府卷六一一刑法部定律令改。

隋書卷二十六

志第二十一

百官上

易曰：「天尊地卑，乾坤定矣，卑高既陳，貴賤位矣。」是以聖人法乾坤以作則，因卑高以垂教，設官分職，錫珪胙土。由近以制遠，自中以統外，内則公卿大夫士，外則公侯伯子男。咸所以協和萬邦，平章百姓，允釐庶績，式敍彝倫。其由來尚矣。然古今異制，文質殊途，或以龍表官，或以雲紀職，放勛即分命四子，重華乃爰置九官，夏倍於虞，殷倍於夏，周監二代，沿革不同。其道既文，置官彌廣。逮于戰國，戎馬交馳，雖時有變革，然猶承周制。秦始皇廢先王之典，焚百家之言，創立朝儀，事不師古，始罷封侯之制，立郡縣之官。太尉主五兵，丞相總百揆，又置御史大夫，以貳於相。自餘衆職，各有司存。漢高祖除暴寧亂，輕刑約法，而職官之制，因於嬴氏。其間同異，抑亦可知。光武中興，聿遵前緒，唯廢丞相與御史大夫，而以三司綜理衆務。洎于叔世，事歸臺閣，論道之官，備員而已。魏、晉繼及，大抵略同，爰及宋、齊，亦無改作。梁武受終，多循齊舊。然而定諸卿之位，各配四時，置戎秩之官，百有餘號。陳氏繼梁，不失舊物。高齊創業，亦遵後魏，臺省位號，與江左稍殊，所有節文，備詳於志。有周創據關右，日不暇給，洎乎克清江、漢，爰議憲章。酌酆鎬之遺文，置六官以綜務，詳其典制，有可稱焉。高祖踐極，百度伊始，復廢周官，還依漢、魏。唯以中書爲內史，侍中爲納言，自餘庶僚，頗有損益。煬帝嗣位，意存稽古，建官分職，率由舊章。大業三年，始行新令。于時三川定鼎，萬國朝宗，衣冠文物，足爲壯觀。既而以人從欲，待下若讎，號令日改，官名月易。尋而南征不復，朝廷播遷，圖籍注記，多從散逸。今之存録者，不能詳備焉。

梁武受命之初，官班多同宋、齊之舊，有丞相、太宰、太傅、太保、大將軍、大司馬、太尉、司徒、司空、開府儀同三司等官。諸公及位從公開府者，置官屬，有長史、司馬、諮議參軍、掾屬、從事中郎、記室、主簿、列曹參軍、行參軍、舍人等官。其司徒則有左、右二長史，又增置左西掾一人，自餘僚佐，同於二府。有公則置，無則省。而司徒無公，唯省舍人，餘官常置。開府儀同三司，位次三公，諸將軍、左右光禄大夫，優者則加之，同三公置官屬。特進，舊位從公。武帝以鄧禹列侯就第，特進奉朝請，是特引見之稱，無官定體。於是革之。

尚書省，置令，左、右僕射各一人。又置吏部、祠部、度支、左户、都官、五兵等六尚書。左右丞各一人。吏部、删定、三公、比部、祠部、儀曹、虞曹、主客、度支、殿中、金部、倉部、左户、駕部、起部、屯田、都官、水部、庫部、功論、中兵、外兵、騎兵等郎二十三人〔一〕。令史百二十人，書令史百三十人。

尚書掌出納王命，敷奏萬機。令總統之。僕射副令，又與尚書分領諸曹。令闕，則左僕射爲主。其祠部尚書多不置，以右僕射主之。若左、右僕射並闕，則置尚書僕射，以掌左事，置祠部尚書，以掌右事。然則尚書僕射、祠部尚書不恒置矣。又有起部尚書，營宗廟宮室則權置之。事畢則省，以其事分屬都官、左户二尚書。左、右丞各一人，佐令、僕射知省事。左掌臺内分職儀、禁令、報人章，督録近道文書章表奏事，糾諸不法。右掌臺内藏及廬舍、凡諸器用之物，督録遠道文書章表奏事。凡諸尚書文書，詣中書省者，密事皆以挈囊盛之，封以左丞印。自晉以後，八座及郎中，多不奏事。天監元年詔曰：「自禮闈陵替，歷兹永久，郎署備員，無取職事。糠粃文案，貴尚虛閑，空有趨墀之名，了無握蘭之實。曹郎可依昔奏事。」自是始奏事矣。三年，置侍郎，視通直郎。其郎中在職勤能，滿二歲者，轉之。又有五都令史，與左、右丞共知所司。舊用人常輕，九年詔曰：「尚書五都，職參政要，非但總領衆局，亦乃方軌二丞。頃雖求才，未臻妙簡，可革用士流，每盡時彦，庶同持領，秉此羣目。」於是以都令史視奉朝請。其年，以太學博士劉納兼殿中都，司空法曹參軍劉顯兼吏部都，太學博士孔虔孫兼金部都，司空法曹參軍蕭軌兼左户都，宣毅墨曹參軍王顒兼中兵都。五人並以才地兼美，首膺茲選矣。駕部又別領車府署，庫部領南、北武庫二署令丞。

門下省置侍中、給事黄門侍郎各四人，掌侍從左右，擯相威儀，盡規獻納，糾正違闕。監合嘗御藥〔二〕，封璽書。侍中高功者〔三〕，在職一年，詔加侍中祭酒，與侍郎高功者一人，對掌禁令，凡領公車、太官、太醫等令，驊騮廄丞〔四〕。

集書省置散騎常侍、通直散騎常侍各四人，員外散騎常侍無員，散騎侍郎、通直郎各四人。又有員外散騎侍郎、給事中、奉朝請。常侍、侍郎，掌侍從左右，獻納得失，省諸奏聞文書。意異者，隨事爲駁。集録比詔比璽，爲諸優文策文，平處諸文章詩頌。常侍高功者一人爲祭酒，與侍郎高功者一人，對掌禁令，糾諸逋違。

駙馬、奉車、車騎三都尉〔五〕，並無員。駙馬以加尚公主者，無班秩。

散騎常侍、通直散騎常侍、員外散騎常侍，舊並爲顯職，與侍中通官。宋代以來，或輕或雜，其官漸替。天監六年革選，詔曰：「在昔晉初，仰惟盛化，常侍、侍中，並奏帷幄，員外常侍，特爲清顯。陸始名公之胤，位居納言，曲蒙優禮，方有斯授。可分門下二局，委散騎常侍。尚書案奏，分曹入集書。通直常侍，本爲顯爵，員外之選，宜參舊准人數，依正員格。」自是散騎視侍中，通直視中丞，員外視黄門郎。

中書省置監、令各一人，掌出内帝命。侍郎四人，功高者一人，主省内事。又有通事舍人、主事令史等員，及置令史，以承其事。通事舍人，舊入直閤内。梁用人殊重，簡以才能，不限資地，多以他官兼領。其後除通事，直曰中書舍人。

祕書省置監、丞各一人，郎四人，掌國之典籍圖書。著作郎一人，佐郎八人，掌國史，集注起居。著作郎謂之大著作，梁初周捨、裴子野，皆以他官領之。又有撰史學士，亦知史書。佐郎爲起家之選。

御史臺，梁國初建，置大夫，天監元年，復曰中丞。置一人，掌督司百寮。皇太子已下，其在宮門行馬内違法者，皆糾彈之。雖在行馬外，而監司不糾，亦得奏之。專道而行，逢尚書丞郎，亦得停駐。其尚書令、僕、御史中丞，各給威儀十人。其八人武冠絳鞲，執青儀囊在前。囊題云「宜官告」〔六〕，以受辭訴。一人緗衣，執鞭杖，依列行，七人唱呼入殿，引喤至階。一人執儀囊，不喤。屬官治書侍御史二人，掌舉劾官品第六已下，分統侍御史。侍御史九人，居曹，掌知其事，糾察不法。殿中御史四人，掌殿中禁衛内事〔七〕。又有符節令史員。

謁者臺，僕射一人，掌朝覲賓饗之事。屬官謁者十人，掌奉詔出使拜假，朝會擯贊。高功者一人爲假史，掌差次謁者。

諸卿，梁初猶依宋、齊，皆無卿名。天監七年，以太常爲太常卿，加置宗正卿，以大司農爲司農卿，三卿是爲春卿。加置太府卿，以少府爲少府卿，加置太僕卿，三卿是爲夏卿。以衛尉爲衛尉卿，廷尉爲廷尉卿，將作大匠爲大匠卿，三卿是爲秋卿。以光禄勳爲光禄卿，大鴻臚爲鴻臚卿，都水使者爲太舟卿，三卿是爲冬卿。凡十二卿，皆置丞及功曹、主簿。而太常位視金紫光禄大夫〔八〕，統明堂、二廟、太史、太祝、廪犧、太樂、鼓吹、乘黄、北館、典客館等令丞，及陵監、國學等。又置協律校尉、總章校尉，監、掌故、樂正之屬，以掌樂事。太樂又有清商署丞，太史别有靈臺丞。詔以爲陵監之名，不出前誥，且宗廟憲章，既備典禮，園寢職司，理不容異，諸正陵先立監者改爲令，於是陵置令矣。

國學，有祭酒一人，博士二人，助教十人，太學博士八人。又有限外博士員。天監四年，置五經博士各一人。舊國子學生，限以貴賤，帝欲招來後進，五館生皆引寒門儁才，不限人數。大同七年，國子祭酒到溉等，又表立正言博士一人，位視國子博士。置助教二人。

宗正卿，位視列曹尚書，主皇室外戚之籍。以宗室爲之。

司農卿，位視散騎常侍，主農功倉廩。統太倉、導官、籍田、上林令，又管樂遊、北苑丞，左右中部三倉丞，萊庫、荻庫、箬庫丞，湖西諸屯主。天監九年，又置勸農謁者，視殿中御史。

太府卿，位視宗正，掌金帛府帑。統左右藏令、上庫丞，掌太市、南北市令〔九〕。關津亦皆屬焉。

少府卿，位視尚書左丞，置材官將軍，左中右尚方、甄官、平水署，南塘邸稅庫、東西冶、中黄、細作、炭庫、紙官、柴署等令丞〔一〇〕。

太僕卿，位視黄門侍郎，統南馬牧、左右牧、龍廄、内外廄丞。又有弘訓太僕，亦置屬官。

衞尉卿，位視侍中，掌宫門屯兵。卿每月、丞每旬行宫徼，糾察不法。統武庫令、公車司馬令。又有弘訓衞尉，亦置屬官。

廷尉卿，梁國初建，曰大理，天監元年，復改爲廷尉。有正、監、平三人。元會，廷尉三官，與建康三官，皆法冠玄衣朝服，以監東、西、中華門。手執方木，長三尺，方一寸，謂之執方。四年，置胄子律博士，位視員外郎。

大匠卿，位視太僕，掌土木之工。統左、右校諸署。

光祿卿，位視太子中庶子，掌宮殿門户。統守宮、黄門、華林園、暴室等令。又有左右光祿、金紫光祿、太中、中散等大夫，並無員，以養老疾。

鴻臚卿，位視尚書左丞，掌導護贊拜。

太舟卿，梁初爲都水臺，使者一人，參軍事二人，河堤謁者八人。七年，改焉。位視中書郎，列卿之最末者也。主舟航堤渠。

大長秋，主諸宦者〔二〕，以司宮閫之職。統黄門、中署、奚官、暴室、華林等署。

領軍，護軍，左、右衛，驍騎，游騎等六將軍，是爲六軍。又有中領、中護，資輕於領、護。又左右前後四將軍，左右中郎將，屯騎、步騎、越騎、長水、射聲等五營校尉，武賁、冗從、羽林三將軍，積射、强弩二軍，殿中將軍、武騎之職，皆以分司丹禁，侍衛左右。天監六年，置左右驍騎、左右游擊將軍，位視二率。改舊驍騎曰雲騎，游擊曰游騎，降左右驍、游一階。又置朱衣直閤將軍，以經爲方牧者爲之。其以左右驍、游帶領者，量給儀從。

太子太傅一人，位視尚書令。少傅一人，位視左僕射。天監初，又置東宮常侍，皆散騎常侍爲之。

詹事，位視中護軍，任總宮朝。二傅及詹事，各置丞、功曹、主簿、五官，家令、率更令、僕各一人。家令，自宋、齊已來，清流者不爲之。天監六年，帝以三卿陵替，乃詔革選。家令視通直常侍，率更、僕視黃門，三寺皆置丞〔一二〕。中大通三年，以昭明太子妃居金華宮，又置金華家令。

左、右衛率各一人，位視御史中丞。各有丞。左率領果毅、統遠、立忠、建寧、陵鋒、夷寇〔一三〕、祚德等七營，右率領崇榮、永吉、崇和、細射等四營。二率各置殿中將軍十人，員外將軍十人，正員司馬四人。又有員外司馬督官。其屯騎、步兵、翊軍三校尉各一人，謂之三校。旅賁中郎將、冗從僕射各一人，謂之二將。左、右積弩將軍各一人。門大夫一人，視謁者僕射。

中庶子四人，功高者一人爲祭酒。行則負璽，前後部護駕。中舍人四人，功高者一人，與中庶子祭酒共掌其坊之禁令。又有通事守舍人、典事守舍人、典法守舍人員。

庶子四人，掌侍從左右，獻納得失。高功者一人，與高功舍人共掌其坊之禁令。舍人十六人，掌文記。通事舍人二人，視南臺御史，多以餘官兼職。典經局洗馬八人，位視通直郎。置典經守舍人、典事守舍人員。又有外監殿局，内監殿局，導客局，齋内局，主璽、主衣、扶侍等局，門局，錫庫局，内厩局，中藥藏局，食官局，外厩局，車厩局等，各置有司，以承其事。

皇弟、皇子府，置師，長史，司馬，從事中郎，諮議參軍，友〔一四〕，掾屬，中録事、中記室、中直兵等參軍，功曹史，録事、記室、中兵等參軍，文學，主簿，正參軍、行參軍、長兼行參軍等員。嗣王府則減皇弟皇子府師、友、文學、長兼行參軍。蕃王府則又減嗣王從事中郎，諮議參軍，掾屬，録事、記室、中兵參軍等員。自此以下，則並不登二品。

王國置郎中令、將軍、常侍官，又置典祠令、廟長、陵長、典醫丞、典府丞、典書令、學官令、食官長、中尉、侍郎、執事中尉、司馬、謁者、典衛令、舍人、中大夫、大農等官。嗣王國則唯置郎中令、中尉、常侍、大農等員。蕃王則無常侍。自此以下，並不登二品。

諸王皆假金獸符第一至第五左，竹使符第一至第十左。諸公侯皆假銅獸符、竹使符第一至第五。名山大澤不以封。鹽鐵金銀銅錫，及竹園、别都宫室園圃，皆不以屬國。

諸王言曰令，境内稱之曰殿下。公侯封郡縣者，言曰教，境内稱之曰第下。自稱皆曰寡人。相以下，公文上事，皆詣典書。世子主國，其文書、表疏、儀式，如臣而不稱臣。文書下羣官，皆言告。諸王公侯國官，皆稱臣。上於天朝，皆稱陪臣。有所陳，皆曰上疏。

其公文曰言事。五等諸公，位視三公，班次之。開國諸侯，位視孤卿、重號將軍、光禄大夫，班次之。開國諸伯，位視九卿，班次之。開國諸子，位視二千石，班次之。開國諸男，位視比二千石，班次之。公已下，各置相、典祠、典書令、典衛長一人。而伯子典書謂之長，典衛謂之丞。男典祠謂之長，典書謂之丞，無典衛。諸公已下，臺爲選置相，掌知百姓事。典祠已下，自選補上。諸列侯食邑千户已上，置家丞、庶子員。不滿千户，則但置庶子員。

州刺史二千石，受拜之明日，辭宫廟而行。州置别駕、治中從事各一人，主簿、西曹、議曹從事、祭酒從事、部傳從事、文學從事，各因其州之大小而置員。郡置太守，置丞。國曰内史。郡丞，三萬户以上，置佐一人。

縣爲國曰相，大縣爲令，小縣爲長，皆置丞、尉。郡縣置吏，亦各准州法，以大小而制員。郡縣吏有書僮，有武吏，有醫，有迎新、送故等員。亦各因其大小而置焉。

建康舊置獄丞一人。天監元年，詔依廷尉之官，置正、平、監，革選士流，務使任職。又令三官更直一日，分受罪繫，事無小大，悉與令籌。若有大事，共詳，三人具辨。脱有同異，各立議以聞。尚書水部郎袁孝然、議曹郎孔休源並爲之。位視給事中。

天監初，武帝命尚書删定郎濟陽蔡法度，定令爲九品。秩定，帝於品下注一品秩爲萬石，第二第三爲中二千石，第四第五爲二千石。至七年，革選，徐勉爲吏部尚書，定爲十八班。以班多者爲貴，同班者，則以居下者爲劣。

丞相、太宰、太傅、太保、大司馬、大將軍、太尉、司徒、司空，爲十八班。

諸將軍開府儀同三司、左右光禄開府儀同三司，爲十七班。

尚書令、太子太傅、左右光禄大夫，爲十六班。

尚書左僕射，太子少傅，尚書僕射、右僕射，中書監，特進，領、護軍將軍，爲十五班。

中領、護軍，吏部尚書，太子詹事，金紫光禄大夫，太常卿，爲十四班。

中書令，列曹尚書，國子祭酒，宗正、太府卿，光禄大夫，爲十三班。

侍中，散騎常侍，左、右衛將軍，司徒左長史，衛尉卿，爲十二班。

御史中丞，尚書吏部郎，祕書監，通直散騎常侍，太子左、右二衛率，左、右驍騎，左、右游擊，太中大夫，皇弟皇子師，司農、少府、廷尉卿，太子中庶子，光禄卿，爲十一班。

給事黄門侍郎，員外散騎常侍，皇弟皇子府長史，太僕、大匠卿，太子家令、率更令、僕，揚州别駕，中散大夫，司徒右長史，雲騎，游騎，皇弟皇子府司馬，朱衣直閤將軍，爲十班。

尚書左丞，鴻臚卿，中書侍郎，國子博士，太子庶子，揚州中從事，皇弟皇子公府從事中郎，太舟卿，大長秋，皇弟皇子府諮議，嗣王府長史，前左右後四軍、嗣王府司馬，庶姓公府長史、司馬，爲九班。

祕書丞，太子中舍人，司徒左西掾，司徒屬，皇弟皇子友，散騎侍郎，尚書右丞，南徐州別駕，皇弟皇子公府掾屬，皇弟皇子單爲二衞司馬，嗣王、庶姓公府從事中郎，左、右中郎將，嗣王、庶姓公府諮議，皇弟皇子之庶子府長史、司馬，蕃王府長史、司馬，庶姓持節府長史、司馬，爲八班。

五校，東宮三校，皇弟皇子之庶子府中録事〔一五〕、中記室、中直兵參軍，南徐州中從事，皇弟皇子之庶子府、蕃王府諮議，爲七班。

太子洗馬，通直散騎侍郎，司徒主簿，尚書侍郎，著作郎，皇弟皇子府功曹史，五經博士，皇弟皇子府録事、記室、中兵參軍，皇弟皇子荆江雍郢南兗五州別駕，領、護軍長史、司馬，嗣王、庶姓公府掾屬，南臺治書侍御史，廷尉三官，謁者僕射，太子門大夫，嗣王、庶姓公府中録事、中記室、中直兵參軍，庶姓府諮議，爲六班。

尚書郎中，皇弟皇子文學及府主簿，太子太傅、少傅丞，皇弟皇子湘豫司益廣青衡七州別駕，皇弟皇子荆江雍郢南兗五州中從事，嗣王、庶姓荆江雍郢南兗五州別駕，太常丞，皇弟皇子國郎中令，三將，東宮二將，嗣王府功曹史，庶姓公府録事〔一六〕、記室、中兵參軍，皇弟皇子之庶子府、蕃王府中録事、中記室、中直兵參軍，爲五班。

給事中，皇弟皇子府正參軍，中書舍人，建康三官，皇弟皇子北徐北兖梁交南梁五州別駕〔一七〕，皇弟皇子湘豫司益廣青衡七州別駕、中從事，嗣王庶姓湘豫司益廣青衡七州別駕，嗣王庶姓荆江雍郢南兖五州中從事，宗正、太府、衛尉、司農、少府、廷尉、太子詹事等丞，積射、彊弩將軍，太子左右積弩將軍，皇弟皇子國大農，嗣王國郎中令，嗣王、庶姓公府主簿，皇弟皇子之庶子府、蕃王府功曹史，皇弟皇子之庶子府、蕃王府録事、記室、中兵參軍，爲四班。

太子舍人，司徒祭酒，皇弟皇子公府祭酒，員外散騎侍郎，皇弟皇子府行參軍，太子太傅少傅五官功曹主簿，二衛司馬，公車令，胄子律博士，皇弟皇子越桂寧霍四州別駕，皇弟皇子北徐北兖梁交南梁五州中從事，嗣王庶姓北徐北兖梁交南梁五州別駕，湘豫司益廣青衡七州中從事，嗣王、庶姓公府正參軍，皇弟皇子之庶子府、蕃王府曹主簿，武衛將軍，光禄丞，皇弟皇子國中尉、太僕、大匠丞，嗣王國大農，蕃王國郎中令，庶姓持節府中録事、中記室、中直兵參軍，北館令，爲三班。

祕書郎，著作佐郎，揚、南徐州主簿，嗣王、庶姓公府祭酒，皇弟皇子單爲領護詹事二衛等五官功曹、主簿，太學博士，皇弟皇子國常侍，奉朝請，國子助教，皇弟皇子越桂寧霍四州中從事，皇弟皇子荆江雍郢南兗五州主簿，嗣王庶姓北徐北兗梁交南梁五州中從事，鴻臚丞，尚書五都令史，武騎常侍，材官將軍，明堂二廟帝陵令，嗣王府庶姓公府行參軍，皇弟皇子之庶子府正參軍，蕃王國大農，庶姓持節府録事、記室、中兵參軍，庶姓持節府功曹史，爲二班。

揚南徐州西曹祭酒從事，皇弟皇子國侍郎，嗣王國常侍，揚南徐州議曹從事，東宫通事舍人，南臺侍御史，太舟丞，二衞殿中將軍，太子二率殿中將軍，皇弟皇子之庶子府蕃王府行參軍，蕃王國中尉，皇弟皇子湘豫司益廣青衡七州主簿，皇弟皇子荆雍郢南兗四州西曹祭酒議曹從事，皇弟皇子江州西曹從事祭酒議曹祭酒部傳從事，嗣王庶姓越桂寧霍四州中從事，嗣王庶姓荆江雍郢南兗五州主簿，庶姓持節府主簿，汝陰巴陵二國郎中令，太官、太樂、太市、太史、太醫、太祝、東西冶、左右尚方、南北武庫、車府等令，爲一班。

位不登二品者，又爲七班。

皇弟皇子府長兼參軍，皇弟皇子國三軍，嗣王國侍郎，蕃王國常侍，揚南徐州文學從事，殿中御史，庶姓持節府除正參軍，太子家令丞，二衞殿中員外將軍，太子二率殿中員外將軍，鎮蠻安遠護軍度支校尉等司馬，皇弟皇子北徐北兗梁交南梁五州主簿，皇弟皇子湘豫司益廣青衡七州西曹祭酒議曹從事，皇弟皇子荆雍郢三州從事史、江州議曹從事、南兗州文學從事，嗣王庶姓湘豫司益廣青衡七州主簿，嗣王庶姓荆雍郢南兖四州西曹祭酒議曹從事，嗣王庶姓江州西曹從事祭酒部傳從事、勸農謁者，汝陰巴陵二王國大農，郡公國郎中令，爲七班。

皇弟皇子國典書令，嗣王國三軍，蕃王國侍郎，領護詹事五官功曹，皇弟皇子府參軍督護，嗣王府長兼參軍，庶姓公府長兼參軍，庶姓持節府板正參軍，皇弟皇子越桂寧霍四州主簿，皇弟皇子北徐北兖梁交南梁五州西曹祭酒議曹從事，嗣王庶姓北徐北兖梁交南梁五州主簿，嗣王庶姓湘豫司益廣青衡七州西曹祭酒議曹從事，皇弟皇子豫司益廣青五州文學從事、湘衡二州從事，嗣王庶姓荆霍郢三州從事史、江州議曹從事、南兖州文學從事，汝陰巴陵二王國中尉，皇弟皇子之庶子縣侯國郎中令，郡公國大農，縣公國郎中令，爲六班。

皇弟皇子國三令，嗣王國典書令，蕃王國三軍，皇弟皇子公府東曹督護，嗣王府、庶姓公府參軍督護，皇弟皇子之庶子長兼參軍，蕃王府長兼參軍，二衛正員司馬督，太子二率正員司馬督，領護主簿，詹事主簿，二衛功曹，太常五官功曹，石頭戍軍功曹，庶姓持節府行參軍，皇弟皇子越桂寧霍四州西曹祭酒議曹從事，皇弟皇子北徐北兖梁交南梁五州文學從事，嗣王庶姓越桂寧霍四州主簿，嗣王庶姓北徐北兖梁交南梁五州西曹祭酒議曹從事，嗣王庶姓豫司益廣青五州文學從事、湘衡二州從事，汝陰巴陵二王國常侍，郡公國中尉，縣侯國郎中令，皇弟皇子府功曹督護，爲五班。

嗣王國三令，蕃王國典書令，嗣王府功曹督護，庶姓公府東曹督護，皇弟皇子之庶子府參軍督護，蕃王府參軍督護，二衞員外司馬督，太子二率員外司馬督，二衞主簿，太常主簿，宗正等十一卿五官功曹，石頭戍軍主簿，庶姓持節府板行參軍，皇弟皇子越桂寧霍四州文學從事，嗣王庶姓越桂寧霍四州西曹祭酒議曹從事，嗣王庶姓北徐北兗梁交南梁五州文學從事，汝陰巴陵二王國侍郎，縣公國中尉，爲四班。

蕃王國三令，皇弟皇子之庶子府蕃王府功曹督護，宗正等十一卿主簿，庶姓持節府長兼參軍，嗣王庶姓越桂寧霍四州文學從事，郡公國侍郎，爲三班。

庶姓持節府參軍督護，汝陰巴陵二王國典書令，縣公國侍郎，爲二班。

庶姓持節府功曹督護，汝陰巴陵二王國三令，郡公國典書令，爲一班。

又著作正令史，集書正令史，尚書度支三公正令史，函典書、殿中外監、齊監〔一八〕、東堂監、尚書都官左降正令史，諸州鎮監、石頭城監、琅邪城監、東宮外監殿中守舍人、齊監、東宮典經守舍人，上庫令，太社令，細作令，導官令，平水令，太官市署丞，正厨丞，酒庫丞，柒署丞〔一九〕，太樂庫丞，别局校丞，清商丞，太史丞，太醫二丞，中藥藏丞，東冶小庫等三丞，作堂金銀局丞，木局丞，北武庫二丞，南武庫二丞，東宮食官丞，上林丞，湖西塼屯丞，茭䓍庫丞，紋絹簟席丞，國子典學，材官司馬，宣陽等諸門候，東宮導客守舍人，運署謁者，都水左右二裝五城謁者，石城宣城陽新屯謁者，南康建安晉安伐船謁者，晉安練葛屯主，爲三品蘊位。

又門下集書主事通正令史〔二〇〕，中書正令史，尚書正令史，尚書監籍正令史，都正令史，殿中內監，題閤監，婚局監，東宮門下通事守舍人，東宮典書守舍人，東宮內監殿中守舍人，題閤監，乘黃令，右藏令，籍田令，廩犧令，梅根諸冶令，典客館令，太官四丞，庫丞，太樂丞〔二一〕，東冶太庫丞，左尚方五丞，右尚方四丞，東宮衞庫丞，司農左右中部倉丞，廷尉律博士，公府舍人，諸州別署監，山陰獄丞，爲三品勳位。

其州二十三，並列其高下，選擬略視內職。郡守及丞，各爲十班。縣制七班〔二二〕。用人各擬內職云。

又詔以將軍之名，高卑舛雜，命更加釐定。於是有司奏置一百二十五號將軍。以鎮衞、驃騎、車騎，爲二十四班。內外通用。四征、東南西北，止施外。四中，軍、衞、撫、權〔二三〕，止施內。爲二十三班。八鎮東南西北，止施在外。左右前後，止施在內。爲二十二班。八安東西南北，止施在外。左右前後，止施在內。爲二十一班。四平、東南西北。四翊，左右前後。爲二十班。凡三十五號，爲一品。是爲重號將軍。忠武、軍師，爲十九班。武臣、爪牙、龍騎、雲麾，爲十八班。代舊前後左右四將軍。鎮兵、翊師、宣惠、宣毅，爲十七班。代舊四中郎。十號爲一品。智威、仁威、勇威、信威、嚴威，爲十六班。代舊征虜。智武、仁武、勇武、信武、嚴武，爲十五班。代舊冠軍。十號爲一品，所謂五德將軍者也。輕車、征遠、鎮朔、武旅、貞毅，爲十四班。代舊輔國。凡將軍加大者，唯至貞毅而已。通進一階。優者方得比加位從公。凡督府，置長史司馬諮議諸曹，有録事記室等十八曹。天監七年，更置中録事、中記室、中直兵參軍各一人。寧遠、明威、振遠、電耀、威耀，爲十三班。代舊寧朔。十號爲一品。武威、武騎、武猛、壯武、飈武，爲十二班。電威、馳鋭、追鋒、羽騎、突騎，爲十一班。十號爲一品。折衝、冠武、和戎、安壘、猛烈，爲十班。掃狄、雄信、掃虜、武鋭、摧鋒，爲九班。十號爲一品。略遠、貞威、決勝、開遠、光野，爲八班。厲鋒、輕鋭、討狄、蕩虜、蕩夷，爲七班。十號爲一品。武毅、鐵騎、樓舡、宣猛、樹功，爲六班。克狄、平虜、討夷、平狄、威戎，爲五班。十號爲一品。伏波、雄戟、長劍、衝冠、雕騎，爲四班。佽飛、安夷、克戎、綏狄、威虜，爲三班。十號爲一品。前鋒、武毅、開邊、招遠、金威，爲二班〔二四〕。綏虜、蕩寇、殄虜、横野、馳射，爲一班。十號爲一品。凡十品，二十四班。亦以班多爲貴。其制品十，取其盈數。班二十四，以法氣序。制簿悉以大號居後，以爲選法自小遷大也。前史所記，以位得從公，故將軍之名，次于台槐之下。至是備其班品，敘於百司之外。

其不登二品，應須軍號者，有牙門、代舊建威。期門，代舊建武。爲八班。候騎、代舊振威。熊渠，代舊振武。爲七班。中堅、代舊奮威。典戎，代舊奮武。爲六班。戈舡、代舊揚威。繡衣，代舊揚武。爲五班。執訊、代舊廣威。行陣，代舊廣武。爲四班。鷹揚爲三班。陵江爲二班。偏將軍、裨將軍，爲一班。凡十四號，別爲八班，以象八風。所施甚輕。

又有武安、鎮遠、雄義，擬車騎。爲二十四班。四撫東南西北，擬四征。爲二十三班。四寧東南西北，擬四鎮。爲二十二班。四威東南西北，擬四安。爲二十一班。四綏東南西北，擬四平。爲二十班。凡十九號，爲一品。安遠、安邊，擬忠武、軍師。爲十九班。輔義、安沙、衞海、撫河，擬武臣等四號。爲十八班。平遠、撫朔、寧沙、航海，擬鎮兵等四號。爲十七班。凡十號，爲一品。翊海、朔野、拓遠、威河、龍幕，擬智威等五號。爲十六班。威隴、安漠、綏邊、寧寇、梯山，擬智武等五號。爲十五班。凡十號，爲一品。寧境、綏河、明信、明義、威漠，擬輕車等五號。爲十四班。安隴、向義、宣節、振朔、候律，擬寧遠等五號。爲十三班。凡十號，爲一品。平寇、定遠、陵海、寧隴、振漠，擬武威等五號。爲十二班。馳義、橫朔、明節、執信、懷德，擬電威等五號。爲十一班。凡十號，爲一品。撫邊、定隴、綏關、立信、奉義，擬折衝等五號。爲十班。綏隴、寧邊、定朔、立節、懷威，擬掃狄等五號。爲九班。凡十號，爲一品。

懷關、靜朔、掃寇、寧河、安朔，擬略遠等五號。爲八班。揚化、超隴、執義、來化、度嶂，擬厲鋒等五號。爲七班。凡十號，爲一品。平河、振隴、雄邊、橫沙、寧關，擬武毅等五號。爲六班。懷信、宣義、弘節、浮遼、鑿空，擬克狄等五號。爲五班。凡十號，爲一品。扞海、款塞、歸義、陵河、明信，擬伏波等五號。爲四班。奉忠、守義、弘信、仰化、立義，擬佽飛等五號。爲三班。凡十號，爲一品。綏方、奉正、承化、浮海、度河，擬先鋒等五號〔一五〕。爲二班。懷義、奉信、歸誠、懷澤、伏義，擬綏虜等五號。爲一班。凡十號，爲一品。大凡一百九號將軍，亦爲十品，二十四班。正施於外國。

及大通三年，有司奏曰：「天監七年，改定將軍之名，有因有革。普通六年，又置百號將軍，更加刊正，雜號之中，微有移異。大通三年〔一六〕，奏移寧遠班中明威將軍進輕車班中，以輕車班中征遠度入寧遠班中。又置安遠將軍代貞武，宣遠代明烈。其戎夷之號，亦加附擬。選序則依此承用。」遂以定制。轉則進一班，黜則退一班。班即階也。同班以優劣爲前後。有鎮衞、驃騎、車騎同班。四中、四征同班。八鎮同班。八安同班。四平、四翊同班。忠武、軍師同班。武臣、爪牙、龍騎、雲麾、冠軍同班。鎮兵、翊師、宣惠、宣毅四將軍，東南西北四中郎將同班。智威、仁威、勇威、信威、嚴威同班。智武、仁武、勇武、信武、嚴武同班。謂爲五德將軍。輕車、鎮朔、武旅、貞毅、明威同班〔一七〕。寧遠、安遠、征遠、振遠、宣遠同班。威雄、威猛、威烈、威振、威信、威勝、威略、威風、威力、威光同班。武猛、武略、武勝、武力、武毅、武健、武烈、武威、武鋭、武勇同班。猛毅、猛烈、猛威〔二八〕、猛鋭、猛震、猛進、猛智、猛威〔二九〕、猛勝、猛駿同班。壯武、壯勇、壯烈、壯猛、壯鋭、壯盛、壯毅、壯志、壯意、壯力同班。驍雄、驍桀、驍猛、驍烈、驍武、驍勇、驍鋭、驍名、驍勝、驍迅同班。雄猛、雄威、雄明、雄烈、雄信、雄武、雄勇、雄毅、雄壯、雄健同班。忠勇、忠烈、忠猛、忠鋭、忠壯、忠毅、忠捍、忠信、忠義、忠勝同班。明智、明略、明遠、明勇、明烈、明威、明勝、明進、明鋭、明毅同班。光烈、光明、光英、光遠、光勝、光鋭、光命、光勇、光戎、光野同班。飆勇、飆猛、飆烈、飆鋭、飆奇、飆決、飆起、飆略、飆勝、飆出同班。龍驤、武視、雲旗、風烈、電威、雷音、馳鋭、追鋭、羽騎、突騎同班。折衝、冠武、和戎、安壘、超猛、英果、掃虜、掃狄、武鋭、摧鋒同班。開遠、略遠、貞威、決勝、清野、堅鋭、輕鋭、拔山、雲勇、振旅同班。超武、鐵騎、樓船、宣猛、樹功、克狄、平虜、稜威、昭威、威戎同班。伏波、雄戟、長劍、衝冠、雕騎、佽飛、勇騎、破敵、克敵、威虜同班。前鋒、武毅、開邊、招遠、金威、破陣、蕩寇、殄虜、横野、馳射同班。牙門、期門同班。候騎、熊渠同班。中堅、典戎同班。執訊、行陣同班。伏武、懷奇同班。偏、裨將軍同班。凡二百四十號，爲四十四班〔三〇〕。

又雍州置寧蠻校尉，廣州置平越中郎將，北涼、南秦置西戎校尉，南秦、梁州置平戎校尉，寧州置鎮蠻校尉，西陽、南新蔡、晉熙、廬江等郡，置鎮蠻護軍，武陵郡置安遠護軍，巴陵郡置度支校尉。皆立府，隨府主號輕重而不爲定。其將軍施於外國者，雄義、鎮遠、武安同班，擬鎮衞等三號。四撫同班，擬四征。四威同班，擬四安。四綏同班，擬四平。安遠、安邊同班，擬忠武等號。撫河、衞海、安沙、輔義同班，擬武臣等號。航海、寧沙、撫朔、平遠同班，擬鎮兵等號。龍幕、威河、和戎、拓遠、朔野、翊海同班，擬智威等號。梯山、寧寇、綏邊、安漠、威隴五號同班，擬智武等號。威漠、明義、昭信、綏河、寧境同班，擬輕車等號。候律、振朔、宣節、向義、安隴同班，擬寧遠等號。振漠、寧隴、陵海、安遠、平寇同班，擬威雄等號。懷德、執信、明節、橫朔、馳義同班，擬武猛等號。安朔、寧河、掃寇、靜朔、懷關同班〔三一〕，擬驍雄等號。度嶂、奉化、康義、超隴、揚化同班，擬猛烈等號。寧關、橫沙、雄邊、振隴、平河同班，擬忠勇等號。鑿空、浮遼、弘節、宣義、懷信同班，擬明智等號。明信、陵河、歸義、款塞、扞海同班，擬光烈等號。立義、仰化、弘信、守義、奉忠同班，擬飆勇等號。奉誠、立誠、建誠、顯誠、義誠同班，擬龍驤等號〔三二〕。尉遼、寧渤、綏嶺、威塞、通候同班，擬折衝等號。掃荒、威荒、定荒、開荒、理荒同班，擬開遠等號。奉節、歸節〔三三〕、建節、效節、伏節同班，擬超武等號。渡河、陵海、承化、奉正、綏方同班，擬伏波等號。伏義、懷澤、歸誠、奉信、懷義同班，擬前鋒等號。凡一百二十五將軍，二十八班，並施外國，戎號准于中夏焉。大同四年，魏彭城王尒朱仲遠來降，以爲定洛大將軍，仍使其北討，故名云。

陳承梁，皆循其制官，而又置相國，位列丞相上。并丞相、太宰、太傅、太保、大司馬、大將軍，並以爲贈官。定令，尚書置五員，郎二十一員。其餘並遵梁制，爲十八班，而官有清濁。自十二班以上並詔授，表啓不稱姓。從十一班至九班，禮數復爲一等。又流外有七班，此是寒微士人爲之。從此班者，方得進登第一班。其親王起家則爲侍中。若加將軍，方得有佐史，無將軍則無府，止有國官。皇太子家嫡者，起家封王，依諸王起家。餘子並封公，起家中書郎。諸王子并諸侯世子，起家給事。三公子起家員外散騎侍郎，令僕子起家祕書郎。若員滿，亦爲板法曹，雖高半階，望終祕書郎下。次令僕子起家著作佐郎，亦爲板行參軍。此外有揚州主簿、太學博士、王國侍郎、奉朝請、嗣王行參軍，並起家官，未合發詔。諸王公參佐等官，仍爲清濁。或有選司補用，亦有府牒即授者，不拘年限，去留隨意。在府之日，唯賓遊宴賞，時復脩參，更無餘事。若隨府王在州，其僚佐等，或亦得預催督。若其驅使，便有職務。其衣冠子弟，多有脩立〔三四〕，非氣類者，唯利是求，暴物亂政，皆此之類。國之政事，並由中書省。有中書舍人五人，領主事十人，書吏二百人。書吏不足，并取助書。分掌二十一局事，各當尚書諸曹，並爲上司，總國內機要，而尚書唯聽受而已。被委此官，多擅威勢。其庶姓爲州，若無將軍者，謂之單車。郡縣官之任代下，有迎新送故之法，餉饋皆百姓出，並以定令。其所制品秩，今列之云。

相國，丞相，太宰，太傅，太保，大司馬，大將軍，太尉，司徒，司空，開府儀同三司，已上秩萬石。巴陵王、汝陰王後，尚書令，已上秩中二千石。品並第一。

中書監，尚書左右僕射，特進，太子二傅，左右光祿大夫，已上中二千石。品並第二。

中書令，侍中，散騎常侍，領、護軍，中領、護軍〔三五〕，吏部尚書，列曹尚書，金紫光祿大夫，光祿大夫，已上並中二千石。左右衞將軍，御史中丞，已上二千石。太后衞尉、太僕、少府三卿，太常、宗正、太府、衞尉、司農、少府、廷尉、光祿、大匠、太僕、鴻臚、太舟等卿，太子詹事，國子祭酒，已上中二千石。揚州刺史，凡單車刺史，加督進一品，都督進二品。不論持節假節，揚州、徐州加督，進二品右光祿已下。加都督，第一品尚書令下。南徐、東揚州刺史，皇弟皇子封國王世子，品並第三。

通直散騎常侍，員外散騎常侍，黃門侍郎，已上二千石。祕書監，中二千石。左右驍騎、左右游擊等將軍，太子中庶子，已上二千石。太子左右衞率，二千石。朱衣直閤，雲騎、游騎將軍，中書侍郎，已上千石。尚書左右丞，尚書吏部侍郎、郎中，已上六百石。尚書郎中與吏部郎同列，今品同。太子三卿，太中、中散大夫，司徒左右長史，已上千石。諸王師，依秩減之例。

國子博士，千石。荆江南兗郢湘雍等州刺史，六州加督，進在第三品東揚州下。加都督，進在第二品右光禄下。嗣王、蕃王、郡公、縣公等世子，品並第四。

祕書丞，明堂、太廟、帝陵等令，已上六百石。散騎侍郎，前左右後軍將軍，左右中郎將，已上千石。大長秋，二千石。太子中舍人、庶子，六百石。豫益廣衡等州、青州領冀州、北兗北徐等州、梁州領南秦州、司南梁交越桂霍寧等十五州刺史〔三六〕，加督，進在第四品雍州下。加都督，進在第三品南徐州下。不言秩。丹陽尹，中二千石。會稽太守，二千石。加督，進在第四品雍州下。加都督，進在第三品南徐州下。諸郡若督及都督，皆以此差次爲例。吴郡吴興二太守，二千石。侯世子，不言秩。皇弟皇子府諮議參軍，八百石。皇弟皇子府板諮議參軍，不言秩。皇弟皇子府長史，千石。皇弟皇子府板長史，不言秩。皇弟皇子府司馬，千石。皇弟皇子府板司馬，不言秩。皇弟皇子公府從事中郎，六百石。品並第五。

通直散騎侍郎，千石。著作郎，六百石。步兵、射聲、長水、越騎、屯騎五校尉，並千石。太子洗馬，六百石。太子步兵、翊軍、屯騎三校尉，並秩同臺校。司徒左西掾屬，並本秩四百石。依減秩例。皇弟皇子友，依減秩例。皇弟皇子公府屬，本秩四百石。依減秩例。五經博士，六百石。子男世子，不言秩。萬户以上郡太守、内史、相，嗣王府、皇弟皇子之庶子府諮議參軍，六百石。板者不言秩。嗣王府、皇弟皇子之庶子府長史、司馬，並八百石。嗣王府官減正王府一階。其板長史、司馬，並不言秩。庶姓公府諮議參軍，六百石。與嗣王府同。其板者並不言秩。庶姓公府長史、司馬，並八百石。其板者並不言秩。嗣王、庶姓公府從事中郎，六百石。皇弟皇子府中録事參軍、板府中録事參軍、中記室參軍、板中記室參軍、中直兵參軍、板中直兵參軍，揚州別駕中從事，皇弟皇子南徐荆江南兗郢湘雍州別駕中從事，並不言秩。品並第六。

給事中，六百石。員外散騎侍郎，祕書著作佐郎，並四百石。依減秩例。奉車、駙馬、騎都尉〔三七〕，武賁中郎將，羽林監，冗從僕射，已上並六百石。謁者僕射，千石。南臺治書侍御史，六百石。太子舍人，二百石。依減秩例。太子門大夫，六百石。太子旅賁中郎將、冗從僕射，並秩同臺將。司徒主簿，依減秩例。司徒祭酒，不言秩。領護軍長史、司馬，廷尉正、監、平，並六百石。皇弟皇子府録事記室中兵等參軍、板録事記室中兵等參軍、功曹史、主簿，公府祭酒，並不言秩。皇弟皇子文學，依減秩例。嗣王、庶姓公府掾屬，並本秩四百石。依減秩例。太子二傅丞，並六百石。蕃王府諮議參軍，四百石。蕃王府板諮議參軍，不言秩。蕃王府長史、司馬，六百石。板者並不言秩。庶姓持節府諮議參軍，四百石。庶姓非公不持節將軍置長史，六百石。庶姓持節府板諮議參軍，不言秩。庶姓持節府長史、司馬，並六百石。板者皆不言秩。嗣王府、皇弟皇子之庶子及庶姓公府中録事中記室中直兵參軍及板中録事中記室中直兵參軍，並不言秩。不滿萬户太守、内史、相，二千石。丹陽會稽吴郡吴興及萬户郡丞，並六百石。建康令，千石。建康正、監、平，秩同廷尉。品並第七。

中書通事舍人，依減秩例。積射、强弩、武衛等將軍，公車令，太子左右積弩將軍，並六百石。奉朝請，武騎常侍，依減秩例。太后三卿、十二卿、大長秋等丞，並六百石。左右衞司馬，不言秩。太子詹事丞，胄子律博士，並六百石。皇弟皇子府正參軍、板正參軍、行參軍、板行參軍，嗣王府、皇弟皇子之庶子府録事記室中兵參軍、板録事記室中兵參軍〔三八〕、功曹史、主簿，庶姓非公不持節諸將軍置主簿，庶姓公府録事記室中兵參軍、主簿，嗣王、庶姓公府祭酒，蕃王府中録事記室直兵參軍、板中録事記室直兵參軍，庶姓持節府中録事記室直兵參軍及板中録事記室直兵參軍，太子太傅五官功曹史、主簿，少傅五官功曹史、主簿，已上並不言秩。太學博士，六百石。國子助教，司樽郎，安蠻戎越校尉中郎將府等長史，六百石。蠻戎越等府佐無定品。自隨主軍號輕重。小府減大府一階。蠻戎越校尉中郎將等府板長史，不言秩。蠻戎越校尉中郎將等司馬，六百石。板者不言秩。庶姓南徐荆江南兗郢湘雍等州别駕中從事，不言秩。不滿萬户已下郡丞〔三九〕，六百石。五千户已上縣令、相，一千石。皇弟皇子國郎中令、大農、中尉，並六百石。品並第八。

左右二衞殿中將軍，不言秩。南臺侍御史，依秩減例。東宫通事舍人，不言秩。材官將軍，六百石。太子左右二衞率、殿中將軍及丞，嗣王府、皇弟皇子之庶子府正參軍、板正參軍、行參軍、板行參軍，庶姓公府正參軍、板正參軍，蕃王府録事記室中兵等參軍、板録事記室中兵等參軍、功曹史、主簿、正參軍、板正參軍、行參軍、板行參軍，庶姓持節府録事記室中兵等參軍、板録事記室中兵等參軍、功曹史、主簿，庶姓豫益廣衡青冀北兗北徐梁秦司南徐等州別駕中從事史，揚州主簿、西曹及祭酒、議曹二從事，南徐州主簿、西曹、祭酒議曹二從事，皇弟皇子諸州主簿、西曹，已上並不言秩。不滿五千户已下縣令、相，六百石。皇弟皇子國常侍、侍郎，不言秩。嗣王國郎中令、大農、中尉，並四百石。嗣王國常侍，不言秩。蕃王國郎中令、大農、殿中〔四〇〕，並二百石。品並第九。

又有戎號擬官，自一品至于九品，凡二百三十七。鎮衞、驃騎、車騎等三號將軍，擬官品第一。比秩中二千石。四中、軍、撫、衞、權。四征、東南西北。八鎮東南西北，左右前後。等十六號將軍，擬官品第二。秩中二千石。八安、左前右後，東南西北。四翊、左前右後。四平東南西北。等十六號將軍，擬官品第三。秩中二千石。忠武、軍師、武臣、爪牙、龍騎、雲麾、冠軍、鎮兵、翊師、宣惠、宣毅等將軍，四中郎將，智、仁、勇、信、嚴等五威、五武將軍，合二十五號，擬官品第四。秩中二千石。輕車、鎮朔、武旅、貞毅、明威等將軍〔四一〕，將軍加大者至此。凡加大，通進一階。寧、安、征、振、宣等五遠將軍，寧蠻校尉，雍州小府、蠻越校尉中郎將，隨府主軍號輕重。若單作，則減刺史一階。若有將軍，減將軍一階。合十八號，擬官品第五。威雄、猛、烈、震、信、略、勝、風、力、光等十威〔四二〕，武猛、略、勝、力、毅、健、烈、威、鋭、勇等十武，猛毅、烈、威、震、鋭、進、智、勝、駿等十猛〔四三〕，壯武、勇、烈、猛、鋭、威、力、毅、志、意等十壯，驍雄、桀、猛、烈、武、勇、鋭、名、勝、迅等十驍，雄猛、威、明、烈、信、武、勇、毅、壯、健等十雄，忠勇、烈、猛、鋭、壯、毅、捍、信、義、勝等十忠，明智、略、遠、勇、烈、威、鋭、毅、勝、進等十明，光烈、明、英、遠、勝、鋭、命、勇、戎、野等十光〔四四〕，飆勇、烈、猛、鋭、奇、決、起、勝、略、出等十飆將軍，平越中郎，廣、梁、南秦、南梁、寧等州小府。西戎、平戎、鎮蠻三校尉等，擬官一百四號，品第六。並千石。龍驤、武視〔四五〕、雲旗、風烈、電威、雷音、馳鋭、追鋭〔四六〕、羽騎、突騎、折衝、冠武、和戎、安壘、超猛〔四七〕、英果、掃虜、掃狄、武鋭、摧鋒、開遠、略遠、貞威、決勝、清野、堅鋭、輕車〔四八〕、拔山、雲勇、振旅等將軍，擬官三十號，品第七。並六百石。超武、鐵騎、樓船、宣猛、樹功、克狄、平虜、稜威、戎昭、威戎、伏波、雄戟、長劍、衝冠、雕騎、佽飛、勇騎、破敵、克敵、威虜等將軍，鎮蠻護軍，西陽、南新蔡、晉熙、廬江郡小府，鎮蠻安遠護軍、度支校尉，隨府主號輕重。若單作，則減太守內史相一階。若有將軍，減一階。安遠護軍，度支校尉巴陵郡丞等，擬官二十三號，品第八。並六百石。前鋒、武毅、開邊、招遠、金威〔四九〕、破陣、蕩寇、殄虜、橫野、馳射等將軍，擬官十號，品第九。並四百石。諸將起自第六品已下，板則無秩。其雖除不領兵，領兵不滿百人，并除此官而爲州郡縣者，皆依本條減秩石。二千石減爲千石，千石降爲六百石。自四百石降而無秩。其州郡縣，自各以本秩論。凡板將軍，皆降除一品。諸依此減降品秩。其應假給章印，各依舊差，不貶奪。

其封爵亦爲九等之差。郡王第一品。秩萬石。嗣王、蕃王、開國郡縣公，第二品。開國郡、縣侯，第三品。開國縣伯，第四品。並視中二千石。開國子，第五品。開國男，第六品。並視二千石。湯沐食侯，第七品。鄉、亭侯，第八品。並視千石。關中、關外侯，第九品。視六百石〔五〇〕。

陳依梁制，年未滿三十者，不得入仕。唯經學生策試得第，諸州光迎主簿，西曹左奏及經爲挽郎得仕。其諸郡，唯正王任丹陽尹經迎得出身，庶姓尹則不得。必有奇才異行殊勳，別降恩旨敍用者，不在常例。其相知表啓通舉者，每常有之，亦無年常考校黜陟之法。既不爲此式，所以勤惰無辨。凡選官無定期，隨闕即補，多更互遷官，未必即進班秩。其官唯論清濁，從濁官得微清〔五一〕，則勝於轉。若有遷授，或由別勑，但移轉一人爲官，則諸官多須改動。其用官式，吏部先爲白牒，録數十人名，吏部尚書與參掌人共署奏。敕或可或不可。其不用者，更銓量奏請。若勑可，則付選，更色別，量貴賤，内外分之，隨才補用。以黄紙録名，八座通署，奏可，即出付典名。而典以名帖鶴頭板，整威儀，送往得官之家。其有特發詔授官者，即宣付詔誥局，作詔章草奏聞。敕可，黄紙寫出門下。門下荅詔，請付外施行。又畫可，付選司行召。得詔官者，不必皆須待召。但聞詔出，明日〔五二〕，即與其親入謝，後詣尚書上省拜受。若拜王公則臨軒。

校勘記

〔一〕外兵騎兵等郎二十三人　「二十三」，原作「二十二」，據宋甲本、汲本改。通典卷二二職官四歷代郎官作「二十三曹」。

〔二〕監合嘗御藥　「合」，原作「令」，據宋甲本、至順本、汲本改。唐六典卷八門下省注、通典卷二一職官三門下省、册府卷四五七臺省部總序、職官分紀卷六門下省引隋百官志亦作「合」。

〔三〕侍中高功者　「侍中」，原作「侍郎中」，據通典卷二一職官三門下省、册府卷四五七臺省部總序改。

〔四〕凡領公車太官太醫等令驊騮廐丞　「凡領」二字原闕，據册府卷四五七臺省部總序補。通典卷二一職官三門下省敍述南齊之制，稱「領給事黄門侍郎、公車、太學、太醫等令丞及内外殿中監、内外驊騮廐」等官。

〔五〕駙馬奉車車騎三都尉　後「車」，疑因涉上「奉車」而衍。通典卷二九職官一一三都尉，歷代所置，即指奉車、駙馬、騎，「梁三都尉並無員秩」。本書卷一一禮儀志六載梁陳服制印綬，梁

「奉車、駙馬、騎都尉」，銀印珪鈕，云。

〔六〕宜官告　「告」，原作「吉」，據通典卷二四職官六中丞、職官分紀卷一四御史臺中丞引隋百官志改。

〔七〕掌殿中禁衛内事　「事」字原闕，據宋甲本補。通典卷二四職官六殿中侍御史、册府卷五一二憲官部總序、職官分紀卷一四御史臺殿中侍御史引隋制亦有「事」字。

〔八〕太常位視金紫光禄大夫　「位」字原闕，據宋甲本、至順本補。唐六典卷一四太常寺注、册府卷六二〇卿監部總序、職官分紀卷一八總敍卿太常引隋百官志亦有「位」字。以下諸卿均作「位視」云云。

〔九〕掌太市南北市令　「太市」，原作「太倉」。按，司農卿統太倉，見上文。唐六典卷二〇太府寺注，梁天監七年始置太府卿，「統左右藏令、上庫丞、太市南市北市令」。今據改。

〔一〇〕紙官染署等令丞　「染」，原作「柴」，據宋甲本改。參見本卷校勘記〔一九〕。職官分紀卷二二少府監引隋百官志作「染」。又，册府卷四八三邦計部總序作「紙漆等署令」。通典卷二七職官九少府監有「織染署」，周禮天官有「染人」。

〔一一〕大長秋主諸宦者　「宦」，原作「宫」，據宋甲本、至順本改。

〔一二〕三寺皆置丞　「寺」，原作「等」，家令、率更、僕爲太子三寺，置丞指此三寺而言。

〔一三〕夷寇　「寇」，原作「冠」，據宋甲本、至順本改。職官分紀卷三〇太子左右衛府率副率引隋百官志亦作「寇」。

〔一四〕諮議參軍友　「友」，原作「及」，據宋甲本改。下文嗣王府「減皇弟皇子府師、友、文學、長兼行參軍」，與此均可對應。唐六典卷二九親王府「友一人」注：「梁皇弟、皇子府友各一人，班第八。」

〔一五〕皇弟皇子之庶子府中録事　「之庶子」三字疑衍，與下文第五班重。此處所記應爲皇弟皇子府屬僚品級。

〔一六〕庶姓公府録事　「姓」，原作「政」，據宋甲本、汲本改。通典卷三七職官一九梁官品亦作「姓」。

〔一七〕北兗　原作「北袞」，據至順本、南監本、北監本、汲本、殿本改。

〔一八〕齊監　「監」字原闕，據通典卷三七職官一九梁官品補。

〔一九〕柒署丞　「柒」，原作「柴」，據宋甲本、大德本、至順本改。北宋本通典卷三七職官一九梁官品亦作「柒」。

〔二〇〕又門下集書主事通正令史　「事通」，通典卷三七職官一九梁官品作「通事」。

〔二一〕太樂丞　原作「太樂令」，據宋甲本改。通典卷三七職官一九梁官品亦作「太樂丞」。

〔二二〕縣制七班　「七班」，本書卷二四食貨志有「大縣六班」語。

〔二三〕四中軍衛撫權　「權」，原作「護」，據通典卷二八職官一〇將軍總敍「梁」、卷三七職官一九梁官品、册府卷三四〇將帥部總序改。梁書卷二武帝紀中，天監六年五月己巳，「置中衞、中權將軍」。

〔二四〕招遠金威爲二班　「金威」，册府卷三四〇將帥部總序、通鑑卷一四七梁紀三武帝天監七年二月條胡注作「全威」。

〔二五〕擬先鋒等五號　「先鋒」，北監本、殿本作「前鋒」。張元濟校勘記疑殿本是。按，上文述將軍號二十四班之二班、下文述大通三年將軍號班次，均見「前鋒」。

〔二六〕大通三年　「三年」，宋甲本作「二年」。册府卷三四〇將帥部總序、職官分紀卷三四雜號將軍引隋百官志亦作「二年」。

〔二七〕輕車鎮朔武旅貞毅明威同班　下文有「明智（中略）明威明勝明進明鋭明毅同班」，「明威」重。按本書卷一一禮儀志六引陳令，有「輕車鎮朔武旅貞毅朔威寧遠安遠（中略）等將軍金章貔鈕」云。陳承梁制，疑此「明威」應作「朔威」。

〔二八〕猛烈猛威　「猛威」，與下文「猛威」重。宋甲本作「猛盛」。册府卷三四〇將帥部總序亦作「猛盛」。

〔二九〕猛智猛威　「猛威」，通鑑卷一五三梁紀九武帝中大通元年「詔更定二百四十號將軍爲四十四班」條，胡注作「猛略」。

〔三〇〕爲四十四班　今計凡三十四班。

〔三一〕懷德執信明節横朔馳義同班擬武猛等號安朔寧河掃寇靜朔懷關同班　「德執信」至「靜朔懷」廿五字原闕，據南監本、北監本、汲本、殿本補。册府卷三四〇將帥部總序、職官分紀卷三四雜號將軍引隋百官志亦有此廿五字。

〔三二〕擬龍驤等號　「龍」字原闕，據至順本、南監本、北監本、汲本、殿本補。

〔三三〕歸節　此二字原闕，據宋甲本、至順本、南監本、北監本、汲本、殿本補。册府卷三四〇將帥部總序亦有此二字。

〔三四〕多有脩立　「有」，宋甲本作「自」。

〔三五〕中領護軍　此四字原闕，據宋甲本補。通典卷三八職官二〇陳官品亦有此四字。

〔三六〕司南梁交越桂霍寧等十五州刺史　「刺史」二字原闕，據通典卷三八職官二〇陳官品補。

〔三七〕騎都尉　「騎」字原闕，據通典卷三八職官二〇陳官品補。

〔三八〕板録事記室中兵參軍　「録事」，原作「參軍」，據宋甲本、至順本、南監本、北監本、汲本、殿本改。

〔三九〕不滿萬户已下郡丞　「下」，原作「上」，據宋甲本、南監本、北監本、汲本、殿本改。通典卷三八職官二〇陳官品亦作「下」。

〔四〇〕蕃王國郎中令大農殿中　「殿中」，通典卷三八職官二〇陳官品作「中尉」。上文與此對應的嗣王國官職是郎中令、大農、中尉。

〔四一〕明威等將軍　「明威」，本書卷一一禮儀志六引陳令作「朔威」。

〔四二〕威雄猛烈震信略勝風力光等十威　「震」，本書卷一一禮儀志六作「振」。

〔四三〕猛毅烈威震鋭進智勝駿等十猛　原闕一猛。册府卷三四〇將帥部總序敍陳制，「智」下有「勇」字。本書上文梁制作「武」。參見本書卷一一校勘記〔二〇〕。

〔四四〕光烈明英遠勝鋭命勇戎野等十光　「戎」，本書卷一一禮儀志六作「武」。

〔四五〕武視　「武」，當作「虎」，史臣避唐諱改。

〔四六〕追鋭　本書卷一一禮儀志六作「進鋭」。

〔四七〕超猛　本書卷一一禮儀志六作「起猛」。

〔四八〕輕車　本書卷一一禮儀志六作「輕鋭」。

〔四九〕金威　本書卷一一禮儀志六作「全威」。

〔五〇〕視六百石　「石」，原作「户」，據宋甲本、南監本、北監本、汲本、殿本改。

〔五一〕從濁官得微清　「得」，原作「則」，據宋甲本改。通典卷一九職官一歷代官制總序注「陳依梁制」云云亦作「得」。

〔五二〕明日　「日」，原作「白」，據宋甲本、大德本、至順本、南監本、北監本、汲本、殿本改。

隋書卷二十七

志第二十二

百官中

後齊制官，多循後魏，置太師、太傅、太保，是爲三師，擬古上公，非勳德崇者不居。次有大司馬、大將軍，是爲二大，並典司武事。次置太尉、司徒、司空，是爲三公。三師、二大、三公府，三門，當中開黄閤，設内屏。各置長史，司馬，諮議參軍，從事中郎，掾屬，主簿，録事，功曹，記室、户曹、金曹〔一〕、中兵、外兵、騎兵、長流、城局、刑獄等參軍事，東西閤祭酒及參軍事，法、墨、田、水、鎧、集、士等曹行參軍，兼左户右户行參軍，長兼行參軍，參軍，督護等員。司徒則加有左右長史。三公下次有儀同三司。加開府者，亦置長史已下官屬，而減記室、倉、城局、田、水、鎧、士等七曹，各一人。其品亦每官下三府一階。三師、二大置佐史，則同太尉府。乾明中，又置丞相。河清中，分爲左右，亦各置府僚云。

特進，左右光禄，金紫、銀青等光禄大夫，用人俱以舊德就閑者居之。自一品已下、從九品已上，又有驃騎、車騎、衞、四征、四鎮、中軍、鎮軍、撫軍、四安、冠軍、輔國、龍驤、鎮遠、安遠、建忠、建節、中堅、中壘、振威、奮威、廣德、弘義、折衝、制勝、伏波、陵江、輕車、樓舡、勁武、昭勇、明威、顯信、度遼、横海、踰岷、越嶂、戎昭、武毅、雄烈、恢猛、揚麾、曜鋒、蕩邊、開城〔二〕、靜漠、綏戎、平越、殄夷、飛騎、隼擊、武牙〔三〕、武奮、清野、横野、偏、裨等將軍，以褒賞勳庸。

尚書省，置令、僕射，吏部、殿中、祠部、五兵、都官、度支等六尚書。又有録尚書一人，位在令上，掌與令同，但不糾察。令則彈糾見事，與御史中丞更相廉察。僕射職爲執法，置二則爲左、右僕射，皆與令同。左糾彈，而右不糾彈。録、令、僕射，總理六尚書事，謂之都省。其屬官，左丞、掌吏部、考功、主爵、殿中、儀曹、三公、祠部、主客、左右中兵、左右外兵、都官、二千石、度支、左右户十七曹，并彈糾見事。又主管轄臺中，有違失者，兼糾駁之。右丞各一人。掌駕部、虞曹、屯田、起部、都兵、比部、水部、膳部、倉部、金部、庫部十一曹。亦管轄臺中。又主凡諸用度雜物、脂、燈、筆、墨、幃帳。唯不彈糾，餘悉與左同。并都令史八人，共掌其事。其六尚書，分統列曹。吏部統吏部、掌褒崇、選補等事。考功、掌考第及秀孝貢士等事〔四〕。主爵掌封爵等事。

三曹。殿中統殿中、掌駕行百官留守名帳，宫殿禁衞，供御衣倉等事。儀曹、掌吉凶禮制事。三公、掌五時讀時令，諸曹囚帳，斷罪，赦日建金雞等事。駕部掌車輿、牛馬廐牧等事。四曹。祠部統祠部、掌祠部醫藥，死喪贈賜等事。主客、掌諸蕃雜客等事。虞曹、掌地圖，山川遠近，園囿田獵，殽膳雜味等事。屯田、掌藉田、諸州屯田等事。起部掌諸興造工匠等事。五曹。祠部，無尚書則右僕射攝。五兵統左中兵、掌諸郡督告身〔五〕、諸宿衞官等事。右中兵、掌畿内丁帳、事力、蕃兵等事。左外兵、掌河南及潼關已東諸州丁帳，及發召征兵等事。右外兵、掌河北及潼關已西諸州，所典與左外同。都兵掌鼓吹、太樂、雜户等事。五曹。都官統都官、掌畿内非違得失事。二千石、掌畿外得失等事。比部、掌詔書律令勾檢等事。水部、掌舟舡、津梁，公私水事。膳部掌侍官百司禮食肴饌等事。五曹。度支統度支、掌計會，凡軍國損益，事役糧廪等事。倉部、掌諸倉帳出入等事。左户、掌天下計帳、户籍等事。右户、掌天下公私田宅租調等事。金部、掌權衡量度、内外諸庫藏文帳等事。庫部掌凡是戎仗器用所須事。六曹。凡二十八曹。吏部、三公，郎中各二人，餘並一人。凡三十郎中〔六〕。吏部、儀曹、三公、虞曹、都官、二千石、比部、左户，各量事置掌故主事員。

門下省，掌獻納諫正，及司進御之職。侍中、給事黄門侍郎各六人，録事四人，通事令史、主事令史八人。統局六。領左右局，領左右各二人，掌知朱華閤内諸事〔七〕。宣傳已下，白衣齋子已上，皆主之。左右直長四人。尚食局，典御二人，總知御膳事。丞、監各四人。尚藥局，典御及丞各二人，總知御藥事。侍御師、尚藥監各四人。主衣局，都統、子統各二人。掌御衣服玩弄事。齋帥局，齋帥四人。掌鋪設洒掃事。殿中局，殿中監四人。掌駕前奏引行事〔八〕，制請修補。東耕則進耒耜。

中書省，管司王言，及司進御之音樂。監、令各一人，侍郎四人。并司伶官西涼部直長、伶官西涼四部、伶官龜茲四部、伶官清商部直長、伶官清商四部。又領舍人省，掌署勑行下，宣旨勞問。中書舍人、主書各十人。

祕書省，典司經籍。監、丞各一人，郎中四人，校書郎十二人，正字四人。又領著作省，郎二人，佐郎八人，校書郎二人。

集書省，掌諷議左右，從容獻納。散騎常侍、通直散騎常侍各六人，諫議大夫七人，散騎侍郎六人，員外散騎常侍二十人，通直散騎侍郎六人，給事中六人，員外散騎侍郎一百二十人，奉朝請二百四十人。又領起居省，散騎常侍、通直散騎常侍、散騎侍郎、通直散騎侍郎各一人，校書郎二人。

中侍中省，掌出入門閤。中侍中二人，中常侍、中給事中各四人。又有中尚藥典御及丞，并中謁者僕射，各二人。中尚食局，典御、丞各二人，監四人。內謁者局，統、丞各一人。

御史臺，掌察糾彈劾。中丞一人，治書侍御史二人，侍御史八人，殿中侍御史、檢校御史各十二人，録事四人。領符節署，令一人，符璽郎中四人。

都水臺，管諸津橋。使者二人，參事十人。又領都尉、合昌、坊城等三局。尉皆分司諸津橋。

謁者臺，掌凡諸吉凶公事，導相禮儀事。僕射二人，謁者三十人，録事一人。

太常、光禄、衛尉、宗正、太僕、大理、鴻臚、司農、太府，是爲九寺。置卿、少卿、丞各一人。各有功曹、五官、主簿、録事等員。

太常，掌陵廟羣祀、禮樂儀制，天文術數衣冠之屬。其屬官有博士、四人，掌禮制。協律郎、二人，掌監調律吕音樂。八書博士二人。等員。統諸陵、掌守衛山陵等事。太廟、掌郊廟社稷等事。太樂、掌諸樂及行禮節奏等事。衣冠、掌冠幘、舄履之屬等事。鼓吹、掌百戲、鼓吹樂人等事。太祝、掌郊廟贊祝，祭社衣服等事。太史、掌天文地動，風雲氣色，律曆卜筮等事。太醫、掌醫藥等事。廩犧、掌養犧牲，供祭羣祀等事。太宰掌諸神祀烹宰行禮事。等署令、丞。而太廟兼領郊祠、掌五郊羣神事。崇虚掌五岳四瀆神祀，在京及諸州道士簿帳等事。二局丞，太樂兼領清商部丞，掌清商音樂等事。鼓吹兼領黄户局丞，掌供樂人衣服。太史兼領靈臺、掌天文觀候。

太卜掌諸卜筮。二局丞。

光禄寺，掌諸膳食，帳幕器物，宮殿門户等事。統守宮、掌凡張設等事。太官、掌食膳事。宮門、主諸門籥事。供府、掌供御衣服玩弄之事。肴藏、掌器物鮭味等事。清漳、主酒，歲二萬石。春秋中半。華林掌禁籞林木等事。等署。宮門署，置僕射六人，以司其事。餘各有令、丞。又領東園局丞員。掌諸凶具。

衛尉寺，掌禁衛甲兵。統城門寺，置校尉二人，以司其職。掌宮殿城門，并諸倉庫管籥等事。又領公車、掌尚書所不理，有枉屈，經判奏聞。武庫、掌甲兵及吉凶儀仗。衛士掌京城及諸門兵士。等署令。武庫又有脩故局丞。掌領匠脩故甲等事。

大宗正寺，掌宗室屬籍。統皇子王國、諸王國、諸長公主家。

太僕寺，掌諸車輦、馬、牛、畜産之屬。統驊騮、掌御馬及諸鞍乘。左右龍、左右牝、掌駝馬。駝牛、掌飼駝騾驢牛。司羊、掌諸羊。乘黄、掌諸輦輅。車府掌諸雜車。等署令、丞。驊騮署，又有奉承直長二人。左龍署，有左龍局。右龍署，有右龍局。左牝署，有左牝局。右牝署，有右牝局。駝牛署，有典駝、特牛、牸牛三局。司羊署，有特羊、牸羊局。諸局並有都尉。寺又領司訟、典腊、出入等三局丞。

大理寺，掌決正刑獄。正、監、評各一人，律博士四人，明法掾二十四人，檻車督二人，掾十人，獄丞、掾各二人，司直、明法各十人。

鴻臚寺，掌蕃客朝會，吉凶弔祭。統典客、典寺、司儀等署令、丞。典客署，又有京邑薩甫二人，諸州薩甫一人。典寺署，有僧祇部丞一人。司儀署，又有奉禮郎三十人。

司農寺，掌倉市薪菜，園池果實。統平準、太倉、鈎盾、典農、導官、梁州水次倉、石濟水次倉、藉田等署令、丞。而鈎盾又別領大囿、上林、遊獵、柴草、池藪、苜蓿等六部丞。典農署，又別領山陽、平頭、督亢等三部丞。導官署，又有御細部、麲麵部、典庫部等倉督員。

太府寺，掌金帛府庫，營造器物。統左、中、右三尚方，左藏、司染、諸冶東西道署、黃藏、右藏、細作、左校、甄官等署令、丞。左尚方，又別領局、樂器、器作三局丞。中尚方，又別領別局、涇州絲局、雍州絲局、定州紬綾局四局丞。右尚方，又別領別局丞。司染署，又別領京坊、河東、信都三局丞。諸冶東道，又別領滏口、武安、白間〔九〕三局丞。諸冶西道，又別領晉陽冶、泉部、大邨、原仇四局丞。甄官署，又別領石窟丞。

國子寺，掌訓教胄子。祭酒一人，亦置功曹、五官、主簿、録事員。領博士五人，助教十人，學生七十二人。太學博士十人，助教二十人，太學生二百人。四門學博士二十人，助教二十人，學生三百人。

長秋寺，掌諸宮闈。卿、中尹各一人，並用宦者。丞二人。亦有功曹、五官、主簿、録事員。領中黄門、掖庭、晉陽宫、中山宫、園池、中宫僕、奚官等署令、丞。又有暴室局丞。其中黄門，又有冗從僕射及博士四人。掖庭、晉陽、中山，各有宫教博士二人。中山署，又别有麴豆局丞。園池署，又别有桑園部丞。中宫僕署，又别有乘黄局教尉、細馬車都督、車府部丞。奚官署，又别有染局丞。

將作寺，掌諸營建。大匠一人，丞四人。亦有功曹，主簿，録事員。若有營作，則立將、副將、長史、司馬、主簿、録事各一人。又領軍主、副，幢主、副等。

昭玄寺，掌諸佛教。置大統一人，統一人，都維那三人。亦置功曹、主簿員，以管諸州郡縣沙門曹。

領軍府，將軍一人，掌禁衛宫掖。朱華閤外，凡禁衛官，皆主之。輿駕出入，督攝仗衛。中領軍亦同。有長史、司馬、功曹、五官、主簿、録事，釐其府事。又領左右衛、領左右等府。

左右衛府，將軍各一人，掌左右廂。所主朱華閤以外，各武衛將軍二人貳之。皆有司馬、功曹、主簿、録事，釐其府事。其御仗屬官，有御仗正副都督、御仗五職、御仗等員。其直盪屬官，有直盪正副都督、直入正副都督、勳武前鋒正副都督、勳武前鋒五藏等員。直衞屬官，有直衞正副都督、翊衞正副都督、前鋒正副都督等員。直突屬官，有直突都督、勳武前鋒散都督等員。直閤屬官，有朱衣直閤、直閤將軍、直寢、直齋、直後之屬。又有武騎、雲騎將軍各一人，驍騎、遊擊、前後左右等四軍將軍，左右中郎將，各五人，步兵、越騎、射聲、屯騎、長水等校尉，奉車都尉等，各十人，武賁中郎將、羽林監各十五人，冗從僕射三十人，騎都尉六十人，積弩、積射、强弩等將軍及武騎常侍，各二十五人，殿中將軍五十人，員外將軍一百人，殿中司馬督五十人，員外司馬督一百人。

領左右府，有領左右將軍、領千牛備身，又有左右備身正副都督、左右備身五職、左右備身員。又有刀劍備身正副都督、刀劍備身五職、刀劍備身員。又有備身正副督、備身五職員。

護軍府，將軍一人，掌四中關津。輿駕出則護駕。中護軍亦同。有長史、司馬、功曹、五官、主簿、録事，釐其府事。其屬官，東西南北四中府皆統之。四府各中郎將一人，長史、司馬、録事參軍、統府録事各一人。又有統府直兵及功曹、倉曹、中兵、外兵、騎兵、長流、城局等參軍各一人，法、田、鎧等曹行參軍各一人。又領諸關尉、津尉。

行臺，在令無文。其官置令、僕射。其尚書丞郎，皆隨權制而置員焉。其文未詳。

太子太師、太傅、太保，是爲三師，掌師範訓導，輔翊皇太子。少師、少傅、少保，是爲三少，各一人，掌奉皇太子，以觀三師之德。出則三師在前，三少在後。

詹事，總東宮内外衆務，事無大小，皆統之。府置丞、功曹、五官、主簿、録事員。領家令、率更令、僕等三寺，左右衛二坊。三寺各置丞，二坊各置司馬，俱有功曹、主簿，以承其事。

家令，領食官、典倉、司藏等署令、丞。又領内坊令、丞。掌知閤内諸事。其食官，又别領器局、酒局二丞，典倉又别領園丞，司藏又别領仗庫、典作二局丞。率更領中盾署令、丞各一人。掌周衛禁防，漏刻鐘鼓。僕寺領廄牧署令、丞，署又别有車輿局丞。

左右衛坊率，各領騎官備身正副都督、騎官備身五職、騎官備身員。又有内直備身正副都督、内直備身五職、内直備身員。又有備身正副都督、備身五職員。又有直閤、直前、直後員。又有旅騎、屯衛、典軍等校尉各二人，騎尉三十人。

門下坊，中庶子、中舍人、通事守舍人、主事守舍人，各四人。又領殿内、典膳、藥藏、齋帥等局。殿内局有内直監二人，副直監四人。典膳、藥藏局，監、丞各二人。藥藏又有侍醫四人。齋帥局，齋帥、内閤帥各二人。

典書坊，庶子四人，舍人二十人〔一〇〕。又領典經坊，洗馬八人，守舍人二人。門大夫坊，門大夫、主簿各一人。并統伶官西涼二部、伶官清商二部。

自諸省臺府寺，各因其繁簡而置吏。有令史、書令史、書吏之屬。又各置曹兵，以共其役。其員因繁簡而立。其餘主司專其事者，各因事立名，條流甚衆，不可得而具也。

王，位列大司馬上。非親王則位在三公下。置師一人，餘官大抵與梁制不異。其封內之調，盡以入臺，三分食一。公已下，四分食一。

皇子王國，置郎中令，大農，中尉，常侍，各一人。侍郎，二人。上、中、下三將軍，各一人。上、中大夫，各二人。防閤，四人。典書、典祠、學官、典衞等令，各一人。齋帥，四人。食官、廄牧長，各一人。典醫丞，二人。典府丞，一人。執書，二人。謁者，四人。舍人十人。等員。

諸王國，則加有陵長、廟長、常侍各一人，而無中將軍員。上、中大夫各減一人。諸公又減諸王防閤、齋帥、典醫丞等員。諸侯伯子男國，又減諸公國將軍、大夫員。諸公主則置家令、丞、主簿、録事等員。

司州，置牧。屬官有別駕從事史，治中從事史，州都，主簿，西曹書佐、記室、户曹、功曹、金曹、租曹、兵曹、騎曹、都官、法曹、部郡等從事員。主簿置史，西曹已下各置掾史。又領西、東市署令、丞，及統清都郡諸畿郡。

清都郡，置尹，丞，中正，功曹、主簿，督郵，五官，門下督，録事，主記，議生，及功曹、記室、户、田、金、租、兵、騎、賊、法等曹掾，中部掾等員。

鄴、臨漳、成安三縣令，各置丞、中正、功曹、主簿、門下督、録事、主記，議及功曹〔一一〕、記室、户、田、金、租、兵、騎、賊、法等曹掾員。鄴又領右部、南部、西部三尉，又領十二行經途尉。凡一百三十五里，里置正。臨漳又領左部、東部二尉，左部管九行經途尉。凡一百一十四里，里置正。成安又領後部、北部二尉，後部管十一行經途尉，七十四里，里置正。

清都郡諸縣令已下官員，悉與上上縣同。諸畿郡太守已下，悉與上上郡同。

上上州刺史，置府。屬官有長史，司馬，録事，功曹，倉曹、中兵等參軍事及掾史，主簿及掾，記室掾史，外兵、騎兵、長流、城局、刑獄等參軍事及掾史，參軍事及法、墨、田、鎧、集、士等曹行參軍及掾史，右户掾史，行參軍，長兼行參軍，督護，統府録事，統府直兵，箱録事等員。州屬官，有别駕從事史，治中從事史，州都光迎主簿，主簿，西曹書佐，市令及史，祭酒從事史，部郡從事，皁服從事，典籤及史，門下督，省事，都録事及史，箱録事及史，朝直、刺姦、記室掾，户曹、田曹、金曹、租曹、兵曹、左户等掾史等員。

上上州，府、州屬官佐史，合三百九十三人。上中州減上上州十人。上下州減上中州十人。中上州減上下州五十一人。中中州減中上州十人。中下州減中中州十人。下上州減中下州五十人。下中州減下上州十人。下下州減下中州十人。

上上郡太守，屬官有丞，中正，光迎功曹，光迎主簿，功曹，主簿，五官，省事，録事，及西曹、户曹、金曹、租曹、兵曹、集曹等掾佐，太學博士，助教，太學生，市長，倉督等員。合屬官佐史二百一十二人。上中郡減上上郡五人。上下郡減上中郡五人。中上郡減上下郡四十五人。中中郡減中上郡五人。中下郡減中中郡五人。下上郡減中下郡四十人。下中郡減下上郡二人。下下郡減下中郡二人。

上上縣令，屬官有丞，中正，光迎功曹，光迎主簿，功曹，主簿，録事，及西曹、户曹、金曹、租曹、兵曹等掾，市長等員。合屬官佐史五十四人。上中縣減上上縣五人。上下縣減上中縣五人。中上縣減上下縣六人。中中縣減中上縣五人。中下縣減中中縣一人。下上縣減中下縣一人。下中縣減下上縣一人。下下縣減下中縣一人。

自州、郡、縣，各因其大小置白直，以供其役。

三等諸鎮，置鎮將、副將，長史，録事參軍，倉曹、中兵、長流、城局等參軍事，鎧曹行參軍，市長，倉督等員。

三等戍，置戍主、副，掾，隊主、副等員。

官一品，每歲禄八百匹，二百匹爲一秩。從一品，七百匹，一百七十五匹爲一秩。二品，六百匹，一百五十匹爲一秩。從二品，五百匹，一百二十五匹爲一秩。

三品，四百匹，一百匹爲一秩。從三品，三百匹，七十五匹爲一秩。四品，二百四十匹，六十匹爲一秩。從四品，二百匹，五十匹爲一秩。五品，一百六十匹，四十匹爲一秩。從五品，一百二十匹，三十匹爲一秩。六品，一百匹，二十五匹爲一秩。從六品，八十匹，二十匹爲一秩。七品，六十匹，十五匹爲一秩。從七品，四十匹，十匹爲一秩。八品，三十六匹，九匹爲一秩。從八品，三十二匹，八匹爲一秩。九品，二十八匹，七匹爲一秩。從九品，二十四匹，六匹爲一秩。祿率一分以帛，一分以粟，一分以錢。事繁者優一秩，平者守本秩，閑者降一秩。長兼、試守者，亦降一秩。官非執事、不朝拜者，皆不給祿。又自一品已下，至於流外勳品，各給事力。一品至三十人，下至於流外勳品，或以五人爲等，或以四人、三人、二人、一人爲等。繁者加一等，平者守本力，閑者降一等焉。

州、郡、縣制祿之法，刺史、守、令下車，各前取一時之秩。上上州刺史，歲秩八百匹，與司州牧同。上中、上下各以五十匹爲差。中上降上下一百匹，中中及中下，亦以五十匹爲差。下上降中下一百匹，下中、下下，亦各以五十匹爲差。

上上郡太守〔二〕，歲秩五百匹，降清都尹五十匹。上中、上下各以五十匹爲差。中上降上下四十匹，中中及中下，各以三十匹爲差。下上降中下四十匹，下中、下下各以二十匹爲差。

上上縣，歲秩一百五十匹，與鄴、臨漳、成安三縣同。上中、上下各以十匹爲差。中上降上下三十匹，中中及中下，各以五匹爲差。下上降中下二十匹，下中、下下各以十匹爲差。

州自長史已下，逮于史吏，郡縣自丞已下，逮于掾佐，亦皆以帛爲秩。郡有尉者，尉減丞之半。皆以其所出常調課之〔三〕。其鎮將，戍主，軍主、副，幢主、副，逮于掾史，亦各有差矣。

諸州刺史、守、令已下，幹及力，皆聽敕乃給。其幹出所部之人。一幹輸絹十八匹，幹身放之。力則以其州、郡、縣白直充。

三師、王、二大、大司馬、大將軍。三公，爲第一品。

開府儀同三司、開國郡公，爲從一品。

儀同三司，太子三師，特進，尚書令，驃騎、車騎將軍，二將軍加大者，在開國郡公下。衞將軍，加大者，在太子太師上。四征將軍，加大者，次衞大將軍。左右光禄大夫，散郡公，開國縣公，爲第二品。

尚書僕射，置二，左居右上。中書監〔一四〕，四鎮，加大者，次四征。中、鎮、撫軍將軍，三將軍，武職罷任者爲之。領軍、加大者，在尚書令下。護軍、翊軍將軍，金紫光禄大夫，散縣公，開國縣侯，爲從二品。

吏部尚書，四安將軍，中領、護，太常、光禄、衞尉卿，太子三少，中書令，太子詹事，侍中，列曹尚書，四平將軍，大宗正、太僕、大理、鴻臚、司農、太府卿，清都尹，三等上州刺史，左右衞將軍，祕書監，銀青光禄大夫，散縣侯，開國縣伯，爲第三品。

散騎常侍，三等中州刺史，司徒左長史，四方中郎將，四護匈奴、羌戎、夷、蠻越。中郎將，國子祭酒，御史中丞，中侍中，長秋卿，將作大匠，冠軍將軍，太尉長史，領左右將軍，武衞將軍，太子左右衞率，輔國將軍，四護校尉，太中大夫，龍驤將軍，三等上郡太守，散縣伯，爲從第三品。

鎮遠、安遠將軍，太常、光禄、衞尉少卿，尚書吏部郎中，給事黄門侍郎，太子中庶子，司徒右長史，司空長史，大宗正、太僕、大理、鴻臚、司農、太府少卿，三公府司馬，中常侍，中尹，城門校尉，武騎、雲騎、驍騎、遊擊將軍，已前上階。建忠、建節將軍，通直散騎常侍，諸開府長史，中大夫〔一五〕，三等下州刺史，三等鎮將，諸開府司馬，開國縣子，爲第四品。

中堅、中壘將軍，尚書左丞，三公府諮議參軍事，司州別駕從事史，三等上州長史，太子三卿，前、左、右、後軍將軍，中書侍郎，太子庶子，三等中郡太守，左右備身、刀劍備身、備身、衞仗、直盪等正都督〔一六〕，三等上州司馬，已前上階。振威、奮武將軍〔一七〕，諫議大夫，尚書右丞，諸開府諮議參軍，司州治中從事史，左右中郎將，步兵、越騎、射聲、屯騎、長水校尉，朱衣直閤，直閤將軍，太子騎官備身、內直備身等正都督，三等鎮副將，散縣子，爲從第四品。

廣德、弘義將軍，太子備身、直入、直衞等正都督，領左右、三等中州長史，三公府從事中郎，祕書丞，皇子友，國子博士，散騎侍郎，太子中舍人，員外散騎常侍，三等中州司馬，已前上階。折衝、制勝將軍，主衣都統，尚食、尚藥二典御，太子旅騎、屯衞、典軍校尉，領護府長史司馬，諸開府從事中郎，開國縣男，爲第五品。

伏波、陵江將軍，三等下州長史，三公府掾屬，著作郎，通直散騎侍郎，太子洗馬，左右備身、刀劍備身、御仗、直盪等副都督〔一八〕，左右直長，中尚食、中尚藥典御，三等下州司馬，已前上階。輕車、樓舡將軍，駙馬都尉，翊衞正都督，直寢，直齋，奉車都尉，都水使者，諸開府掾屬，崇聖、歸義、歸正、歸命、歸德侯，清都郡丞，治書侍御史，鄴、臨漳、成安三縣令，中給事中，三等下郡太守，大理司直，太子直閤、二衞隊主，太子騎官、內直備身副都督，開國鄉男，散縣男，爲從第五品。

勁武、昭勇將軍，尚書諸曹郎中，中書舍人，三公府主簿，三等上州別駕從事史，四中府、三等鎮守長史，三公府録事參軍事，皇子郎中令，三公府功曹、記室、户、倉、中兵參軍事，皇子文學，謁者僕射，已前上階。明威、顯信將軍，太子備身副都督，四中府司馬，武賁中郎將，羽林監，冗從僕射，直入副都督，千牛備身，大理正、監、評，侍御師，諸開府録事、功曹、記室、倉、中兵等曹參軍事，三等上州録事參軍事，治中從事史，三等上郡丞，三等上縣令，太子内直監，平準署令，爲第六品。

度遼、横海將軍，直突都督，三等中州別駕從事史，三公府列曹參軍事，給事中，太子門大夫，三等上州功、倉、中兵等參軍事，皇子大農，騎都尉，直後，符璽郎中，三等中州録事參軍事，已前上階。踰岷、越嶂將軍，直衞副都督，三等中州從事史，諸開府主簿、列曹參軍事，三等中州功、倉、中兵等參軍事，太子舍人，三寺丞，太子直前，太子副直監，太子諸隊主，爲從第六品。

戎昭、武毅將軍，勳武前鋒正都督，三公府東西閤祭酒，三等下州別駕從事史，三等上州府主簿、列曹參軍事，三等下州録事參軍事，四中府録事參軍事，王公國郎中令，積弩、積射將軍，員外散騎侍郎，皇子中尉，三公府參軍事、列曹行參軍，已前上階。雄烈、恢猛將軍，翊衛副都督，諸開府東西閤祭酒、參軍事、列曹行參軍，三等下州功、倉、中兵參軍事，四中府功、倉、中兵參軍事，三等中州府主簿、列曹參軍事，二衛府司馬，詹事府丞，左右備身五職，三等鎮録事參軍事，六寺丞，祕書郎中，著作佐郎，太子侍醫，太子騎尉，太子騎官備身五職，三等中郡丞，三等中縣令，爲第七品。

揚麾、曜鋒將軍，勳武前鋒副都督，强弩將軍，三公府行參軍，三等上州參軍事、列曹行參軍，三等下州府主簿、列曹參軍事，四中府列曹參軍事，王公國大農，長秋、將作寺丞，太子二率坊司馬，三等鎮倉、中兵參軍事，已前上階。蕩邊、開域將軍，勳武前鋒散都督，太學博士，皇子常侍，太常博士，武騎常侍，左右備身，刀劍備身五職，都將、别、統、軍主、幢主。三等中州參軍事、列曹行參軍，諸開府行參軍，奉朝請，國子助教，公車、京邑二市署令，三等鎮列曹參軍事，三縣丞，侍御史，尚食、尚藥丞，齋帥，中尚食、中尚藥丞，太子直後、二衛隊副，前鋒正都督，太子騎官備身，太子内直備身五職，已見前。諸戍主、軍主，爲從第七品。

静漠、綏戎將軍，協律郎，三等上州行參軍，三等下州參軍事、列曹行參軍事〔一九〕，四中府列曹行參軍，侯、伯國郎中令，殿中將軍，皇子侍郎，已前上階。平越、殄夷將軍，刀劍備身五職，已見前。前鋒副都督，太子内直備身，主書，殿中侍御史，太子典膳、藥藏丞，太子齋帥，三等中州行參軍，王、公國中尉，三等鎮鎧曹行參軍，三等下郡丞，三等下縣令，爲第八品。

飛騎、隼擊將軍，三公府長兼左右户行參軍、長兼行參軍，門下録事，尚書都令史，檢校御史，諸署令，諸開府典籤，中謁者僕射，中黄門冗從僕射，已前上階。武牙、武奮將軍，備身御仗五職，宫門署僕射，太子備身五職，侯、伯國大農，皇子上、中、下將軍，皇子上、中大夫，王、公國常侍，諸開府長兼左右户行參軍，諸開府長兼行參軍，員外將軍，勳武前鋒五職，司州及三等上州典籤，太子諸隊副，諸戍、諸軍副，清都郡丞，爲從第八品。

清野將軍，子、男國郎中令，諸署〔一〇〕，内謁者局統，三等上州長兼行參軍，中黄門、太子内坊令，公主家令，皇子防閤、典書令，四門博士，大理律博士，校書郎，三公府參軍督護，都水參軍事，七部尉，諸郡尉，已前上階。横野將軍，王、公國侍郎，侯、伯國中尉，謁者，太子三寺丞，諸開府參軍督護，殿中司馬督，御仗，太子食官、中盾、典倉等令〔一一〕，太子備身，平準、公車丞，三等中州典籤，爲第九品。

偏將軍，諸宫教博士，太子司藏、廐牧令，太子校書，諸署别局都尉，諸尉，諸關津尉，三等上州參軍督護，三等中州長兼行參軍，祕書省正字，皇太子三令〔一二〕，王、公國上中下將軍及上中大夫，諸署令，諸縣丞，已前上階。裨將軍，領軍護軍府、太常光禄衛尉寺、詹事府等功曹、五官、奉禮郎，子、男國大農，小黄門，員外司馬督，太學助教，諸幢主、遥途尉〔二三〕，中侍中省録事，三等下州典籤，尚書、門下、中書等省醫師，爲從第九品。

流内比視官十三等。第一領人酋長〔二四〕，視從第三品。第一不領人酋長，視第四品。第二領人酋長，第一領人庶長，視從第四品。諸州大中正，第二不領人酋長，第一不領人庶長，視第五品。諸州中正，畿郡邑中正，第三領人酋長，第二領人庶長，視從第五品。第三不領人酋長，第二不領人庶長，視第六品。第三領人庶長，視從第六品。第三不領人庶長，視第七品。司州州都、主簿，國子學生，視從第七品。諸州州都、督簿，司州西曹書佐，清都郡中正、功曹，視第八品。司州列曹從事，諸州西曹書佐，諸郡中正、功曹，清都郡主簿，視從第八品。司州部郡從事，諸州祭酒從事史，視第九品。諸州部郡從事，司州守從事，諸郡主簿，司州武猛從事，視從第九品。

周太祖初據關内，官名未改魏號。及方隅粗定，改創章程，命尚書令盧辯，遠師周之建職，置三公三孤，以爲論道之官。次置六卿，以分司庶務。其所制班序：

内命，謂王朝之臣。三公九命，三孤八命，六卿七命，上大夫六命，中大夫五命，下大夫四命，上士三命，中士再命，下士一命。

外命，謂諸侯及其臣。諸公九命，諸侯八命，諸伯七命，諸子六命，諸男五命，諸公之孤卿四命，侯之孤卿、公之大夫三命，子男之孤卿、侯伯之大夫、公之上士再命，子男之大夫、公之中士、侯伯之上士一命，公之下士、侯伯之中士下士、子男之士不命。

其制祿秩，下士一百二十五石，中士已上，至於上大夫，各倍之。上大夫是爲四千石。卿二分，孤三分，公四分，各益其一。公因盈數爲一萬石。其九秩一百二十石，八秩至於七秩，每二秩六分而下各去其一，二秩一秩俱爲四十石〔二五〕。凡頒祿，視年之上下。畝至四釜爲上年，上年頒其正。三釜爲中年，中年頒其半。二釜爲下年，下年頒其一。無年爲凶荒，不頒祿。六官所制如此。

制度既畢，太祖以魏恭帝三年，始命行之。所設官名，訖於周末，多有改更。並具盧傳〔二六〕，不復重序云。

校勘記

〔一〕金曹　通典卷二〇職官二總敍三師三公以下官屬作「倉曹」。按，下文與此對應所減之曹，有倉曹，而此處却無倉曹，疑通典是。

〔二〕開城　本卷下文所敍北齊職品，從七品下階，與此對應者作「開域」。

〔三〕武牙　當作「虎牙」，史臣避唐諱改。

〔四〕掌考第及秀孝貢士等事　「貢」，原作「貞」，據至順本、汲本改。册府卷四五七臺省部總序亦作「貢」。

〔五〕掌諸郡督告身　「郡督」，通典卷二三職官五兵部尚書作「都督」。

〔六〕凡三十郎中　「郎」，原作「部」，張元濟誤修，據大德本、至順本、汲本改。職官分紀卷九列曹尚書引隋百官志亦作「郎」。

〔七〕掌知朱華閣内諸事　「閣」，原作「關」，據下文及通鑑卷一六八陳紀二文帝天嘉元年胡注改。

〔八〕掌駕前奏引行事　「前」字原闕，據至順本、南監本、北監本、汲本、殿本補。

〔九〕白間　職官分紀卷二二少府監引隋百官志作「白澗」。

〔一〇〕二十人　至順本、南監本、北監本、汲本作「二十八人」。

〔一一〕議及功曹　本卷上文敍清都郡屬官有「議生」，疑此處「議」下脱「生」字。

〔一二〕上上郡太守　「上上」，原作「上」，下文上中、上下各以五十匹爲差；前述郡屬官有上上郡、上中郡、上下郡。今補一「上」字。

〔一三〕皆以其所出常調課之　「課之」，通典卷三五職官一七北齊官秩、册府卷五〇五邦計部俸祿作「課給之」。

〔一四〕中書監　通典卷三八職官二〇北齊職品下有「司州牧」。

〔一五〕中大夫　通典卷三八職官二〇北齊職品作「中散大夫」。

〔一六〕衛仗直盪等正都督　「衛仗」，通典卷三八職官二〇北齊職品作「御仗」，疑是。按，上文左右衛府有「御仗正副都督」、「直盪正副都督」，下文從五品上階有「御仗、直盪等副都督」，即當與此相對應。

〔一七〕奮武將軍　「奮武」，通典卷三八職官二〇北齊職品作「奮威」。按，本卷上文敍將軍號，與此相對應者正作「奮威」。

〔一八〕御仗直盪等副都督　「御仗」，原作「御使」，「直盪」，原作「直塗」，均據至順本、汲本改。按，本卷上文左右衛府「御仗」、「直盪」屬官，均有正副都督。

〔一九〕列曹行參軍事　「行」字原闕，據北宋本通典卷三八職官二〇北齊職品補。

〔二〇〕諸署　通典卷三八職官二〇北齊職品作「太祝導官太史太醫黄藏衛士細作諸署令」，疑下脱「令」字。

〔二一〕太子食官中盾典倉等令　「中盾」，原作「中省」，據通典卷三八職官二〇北齊職品改。按，本卷上文敍太子三寺，家令領食官、典倉、司藏等署令丞，率更領中盾署令丞。

〔二二〕皇太子三令　「皇太子」，汲本作「皇子」，疑是。通典卷三八職官二〇北齊職品與此相對應者爲「皇子典書、典祠、學官、典衛等令」。按，太子三令或三卿指太子家令、率更令、僕，見從四品上階。

〔三〕遥途尉　本卷前敍鄴、臨漳、成安三縣令屬官，有「經途尉」。此官職又見魏書卷六八甄琛傳，疑北齊承魏制，「遥」乃「經」之訛。

〔四〕領人酋長　「領人」，當作「領民」，史臣避唐諱改。

〔五〕二秩一秩俱爲四十石　「一秩」二字原闕，據通典卷一九職官一禄秩、卷三五職官一七俸禄、册府卷五〇五邦計部俸禄補。

〔六〕並具盧傳　指周書卷二四盧辯傳。

隋書卷二十八

志第二十三

百官下

高祖既受命，改周之六官，其所制名，多依前代之法。置三師、三公及尚書、門下、内史、祕書、内侍等省，御史、都水等臺，太常、光禄、衞尉、宗正、太僕、大理、鴻臚、司農、太府、國子、將作等寺，左右衞、左右武衞、左右武候、左右領、左右監門、左右領軍等府，分司統職焉。

三師，不主事，不置府僚，蓋與天子坐而論道者也。

三公，參議國之大事，依後齊置府僚。無其人則闕。祭祀則太尉亞獻，司徒奉俎，司空行掃除。其位多曠，皆攝行事。尋省府及僚佐，置公則坐於尚書都省。朝之衆務，總歸於臺閣。

尚書省，事無不總。置令、左右僕射各一人，總吏部、禮部、兵部、都官、度支、工部等六曹事，是爲八座。屬官左、右丞各一人，都事八人，分司管轄。吏部尚書統吏部侍郎二人，主爵侍郎一人，司勳侍郎二人，考功侍郎一人。禮部尚書統禮部、祠部侍郎各一人，主客、膳部侍郎各二人。兵部尚書統兵部、職方侍郎各二人，駕部、庫部侍郎各一人。都官尚書統都官侍郎二人，刑部、比部侍郎各一人，司門侍郎二人。度支尚書統度支、户部侍郎各二人，金部、倉部侍郎各一人。工部尚書統工部、屯田侍郎各二人，虞部、水部侍郎各一人。凡三十六侍郎，分司曹務，直宿禁省，如漢之制。

門下省，納言二人，給事黄門侍郎四人，録事、通事令史各六人。又有散騎常侍、通直散騎常侍各四人，諫議大夫七人，散騎侍郎四人，員外散騎常侍六人，通直散騎侍郎四人，並掌部從朝直。又有給事二十人，員外散騎侍郎二十人，奉朝請四十人，並掌同散騎常侍等，兼出使勞問。統城門、尚食、尚藥、符璽、御府、殿内等六局。城門局，校尉二人，直長四人。尚食局，典御二人，直長四人，食醫四人。尚藥局，典御二人，侍御醫、直長各四人，醫師四十人。符璽、御府、殿内局，監各二人，直長各四人。

内史省，置監、令各一人。尋廢監。置令二人，侍郎四人，舍人八人，通事舍人十六人，主書十人，録事四人。

祕書省，監、丞各一人，郎四人，校書郎十二人，正字四人，録事二人。領著作、太史二曹。著作曹，置郎二人，佐郎八人，校書郎、正字各二人。太史曹，置令、丞各二人，司曆二人，監候四人。其曆、天文、漏刻、視祲，各有博士及生員。

内侍省，内侍、内常侍各二人，内給事四人，内謁者監六人，内寺伯二人，内謁者十二人，寺人六人，伺非八人。並用宦者。領内尚食、掖庭、宮闈、奚官、内僕、内府等局。尚食，置典御及丞各二人。餘各置令、丞，皆二人。其宮闈、内僕，則加置丞各一人。掖庭又有宮教博士二人。

御史臺，大夫一人，治書侍御史二人，侍御史八人，殿内侍御史、監察御史，各十二人，録事二人。後魏延昌中，王顯有寵於宣武，爲御史中尉，請革選御史。此後踵其事，每一中尉，則更置御史。自開皇後，始自吏部選用，仍依舊入直禁中。

都水臺，使者及丞各二人，參軍三十人，河堤謁者六十人，録事二人。領掌船局、都水尉二人，又領諸津。上津每尉一人，丞二人。中津每尉、丞各一人。下津每典作一人，津長四人〔一〕。

太常、光禄、衞尉、宗正、太僕、大理、鴻臚、司農、太府等九寺，並置卿、少卿各一人。

太僕尋加少卿一人。各置丞，太常、衞尉、宗正、大理、鴻臚、將作二人，光禄、太僕各三人，司農五人，太府六人。主簿、太府四人。餘寺各二人。録事各二人。光禄則加至三人，司農、太府則各四人。等員。

太常寺又有博士四人，協律郎二人，奉禮郎十六人。統郊社、太廟、諸陵、太祝、衣冠、太樂、清商、鼓吹、太醫、太卜、廩犧等署。各置令、並一人。太樂、太醫則各加至二人。丞。各一人。郊社、太樂、鼓吹則各至二人。郊社署又有典瑞。四人。太祝署有太祝。二人。太樂署、清商署，各有樂師員。太樂八人，清商二人。鼓吹署有哄師。二人。太醫署有主藥、二人。醫師、二百人。藥園師、二人。醫博士、二人。助教、二人。按摩博士、二人。祝禁博士二人。等員。太卜署有卜師、二十人。相師、十人。男覡、十六人。女巫、八人。太卜博士、助教、各二人。相博士、助教各一人。等員。

光禄寺統太官、肴藏、良醖、掌醢等署。各置令、太官三人，肴藏、良醖各二人，掌醢一人。丞。太官八人，肴藏、掌醢各二人，良醖四人。太官又有監膳，十二人。良醖有掌醖，五十人。掌醢有掌醢十人。等員。

衞尉寺統公車、武庫、守宫等署。各置令、公車一人，武庫、守宫各二人。丞公車一人，武庫二人。等員。

宗正寺不統署。

太僕寺又有獸醫博士員。一百二十人。統驊騮、乘黃、龍厩、車府、典牧、牛羊等署。各置令、二人。乘黃、車府則各減一人。丞二人。乘黃則一人，典牧、牛羊則各三人。等員。

大理寺，不統署。又有正、監、評、各一人。司直、十人。律博士、八人。明法、二十人。獄掾。八人。

鴻臚寺統典客、司儀、崇玄三署。各置令。二人。崇玄則惟置一人。典客署又有掌客，十人。司儀有掌儀二十人。等員。

司農寺統太倉、典農、平準、京市〔二〕、鉤盾、華林、上林、導官等署。各置令。二人。鉤盾、上林則加至三人，華林惟置一人。太倉又有米廩督、二人。穀倉督、四人。鹽倉督，二人。京市有肆長，四十人。導官有御細倉督、二人。麴麪倉督二人。等員。

太府寺統左藏、左尚方、內尚方、右尚方、司染、右藏、黃藏、掌冶〔三〕、甄官等署。各置令、二人。左、右尚方則加至三人〔四〕，黃藏則惟置一人。丞四人。左尚則八人，右尚則六人，黃藏則一人。等員〔五〕。

國子寺元隸太常。祭酒，一人。屬官有主簿、録事。各一人。統國子、太學、四門、書、筭學，各置博士、國子、太學、四門各五人，書、筭各二人。助教、國子、太學、四門各五人，書、筭各二人。學生國子一百四十人，太學、四門各三百六十人，書四十人，筭八十人。等員。將作寺大匠、一人。丞、主簿、録事。各二人。統左右校署令、各二人。丞，左校四人，右校三人。各有監作左校十二人，右校八人。等員。

左右衛、左右武衛、左右武候，各大將軍、一人。將軍，二人。並有長史，司馬，録事，功、倉、兵、騎等曹參軍，法曹、鎧曹行參軍，各一人。行參軍左右衛、左右武候各六人，左右武衛各八人。等員。

左右衛，掌宮掖禁禦，督攝仗衛。又各有直閤將軍、六人。直寢、十二人。直齋、直後，各十五人。並掌宿衛侍從。奉車都尉，六人。掌馭副車。武騎常侍、十人。殿内將軍、十五人。員外將軍、三十人。殿内司馬督、二十人。員外司馬督，四十人。並以參軍府朝，出使勞問。左右衛又各統親衛，置開府。左勳衛開府，左翊一開府、二開府、三開府、四開府，及武衛、武候、領軍、東宮領兵開府准此。府置開府，一人。有長史，司馬，録事，及倉、兵等曹參軍，法曹行參軍，各一人。行參軍。三人。又有儀同府。武衛、武候、領軍、東宮領兵儀同皆准此。儀同已下，置員同開府，但無行參軍員。諸府皆領軍坊。每坊東宮軍坊准此。置坊主、一人。佐。二人。每鄉團東宮鄉團准此。置團主、一人。佐。二人。

左右武衛府，無直閤已下員，但領外軍宿衛。

左右武候，掌車駕出，先驅後殿，晝夜巡察，執捕姦非，烽候道路，水草所置〔六〕。巡狩師田，則掌其營禁。右加置司辰師、四人。漏刻生。一百一十人。

左右領左右府，各大將軍、一人。將軍，二人。掌侍衛左右，供御兵仗。領千牛備身，十二人。掌執千牛刀；備身左右，十二人。掌供御弓箭；備身，六十人〔七〕。掌宿衛侍從。各置長史，司馬，録事，及倉、兵二曹參軍事，鎧曹行參軍各一人。等員。

左右監門府各將軍，一人。掌宫殿門禁及守衛事。各置郎將，二人。校尉，直長，各三十人。長史，司馬，録事，及倉、兵曹參軍，鎧曹行參軍，各一人。行參軍四人。等員。

左右領軍府，各掌十二軍籍帳、差科、辭訟之事。不置將軍。唯有長史，司馬，掾屬及録事，功、倉、户、騎、兵等曹參軍，法、鎧等曹行參軍，各一人。行參軍十六人。等員。又置明法，四人。隸於法司，掌律令輕重。

行臺省，則有尚書令，僕射，左、右任置。兵部、兼吏部、禮部。度支兼都官、工部。尚書及丞左、右任置。各一人，都事四人。有考功、兼吏部、爵部、司勳。禮部、兼祠部、主客。膳部、兵部、兼職方。駕部、庫部、刑部、兼都官、司門。度支、兼倉部。户部、兼比部。金部、工部、屯田兼水部、虞部。侍郎，各一人。每行臺置食貨，農圃，武器，百工監、副監，各一人。各置丞、食貨四人，農圃六人，武器二人，百工四人。録事食貨、農圃、百工各二人，武器一人。等員。

太子置太師、太傅、太保、少師、少傅、少保。開皇初，置詹事。二年定令，罷之。門下坊，置左庶子二人，内舍人四人，録事二人，主事令史四人。統司經、宮門、内直、典膳、藥藏、齋帥等六局。司經置洗馬四人，校書六人，正字二人。宮門置大夫二人。内直置監、副監各二人，監殿舍人四人。典膳、藥藏，並置監、丞各二人。藥藏又有侍醫四人。齋帥置四人。

典書坊，右庶子二人，舍人、通事舍人各八人，録事二人，主事令史四人，内坊典内及丞各二人，丞直四人，録事一人。内廐置尉二人，掌内車輿之事。

家令、掌刑法、食膳、倉庫、什物、奴婢等事。率更令、掌伎樂漏刻。僕、掌宗族親疏，車輿騎乘。各一人。三寺各置丞、家令二人，寺各一人。録事。家令二人，寺各一人。家令領食官、典倉、司藏三署令、各一人。丞。食官二人，典倉一人，司藏三人。僕寺領廐牧令一人。員。

左右衛，各置率一人，副率二人，掌宮中禁衛。各置長史，司馬及録事，功、倉、兵、騎兵等曹參軍事，法曹、鎧曹行參軍，各一人，行參軍四人。員。又各有直閤四人，直寢八人，直齋、直後各十人。

左右宗衛，制官如左右衛，各掌以宗人侍衛。加置行參軍二人，而無直閤、直寢、直齋、直後等員。

左右虞候，各置開府一人，掌斥候伺非。長史已下如左右衛，而無録事參軍員，減行參軍一人。

左右内率、副率，各一人，掌領備身已上禁内侍衛，供奉兵仗。又無功、騎兵、法等曹及行參軍員，餘與虞候同。有千牛備身八人，掌執千牛刀；備身左右八人，掌供奉弓箭；備身二十人，掌宿衛侍從。

左右監門，各率一人，副率二人，掌諸門禁。長史已下，同内率府，而各有直長十人。

高祖又採後周之制，置上柱國、柱國、上大將軍、大將軍、上開府儀同三司、開府儀同三司、上儀同三司、儀同三司、大都督、帥都督、都督，總十一等，以酬勤勞。又有特進、左右光禄大夫、金紫光禄大夫、銀青光禄大夫、朝議大夫、朝散大夫，並爲散官，以加文武官之德聲者，並不理事。六品已下，又有翊軍等四十三號將軍，品凡十六等，爲散號將軍，以加汎授。居曹有職務者爲執事官，無職務者爲散官。戎上柱國已下爲散實官〔八〕，軍爲散號官。諸省及左右衛、武候、領，左右監門府爲内官，自餘爲外官。

國王、郡王、國公、郡公、縣公、侯、伯、子、男，凡九等。皇伯叔昆弟、皇子爲親王。置師、友各一人，文學二人，嗣王則無師、友。長史、司馬、諮議參軍事、掾屬，各一人，主簿二人，録事，功曹，記室，户、倉、兵等曹，騎兵、城局等參軍事，東西閤祭酒，各一人，參軍事四人，法、田、水、鎧、士等曹行參軍各一人，行參軍六人，長兼行參軍八人，典籤二人。

上柱國、嗣王、郡王，無主簿、録事參軍、東西閤祭酒、長兼行參軍等員，而加參軍事爲五人，行參軍爲十二人。柱國又無騎兵參軍事、水曹行參軍等員，而減參軍事、行參軍各一人。上大將軍又無諮議參軍事，田曹、鎧曹行參軍員，又減行參軍一人。大將軍又無掾屬員，又減參軍事二人。上開府又無法曹、士曹行參軍，參軍事員。開府又無典籤員，減行參軍二人。上儀同又無功曹、城局參軍事員，又減行參軍二人。儀同又無倉曹員，減行參軍三人。

三師、三公，置府佐，與柱國同。若上柱國任三師、三公，唯從上柱國置。王公已下、三品已上，又並有親信、帳内，各隨品高卑而制員。

諸王置國官。有令、大農各一人，尉各二人，典衛各八人，常侍各二人，侍郎各四人，廟長、學官長各一人，食官，厩牧長、丞，各一人，典府長、丞各一人，舍人各四人等員。上柱國、柱國公，減典衛二人，無侍郎員。侯、伯又減典衛二人，食官、厩牧長各一人。子、男又減尉、典衛、常侍、舍人各一人。上大將軍、大將軍公，同柱國、子、男。其侯、伯減公典衛、侍郎、厩牧丞各一人。子、男無令，無典衛，又減舍人一人。上開府、開府公，同大將軍、子、男。其侯、伯又無常侍，無食官、厩牧丞。子、男又無侍郎、厩牧長。上儀同、儀同公，同開府子、男。其侯、伯又無尉，無學官長。子、男又無廄長、食官長。二王後，置國官，與諸王同。郡王與上柱國公同。國公無上開府已上官者，與開府公同〔九〕。散郡公與儀同侯、伯同。散縣公與儀同子、男同。大長公主、長公主、公主，並置家令、丞各一人，主簿謁者、舍人各二人等員。郡主唯減主簿員。

雍州，置牧。屬官有別駕，贊務，州都，郡正，主簿，録事，西曹書佐，金、户、兵、法、士等曹從事，部郡從事，武猛從事等員。并佐史，合五百二十四人。

京兆郡，置尹，丞，正，功曹，主簿，金、户、兵、法、士等曹佐等員。并佐史，合二百四十四人。

大興、長安縣，置令，丞，正，功曹，主簿，西曹，金、户、兵、法、士曹等員。并佐史，合一百四十七人。

上上州，置刺史，長史，司馬，録事參軍事，功曹，户、兵等曹參軍事，法、士曹等行參軍，行參軍，典籤，州都，光初主簿，郡正，主簿，西曹書佐，祭酒從事，部郡從事，倉督，市令、丞等員。并佐史，合三百二十三人。上中州，減上州吏屬十二人。上下州，減上中州十六人。中上州，減上下州二十九人。中中州，減中上州二十人。中下州，減中中州二十人。下上州，減中下州三十二人。下中州，減下上州十五人。下下州，減下中州十二人。

郡，置太守，丞，尉，正，光初功曹，光初主簿，縣正，功曹，主簿，西曹，金、户、兵、法、士等曹，市令等員。并佐史，合一百四十六人。上中郡，減上上郡吏屬五人。上下郡，減上中郡四人。中上郡，減上下郡十九人。中中郡，減中上郡六人。中下郡，減中中郡五人。下上郡，減中下郡十九人。下中郡，減下上郡五人。下下郡，減下中郡六人。

縣，置令，丞，尉，正，光初功曹，光初主簿，功曹，主簿，西曹，金、户、兵、法、士等曹佐，及市令等員。合九十九人。上中縣，減上上縣吏屬四人。上下縣，減上中縣五人。中上縣，減上下縣十人。中中縣，減中上縣五人。中下縣，減中中縣五人。下上縣，減中下縣十二人。下中縣，減下上縣六人。下下縣，減下中縣五人。

州，置總管者，列爲上中下三等。總管刺史加使持節。

鎮，置將、副。戍，置主、副。關，置令、丞。其制，官屬各立三等之差。

同州，總監、副監各一人，置二丞。統食貨農圃二監、副監。岐州亦置監、副監。諸治亦置三等監。各有丞員。

鹽池，置總監、副監、丞等員。管東西南北面等四監，亦各置副監及丞。隴右牧，置總監、副監、丞，以統諸牧。其驊騮牧及二十四軍馬牧，每牧置儀同及尉、大都督、帥都督等員。驢騾牧，置帥都督及尉。原州羊牧，置大都督并尉。原州駝牛牧，置尉。又有皮毛監、副監及丞、録事。又鹽州牧監，置監及副監，置丞，統諸羊牧，牧置尉。苑川十二馬牧，每牧置大都督及尉各一人，帥都督二人。沙苑羊牧，置尉二人。緣邊交市監及諸屯監，每監置監、副監各一人。畿内者隸司農，自外隸諸州焉。

五嶽各置令，又有吴山令，以供其洒掃。

三師、王、三公，爲正一品。

上柱國、郡王、國公、開國郡縣公，爲從一品。

柱國、太子三師、特進、尚書令、左右光禄大夫、開國侯，爲正二品。

上大將軍、尚書左右僕射、雍州牧、金紫光禄大夫，爲從二品。

大將軍，吏部尚書，太常、光禄、衞尉等三卿，太子三少，納言，内史令，左右衞、左右武衞、左右武候、領左右等大將軍，禮部、兵部、都官、度支、工部尚書，宗正、太僕、大理、鴻臚、司農、太府等六卿，上州刺史，京兆尹，祕書監，銀青光禄大夫，開國伯，爲正三品。

上開府儀同三司，散騎常侍，左右衞、武衞、武候、領左右、監門等將軍，國子祭酒，御史大夫，將作大匠，中州刺史，親王師，朝議大夫，爲從三品。

驃騎將軍，開府儀同三司，太常、光禄、衞尉等三少卿，太子左右衞、宗衞、内等率，尚書吏部侍郎，給事黄門侍郎，太子左庶子，宗正、太僕、大理、鴻臚、司農、太府等少卿，下州刺史，已前上階。內史侍郎，太子右庶子，通直散騎常侍，左右監門郎將，朝散大夫，開國子，爲正四品。

上儀同三司，尚書左丞，太子左右衞、宗衞、內等副率，左右監門率，上郡太守，雍州別駕，親王府長史，太子家令，率更令、僕，內侍，城門校尉，已前上階。尚書右丞，上鎮將[一〇]，雍州贊務，直閤將軍，親王府司馬，諫議大夫，爲從四品。

車騎將軍，儀同三司，內常侍，祕書丞，國子博士，散騎侍郎，太子內舍人，太子左右監門副率，員外散騎常侍，上州長史，親王府諮議參軍事，開國男，已前上階。尚食、尚藥典御，上州司馬，爲正五品。

著作郎，通直散騎侍郎，中郡太守，直寢，太子洗馬，中州長史，奉車都尉，已前上階。都水使者，治書侍御史，大興、長安令，大理司直，直齋，太子直閤，京兆郡丞，中州司馬，中鎮將，上鎮副，內給事，駙馬都尉，親王友，員外散騎侍郎，爲從五品。

翊軍、翊師將軍，尚書諸曹侍郎，內史舍人，下郡太守，大都督，親王府掾屬，下州長史，已前上階。四征將軍，征東、征南、征西、征北。三將軍，內軍、鎮軍、撫軍。大理正、監、評，千牛備身左右，左右監門校尉，內尚食典御，符璽監，御府監，殿內監，太子內直監，下州司馬，下鎮將，中鎮副，爲正六品。

四平將軍，平東、平南、平西、平北。四將軍，前軍、後軍、左軍、右軍。通事舍人，親王文學，帥都督，左右領軍府長史，太子直寢，親王府主簿，親王府録事參軍事，太子門大夫，給事，上縣令，已前上階。冠軍、輔國二將軍，太子舍人，直後，三寺丞，親王府功曹、記室、倉户曹參軍事，城門直長，太子直齋，太子副直監，太子典内，左右領軍府司馬，下鎮副，爲從六品。

鎮遠、安遠二將軍，員外散騎侍郎，御醫，左右衞、武衞、武候、領左右等府長史，親衞，親王府諸曹參軍事，已前上階。建威、寧朔二將軍，六寺丞，祕書郎，著作佐郎，太子千牛備身，太子備身左右，尚食、尚藥、左右監門等直長，太子通事舍人，左右衞、武衞、武候、領左右等府司馬，都督，太子典膳、藥藏等監，太子齋帥，上戍主，爲正七品。

寧遠、振威二將軍，左右監門府長史，太子左右衞、宗衞等率，左右虞候、左右内率等府長史，符璽、御府、殿内等直長，上州録事參軍事，左右領軍府掾屬，親王府東西閤祭酒，中縣令，上郡丞，太子親衞，將作丞，勳衞，親王府參軍事，上鎮長史，已前上階。伏波、輕車二將軍，太學、太常二博士，武騎常侍，奉朝請，國子助教，親王府行參軍，太子直後，太子左右監門直長，大興、長安縣丞，太子侍醫，侍御史，太史令，上州諸曹參軍事，左右監門府、太子左右衞、左右宗衞、左右虞候、左右内率等司馬，上鎮司馬，爲從七品。

宣威、明威二將軍，協律郎，都水丞，殿内將軍，太子左右監門率府長史，別將，下縣令，中郡丞，中州録事參軍事，上上州諸曹行參軍事〔二〕，親王府行參軍，左右領軍府録事參軍事，中鎮長史，太子内坊丞，太子勳衛，已前上階。襄威、厲威二將軍，殿内御史，掖庭、宮闈二令，上署令，公車、郊社、太廟、太祝、平準、太樂、驊騮、武庫、典客、鉤盾、左藏、太倉、左尚方、右尚方、司染、典農、京市、太官、鼓吹。太子左右監門率府司馬，中州諸曹參軍事，左右衛、武衛、武候等府録事參軍事，左右領軍府諸曹參軍事，内尚食丞，中戍主，上戍副，爲正八品。

威戎、討寇二將軍，四門博士，主書，門下録事，尚書都事，監察御史，内謁者監，上關令，中署令，太醫、右藏、黄藏、乘黄、龍厩、衣冠、守宮、華林、上林、掌冶、導官、左校、右校、牛羊、典牧。下郡丞，下州録事參軍事，中州諸曹行參軍，備身，左右衛、武衛、武候、領左右等府諸曹參軍事，左右領軍府諸曹行參軍，太子左右衛、宗衛、率等府録事參軍事，下鎮長史，太子翊衛，已前上階。盪寇、盪難二將軍，親王府長兼行參軍及典籤，員外將軍，統軍，太子三寺丞，中關令，奚官、内僕二令，下署令，諸陵、崇玄、太卜、車府、清商、司儀、肴藏、良醞、掌醢、甄官、廪犧。上津尉，下州諸曹參軍事，左右衛、武衛、武候等府諸曹行參軍，領左右府鎧曹行參軍，左右監門、太子左右衛、宗衛等率，左右虞候、左右内率等府諸曹參軍事，掌舡局都尉，上鎮諸曹參軍事，上縣丞，上郡尉，爲從八品。

殄寇、殄難二將軍，太學助教，太子備身，大理寺律博士，諸校書郎，都水參軍事，内史録事，内謁者令，内寺伯，中縣丞，下關令，中津尉，下州諸曹行參軍，上州行參軍，左右監門府鎧曹行參軍，太子左右衞、宗衞、虞候府等諸曹行參軍，太子左右内率府鎧曹行參軍，左右領軍府行參軍，中鎮諸曹參軍事，上鎮士曹行參軍，中郡尉，已前上階。掃寇、掃難二將軍，殿内司馬督，太子食官、典倉、司藏等令，尚食、尚醫、軍主、太史、掖庭、宫闈局等丞，上署丞〔一二〕，太子左右監門率府諸曹參軍事，中州行參軍，左右衞、武衞、武候等府行參軍，上州典籤，下戍主，上關丞，太子典膳、藥藏等局丞，下郡尉，典客署掌客，司辰師，爲正九品。

曠野、横野二將軍，掖庭局宫教博士，太祝，太子厩牧令，太子校書，下縣丞，中署丞，左右監門率府鎧曹行參軍，下州行參軍，中州典籤，左右監門府、太子左右衞、宗衞、虞候、率府等行參軍，正字，太子内坊丞直，中關、上津丞，下鎮諸曹參軍事，中鎮士曹行參軍，上縣尉，已前上階。偏、裨二將軍，四門助教，書、筭學博士，奉禮郎，員外司馬督，幢主，奚官、内僕等局丞，下署丞，下州典籤，内謁者局丞，中津丞，中縣尉，太子正字，太史監候，太官監膳，御府局監事，左右校及掖庭監作，太史司曆，諸樂師，爲從九品。

又有流内視品十四等：

行臺尚書令，爲視正二品。

上總管、行臺尚書僕射，爲視從二品。

中總管、行臺諸曹尚書，爲視正三品。

下總管，爲視從三品。

行臺尚書左右丞，爲視從四品。

同州總監、隴右牧總監，爲視從五品。

行臺諸曹侍郎，爲視正六品。

上柱國、嗣王、郡王、柱國府長史、司馬、諮議參軍事，鹽池總監，同州、隴右牧總副監，王、二王後國令，爲視從六品。

上大將軍、大將軍府長史、司馬，上柱國、嗣王、郡王、柱國府掾屬，嗣王文學，公國令，王、二王後大農、尉、典衛，爲視正七品。

上開府、開府府長史、司馬，上大將軍、大將軍府掾屬，上柱國、嗣王、郡王、柱國府諸曹參軍事，鹽池總副監，鹽州牧監，諸屯監，國子學生，侯、伯國令，公國大農、尉、典衛，雍州薩保，爲視從七品。

上儀同儀同府長史、司馬，上大將軍、大將軍府諸曹參軍事，上柱國、嗣王、郡王、柱國府參軍事、諸曹行參軍，行臺諸監，同州諸監，鹽池四面監，皮毛監，岐州監，同州總監、隴右牧監等丞，諸大冶監，雍州州都、主簿，子、男國令，侯、伯國大農、尉、典衞，王、二王後國常侍，爲視正八品。

行臺尚書都事，上開府、開府府諸曹參軍事，上大將軍、大將軍府參軍事、諸曹行參軍，上柱國、嗣王、郡王、柱國府行參軍，五岳、四瀆、吴山等令，鹽池四面副監，諸皮毛副監，行臺諸副監，諸屯副監，諸中冶監，諸緣邊交市監，鹽池總監丞，諸州州都、主簿，雍州西曹書佐、諸曹從事，京兆郡正、功曹，太學生，子、男國大農、典衞，爲視從八品。

開府府法曹行參軍，上儀同、儀同府諸曹參軍事，上大將軍、大將軍府行參軍，上柱國、嗣王、郡王、柱國府典籤，同州諸副監，岐州副監，諸小冶監，鹽州牧監丞，諸大冶監丞，諸緣邊交市副監，諸郡正、功曹，京兆郡主簿，諸州西曹書佐、祭酒從事，雍州部郡從事，公國常侍，王、二王後國侍郎，公主家令，諸州胡二百户已上薩保，爲視正九品。

儀同府法曹行參軍，上開府、開府府行參軍，上大將軍、大將軍府典籤，上儀同、儀同府行參軍，上開府府典籤，行臺諸監丞，鹽池四面監丞，皮毛監丞，諸中冶監丞，四門學生，諸郡主簿，諸州部郡從事，雍州武猛從事，大興、長安縣正、功曹、主簿，侯、伯、子、男國常侍，公國侍郎，爲視從九品。

又有流外勳品、二品、三品、四品、五品、六品、七品、八品、九品之差。又視流外，亦有視勳品、視二品、視三品、視四品、視五品、視六品、視七品、視八品、視九品之差。極於胥吏矣，皆無上下階云。

京官正一品，禄九百石，其下每以百石爲差，至正四品，是爲三百石。從四品，二百五十石，其下每以五十石爲差，至正六品，是爲百石。從六品，九十石，以下每以十石爲差，至從八品，是爲五十石。食封及官不判事者，并九品，皆不給禄。其給皆以春秋二季。刺史、太守、縣令，則計户而給禄，各以户數爲九等之差。大州六百二十石，其下每以四十石爲差，至於下下，則三百石。大郡三百四十石，其下每以三十石爲差，至於下下，則百石。大縣百四十石，其下每以十石爲差，至於下下，則六十石。其禄唯及刺史二佐及郡守、縣令。

三年四月，詔尚書左僕射，掌判吏部、禮部、兵部三尚書事，御史糾不當者，兼糾彈之。尚書右僕射，掌判都官、度支、工部三尚書事，又知用度。餘皆依舊。尋改度支尚書爲户部尚書[一三]，都官尚書爲刑部尚書。諸曹侍郎及内史舍人，並加爲從五品。增置通事舍人十二員，通舊爲二十四員。廢光禄寺及都水臺入司農，廢衛尉入太常、尚書省，廢鴻臚亦入太常。罷大理寺監、評及律博士員，加置正爲四人。罷郡，以州統縣，改別駕、贊務以爲長史、司馬。舊周、齊州郡縣職，自州都、郡縣正已下，皆州郡將、縣令至而調用，理時事。至是不知時事，直謂之鄉官。別置品官，皆吏部除授，每歲考殿最。刺史、縣令，三年一遷，佐官四年一遷。佐官以曹爲名者，並改爲司。六年，尚書省二十四司各置員外郎一人，以司其曹之籍帳。侍郎闕，則釐其曹事。吏部又別置朝議、通議、朝請、朝散、給事、承奉、儒林、文林等八郎，武騎、屯騎、驍騎、游騎、飛騎、旅騎、雲騎、羽騎八尉。其品則正六品以下、從九品以上。上階爲郎，下階爲尉。散官番直，常出使監檢。罷門下省員外散騎常侍、奉朝請、通事令史員，及左右衞、殿内將軍，司馬督，武騎常侍等員。

十二年，復置光禄、衞尉、鴻臚等寺。諸州司以從事爲名者，改爲參軍。

十三年，復置都水臺。國子寺罷隸太常，又改寺爲學。

十四年，諸省各置主事令史員。改九等州縣爲上、中、中下、下，凡四等。

十五年，罷州縣鄉官。

十六年，内侍省加置内主事員二十人，以承門閤。

十八年，置備身府。

二十年，改將作寺爲監，以大匠爲大監。初加置副監。

仁壽元年，改都水臺爲監，更名使者爲監。罷國子學，唯立太學一所，置博士五人，從五品，學生七十二人。

三年，監門府又置門候一百二十人。

煬帝即位，多所改革。三年定令，品自第一至于第九，唯置正從，而除上下階。罷諸總管，廢三師、特進官。分門下、太僕二司，取殿内監名以爲殿内省，并尚書、門下、内史、祕書，以爲五省。增置謁者、司隸二臺，并御史爲三臺。分太府寺爲少府監。改内侍省爲長秋監，國子學爲國子監，將作寺爲將作監，并都水監，總爲五監。改左右衞爲左右翊衞，左右備身爲左右驍衞〔一四〕。左右武衞依舊名。改領軍爲左右屯衞，加置左右禦衞〔一五〕。改左右武候爲左右候衞。是爲十二衞。又改領左右府爲左右備身府，左右監門依舊名。凡十六府。其朝之班序，以品之高卑爲列。品同則以省府爲前後，省府同則以局署爲前後焉。

尚書省六曹，各侍郎一人，以貳尚書之職。又增左、右丞階，與六侍郎，並正四品。諸曹侍郎，並改爲郎。又改吏部爲選部郎，户部爲人部郎，禮部爲儀曹郎，兵部爲兵曹郎，刑部爲憲部郎，工部爲起部郎，以異六侍郎之名。廢諸司員外郎，而每增置一曹郎，各爲二員。都司郎各一人，品同曹郎，掌都事之職。以都事爲正八品，分隸六尚書。諸司主事，並去令史之名。其令史隨曹閑劇而置。每十令史，置一主事，不滿十者，亦置一人〔一六〕。其餘四省三臺，亦皆曰令史，九寺五監諸衞府，則皆曰府史。後又改主客郎爲司蕃郎。尋又每減一郎，置承務郎一人，同員外之職。

舊都督已上，至上柱國，凡十一等，及八郎、八尉、四十三號將軍官，皆罷之。并省朝議大夫。自一品至九品，置光祿、從一品。左右光祿、左正二品，右從二品。金紫、正三品。銀青光祿、從三品。正議、正四品。通議、從四品。朝請、正五品。朝散從五品。等九大夫，建節、正六品。奮武、從六品。宣惠、正七品。綏德、從七品。懷仁、正八品。守義、從八品。奉誠、正九品。立信從九品。等八尉，以爲散職。開皇中，以開府儀同三司爲四品散實官，至是改爲從一品，同漢、魏之制，位次王公。門下省減給事黃門侍郎員，置二人，去給事之名，移吏部給事郎名爲門下之職，位次黃門下。置員四人，從五品，省讀奏案。廢散騎常侍、通直散騎常侍、諫議大夫、散騎侍郎等常員。改符璽監爲郎，置員二人，爲從六品。加録事階爲正八品。以城門、殿內、尚食、尚藥、御府等五局隸殿內省。十二年，又改納言爲侍內。

內史省減侍郎員爲二人，減內史舍人員爲四人。加置起居舍人員二人，從六品。次舍人下。改通事舍人員爲謁者臺職。減主書員，置四人，加爲正八品。十二年，改内史爲内書。

殿内省置監、正四品。少監、從四品。丞，從五品。各一人，掌諸供奉。又有奉車都尉十二人，掌進御輿馬。統尚食、尚藥、尚衣、尚舍、尚乘、尚輦等六局，各置奉御二人，正五品。皆置直長，以貳之。正七品。尚食直長六人，又有食醫員。尚藥直長四人，又有侍御醫、司醫、醫佐員。尚衣即舊御府也，改名之，有直長四人。尚舍即舊殿中局也，改名之，有直長八人。尚乘局置左右六閑：一左右飛黄閑，二左右吉良閑，三左右龍媒閑，四左右騊駼閑，五左右駃騠閑，六左右天苑閑。有直長十四人，又有奉乘十人。尚輦有直長四人，又有掌輦六人。城門置校尉一人，降爲正五品。後又改校尉爲城門郎，置員四人，從六品。自殿内省隸爲門下省官。

祕書省降監爲從三品〔一七〕，增置少監一人。從四品。增著作郎階爲正五品，減校書郎爲十人。改太史局爲監，進令階爲從五品，又減丞爲一人。置司辰師八人，增置監候爲十人。其後又改監、少監爲令、少令。增祕書郎爲從五品，加置佐郎四人，從六品。以貳郎之職。降著作郎階爲從五品。又置儒林郎十人，正七品。掌明經待問，唯詔所使。文林郎二十人，從八品。掌撰録文史，檢討舊事。此二郎皆上在藩已來直司學士。增校書郎員四十人，加置楷書郎員二十人，從九品。掌抄寫御書。

御史臺增治書侍御史爲正五品。省殿内御史員，增監察御史員十六人，加階爲從七品。開皇中，御史直宿禁中，至是罷其制。又置主簿、録事員各二人。五年，又降大夫階爲正四品，減治書侍御史爲從五品，增侍御史爲正七品，唯掌侍從糾察，其臺中簿領，皆治書侍御史主之。後又增置御史，從九品，尋又省。

謁者臺大夫一人，從四品。五年，改爲正四品。掌受詔勞問，出使慰撫，持節察授，及受冤枉而申奏之。駕出，對御史引駕。置司朝謁者二人以貳之。從五品。屬官有丞一人，主簿、録事各一人等員。又有通事謁者二十人，從六品。即内史通事舍人之職也。次有議郎二十四人，通直三十六人，將事謁者三十人，謁者七十人，皆掌出使。其後廢議郎，通直、將事謁者，謁者等員，而置員外郎八十員。尋詔門下、内史、御史、司隸、謁者五司，監受表，以爲恒式，不復專謁者矣。尋又置散騎郎，從五品，二十人，承議郎、正六品。通直郎、從六品。各三十人，宣德郎、正七品。宣義郎，從七品。各四十人，徵事郎、正八品。將仕郎、從八品。常從郎、正九品。奉信郎，從九品。各五十人，是爲正員。並得禄當品。又各有散員郎，無員無禄。尋改常從爲登仕，奉信爲散從。自散騎已下，皆主出使，量事大小，據品以發之。

司隸臺大夫一人，正四品。掌諸巡察。別駕二人，從五品。分察畿内，一人案東都，一人案京師。刺史十四人，正六品。巡察畿外諸郡，從事四十人，副刺史巡察。其所掌六條：一察品官以上理政能不。二察官人貪殘害政。三察豪强姦猾，侵害下人，及田宅踰制，官司不能禁止者。四察水旱蟲災，不以實言，枉徵賦役，及無災妄蠲免者。五察部内賊盜，不能窮逐，隱而不申者。六察德行孝悌，茂才異行，隱不貢者。每年二月，乘軺巡郡縣，十月入奏。置丞、從六品。主簿、從八品。録事從九品。各一人。後又罷司隸臺，而留司隸從事之名，不爲常員。臨時選京官清明者，權攝以行。

光禄已下八寺卿，皆降爲從三品。少卿各加置二人，爲從四品。諸寺上署令，並增爲正六品，中署令爲從六品，下署令爲正七品。始開皇中，署司唯典掌受納，至是署令爲判首，取二卿判。丞唯知勾檢。令闕，丞判。五年，寺丞並增爲從五品。

太常寺罷太祝署，而留太祝員八人，屬寺。後又增爲十人。奉禮減置六人。太廟署又置陰室丞，守視陰室。改樂師爲樂正，置十人。太卜又省博士員，置太卜卜正二十人，以掌其事。太醫又置醫監五人，正十人。罷衣冠、清商二署。

太僕減驊騮署入殿内尚乘局，改龍厩曰典厩署，有左、右駁阜二厩。加置主乘、司庫、司廪官。罷牛羊署。

大理寺丞改爲勾檢官，增正員爲六人，分判獄事。置司直十六人，降爲從六品，後加至二十人。又置評事四十八人，掌頗同司直，正九品。

鴻臚寺改典客署爲典蕃署。初煬帝置四方館於建國門外，以待四方使者，後罷之，有事則置，名隸鴻臚寺，量事繁簡，臨時損益。東方曰東夷使者，南方曰南蠻使者，西方曰西戎使者，北方曰北狄使者，各一人，掌其方國及互市事。每使者署，典護録事、敍職、敍儀、監府、監置、互市監及副、參軍各一人。録事主綱紀。敍職掌其貴賤立功合敍者。敍儀掌小大次序。監府掌其貢獻財貨。監置掌安置其駞馬船車，并糾察非違。互市監及副掌互市，參軍事出入交易。

司農但統上林、太倉、鉤盾、導官四署，罷典農、華林二署，而以平準、京市隸太府。

太府寺既分爲少府監，而但管京都市五署及平準、左右藏等，凡八署。京師東市曰都會，西市曰利人。東都東市曰豐都，南市曰大同，北市曰通遠。及改諸令爲監，唯市署曰令。

國子監依舊置祭酒，加置司業一人，從四品，丞三人，加爲從六品。并置主簿、録事各一人。國子學置博士，正五品，助教，從七品，員各一人。學生無常員。太學博士、助教各二人，學生五百人。先是仁壽元年，省國子祭酒、博士，置太學博士員五人，爲從五品，總知學事。至是太學博士降爲從六品。

將作監改大監、少監爲大匠、少匠，丞加爲從六品。統左右校及甄官署。五年，又改大匠爲大監，正四品，少匠爲少監，正五品。十三年，又改監、少監爲令、少令。丞加品至從五品。

少府監置監，從三品，少監，從四品，各一人。丞從五品，二人。統左尚、右尚、内尚、司織、司染、鎧甲、弓弩、掌冶等署。復改監、少監爲令、少令。併司織、司染爲織染署，廢鎧甲、弓弩二署。

都水監改爲使者，增爲正五品，丞爲從七品。統舟檝、河渠二署。舟檝署每津置尉一人。五年，又改使者爲監，四品，加置少監，爲五品。後又改監、少監爲令，從三品，少令，從四品。

長秋監置令一人，正四品，少令一人，從五品，丞二人，正七品。並用士人。改内常侍爲内承奉，置二人，正五品；給事爲内承直，置四人，從五品。並用宦者。罷内謁者官。領掖庭、宫闈、奚官等三署，並參用士人。後又置内謁者員。

十二衛，各置大將軍一人，將軍二人，總府事，并統諸鷹揚府。改驃騎爲鷹揚郎將，正五品；車騎爲鷹揚副郎將，從五品；大都督爲校尉；帥都督爲旅帥；都督爲隊正，增置隊副以貳之。改三衛爲三侍。其直閤將軍、直寢、奉車都尉、駙馬都尉、直齋、別將、統軍、軍主、幢主之屬，並廢。以武候府司辰師員，隸爲太史局官。其軍士，左右翊衛所領名爲驍騎〔一八〕，左右驍衛所領名豹騎，左右武衛所領名熊渠，左右屯衛所領名羽林，左右禦衛所領名射聲，左右候衛所領名佽飛，而總號衛士。每衛置護軍四人，掌副貳將軍。將軍無則一人攝。尋改護軍爲武賁郎將，正四品，而置武牙郎將六人，副焉，從四品。諸衛皆置長史，從五品。又有録事參軍，司倉、兵、騎、鎧等員。翊衛又加有親侍。鷹揚府，每府置鷹揚郎將一人，正五品，副鷹揚郎將一人，從五品，各有司馬及兵、倉兩司。其府領親、勳、武三侍，非翊衛府，皆無三侍。鷹揚每府置越騎校尉二人，掌騎士，步兵校尉二人，領步兵，並正六品。外軍鷹揚官並同。左右候衛增置察非掾二人，專糾彈之事。五年，又改副郎將並爲鷹擊郎將。

左右領左右府，改爲左右備身府，各置備身郎將一人。又各置直齋二人，以貳之，並正四品，掌侍衛左右。統千牛左右、司射左右各十六人，並正六品。千牛掌執千牛刀宿衛，司射掌供御弓箭。置長史，正六品，録事，司兵、倉、騎參軍等員，並正八品。有折衝郎將，各三人，正四品，掌領驍果。又各置果毅郎將三人以貳之〔一九〕，從四品。其驍果，置左、右雄武府雄武郎將，以領之。以武勇郎將爲副，員同鷹揚、鷹擊。有司兵、司騎二局，並置參軍事。

左右監門府，改將軍爲郎將，各置一人，正四品，直閤各六人，正五品。置官屬，並同備身府。又增左右門尉員一百二十人，正六品；置門候員二百四十人，正七品。並分掌門禁守衛。

門下坊減内舍人、洗馬員，各置二人。減侍醫，置二人。改門大夫爲宮門監，正字爲正書。

典書坊改太子舍人爲管記舍人，減置四人。改通事舍人爲宣令舍人，爲八員。家令改爲司府令，内坊承直改爲典直。

左右衛率改爲左右侍率，正四品。改親衛爲功曹，勳衛爲義曹，翊衛爲良曹。罷直齋、直閤員。

左右宗衛率改爲左右武侍率，正四品。

左右虞候開府改爲左右虞候率，正四品，并置副率。

左右内率降爲正五品。千牛備身改爲司仗左右，備身左右改爲主射左右。各員八人。

左右監門率改爲宮門將，降爲正五品。監門直長改爲直事，置六十人。

開皇中，置國王、郡王、國公、郡公、縣公、侯、伯、子、男爲九等者，至是唯留王、公、侯三等。餘並廢之。

王府諸司參軍，更名諸司書佐〔二〇〕，屬參軍則直以屬爲名。改國令爲家令。自餘以國爲名者，皆去之。

行宮所在，皆立總監以司之。上宮正五品，中宮從五品，下宮正七品。隴右諸牧，置左、右牧監各一人，以司統之。

罷州置郡，郡置太守。上郡從三品，中郡正四品，下郡從四品。京兆、河南則俱爲尹，並正三品。罷長史、司馬，置贊務一人以貳之。京兆、河南從四品，上郡正五品，中郡從五品，下郡正六品。次置東西曹掾，京兆、河南從五品，上郡正六品，中郡從六品，下郡正七品。主簿，司功、倉、户、兵、法、士曹等書佐，各因郡之大小而爲增減。改行參軍爲行書佐。舊有兵處，則刺史帶諸軍事以統之，至是别置都尉、副都尉。都尉正四品，領兵，與郡不相知。副都尉正五品。又置京輔都尉，從三品，立府於潼關，主兵領遏。并置副都尉，從四品。又置諸防主、副官，掌同諸鎮。大興、長安、河南、洛陽四縣令，並增爲正五品。諸縣皆以所管閑劇及衝要以爲等級。丞、主簿如故。其後諸郡各加置通守一人，位次太守，京兆、河南，則謂之内史。又改郡贊務爲丞，位在通守下，縣尉爲縣正，尋改正爲户曹、法曹，分司以承郡之六司〔二〕。河南、洛陽、長安、大興，則加置功曹，而爲三司，司各二人。郡縣佛寺，改爲道場，道觀改爲玄壇，各置監、丞。京都諸坊改爲里，皆省除里司，官以主其事。

帝自三年定令之後，驟有制置，制置未久，隨復改易。其餘不可備知者，蓋史之闕文云。

校勘記

〔一〕下津每典作一人津長四人　疑有脫文。唐六典卷二三諸津注：「隋都水領諸津（中略）下津，尉一人。每津典作一人、津長四人。」

〔二〕京市　「京」，原作「廩」。本卷下文記載煬帝即位後所作改革，司農寺「但統上林、太倉、鉤盾、導官四署（中略）而以平準、京市隸太府」。通典卷二六職官八太府卿：「諸市署（中略）隋初，京市令、丞屬司農，煬帝改隸太府。」今據改。

〔三〕掌冶　「冶」，原作「治」。通典卷二七職官九少府監：「掌冶署（中略）隋有掌冶署令、丞。」本卷下敍煬帝時制，少府監所統有「掌冶署」。今據改。

〔四〕左右尚方則加至三人　「三人」，原作「二人」，據至順本、汲本改。此處上句稱「各置令二人」，則此不應作「加至二人」。按，唐六典卷二二左尚署注「隋開皇中，三尚方並屬太府寺，左尚令三人」，右尚署注「隋左右尚方屬太府寺，令三人」。

〔五〕各置令丞等員　「等員」二字原闕，據北監本、汲本、殿本補。

〔六〕水草所置　「置」，唐六典卷二五左右金吾衞注、通典卷二八職官一〇左右金吾衞、職官分紀卷三五左右金吾衞將軍引隋百官志作「宜」。

〔七〕備身六十人　「六十」，唐六典卷二五左右千牛衞注、通典卷二八職官一〇左右千牛衞作「十六」。

〔八〕戎上柱國已下爲散實官　「戎」，南監本、殿本作「凡」。張元濟校勘記疑殿本是。

〔九〕與開府公同　「與」，原作「上」，據殿本改。

〔一〇〕上鎮將　「將」下，原衍「軍」，大德本有一字空格，據至順本删。按，本卷上文敍鎮之設官，有鎮將、副；下文敍隋官品秩，從五品下階有「中鎮將」、正六品下階有「下鎮將」。

〔一一〕上上州諸曹行參軍事　「上上」，通典卷三九職官二一隋官品令作「上」。官品令敍述州之屬官品秩，均以上中下三等，而未分爲九等。疑衍一「上」字。

〔一二〕上署丞　原作「上署令」，據通典卷三九職官二一隋官品令改。上署令，已見本卷上文正八品下階。

〔一三〕改度支尚書爲户部尚書　「户部」，當作「民部」，史臣避唐諱改。通典卷二三職官五户部尚書：「開皇三年，改度支爲民部，統度支、民部、金部、倉部四曹，國家修隋志，謂之户部，蓋以廟諱故也。」參隋書求是「百官下」條。下文「煬帝即位，多所改革」，其中有改「户部爲人部郎」，亦同。

〔一四〕左右備身爲左右驍衛　「驍衛」，原作「騎尉」，據下文所述十二衛所統軍士名、通典卷二八職官一〇將軍總敍、左右驍衛改。

〔一五〕加置左右禦衛　「衛」字原闕。此次改革，十二衛名稱均爲二字，此不應例外。本卷下文敍十二衛所統軍士名，即作「左右禦衛」，今據補。按，本書紀傳所及，亦稱「禦衛」，如卷四煬帝紀下大業十一年七月、十二年九月、卷六三衛玄傳、卷六四來護兒傳等。

〔一六〕亦置一人　「人」，原作「以」，據大德本、至順本、汲本改。

〔一七〕祕書省降監爲從三品　「三」，原作「二」，據唐六典卷一〇祕書省注、册府卷六二〇卿監部總序改。隋初祕書監爲正三品，見本卷上文。

〔一八〕左右翊衛所領名爲驍騎　「翊」字原闕。本卷上文述煬帝即位，統改衛名，左右衛改爲左右翊衛。此處所及衛名，均爲改名後名稱，此不應例外。今據改。又，通典卷二八職官一〇左右衛：「煬帝改左右衛爲左右翊衛。」

〔一九〕又各置果毅郎將三人以貳之　「三人」，原作「以領之」，據大德本、至順本、汲本改。

〔二〇〕諸司書佐　「書佐」二字原闕。通典卷三一職官一三歷代王侯封爵稱「煬帝更名王府參軍爲諸司書佐」，今據補。

〔二一〕分司以承郡之六司　「承」，原作「丞」，據通典卷三三職官一五總論縣佐改。

隋書卷二十九

志第二十四

地理上

京兆郡　馮翊郡　扶風郡　安定郡　北地郡　上　郡　雕陰郡
延安郡　弘化郡　平涼郡　朔方郡　鹽川郡　靈武郡　榆林郡
五原郡　天水郡　隴西郡　金城郡　枹罕郡　澆河郡　西平郡
武威郡　張掖郡　敦煌郡　鄯善郡　且末郡　西海郡　河源郡
漢川郡　西城郡　房陵郡　清化郡　通川郡　宕渠郡　漢陽郡
臨洮郡　宕昌郡　武都郡　同昌郡　河池郡　順政郡　義城郡
平武郡　汶山郡　普安郡　金山郡　新城郡　巴西郡　遂寧郡

涪陵郡　巴　郡　巴東郡　蜀　郡　臨邛郡　眉山郡　隆山郡
資陽郡　瀘川郡　犍爲郡　越巂郡　牂柯郡　黔安郡

自古聖王之受命也，莫不體國經野，以爲人極。上應躔次，下裂山河，分疆畫界，建都錫社。是以放勛御曆，脩職貢者九州，文命會同，執玉帛者萬國。洎乎殷遷夏鼎，周黜殷命，雖質文之用不同，損益之途或革，而封建之制，率由舊章。於是分土惟三，列爵惟五，千里以制畿甸，九服以別要荒。十國爲連，連有帥，倍連爲卒，卒有正。皆所以式固鴻基，蕃屏王室，興邦致化，康俗庇人者歟！周德既衰，諸侯力政，干戈日用，戎馬生郊。彊陵弱，衆暴寡，魯滅於楚，鄭滅於韓，田氏簒齊，六卿分晉。其餘弑君亡國，不得守其社稷者，不可勝數。逮于七雄競逐，二帝爭彊，疆埸之事，一彼一此。秦始皇據百二之巖險，奮六世之餘烈，力爭天下，蠶食諸侯，在位二十餘年，遂乃削平寓内，懲周氏之微弱，恃狙詐以爲彊，蔑棄經典，罷侯置守。子弟無立錐之地，功臣無尺土之賞，身没而區宇幅裂，及子而社稷淪胥。漢高祖挺神武之宏圖，掃清禍亂，矯秦皇之失策，封建王侯，並跨州連邑，有踰古典，而郡縣之制，無改於秦。逮于孝武，務勤遠略，南兼百越，東定三韓。通邛、笮之險塗，斷匈奴之右臂，雖聲教遠洎，而人亦勞止。昭、宣之後，罷戰務農，户口既其滋多，郡縣亦有增置。至于平帝，郡國一百有三，户一千二百二十三萬〔一〕。光武中興，承王莽之餘弊，兵戈不戢，飢疫荐臻，率土遺黎，十纔一二，乃併省郡縣，四百餘所。明、章之後，漸至滋繁，郡縣之數，有加曩日。逮炎靈數盡，三國爭彊，兵革屢興，户口減半。有晉太康之後，文軌方同，大抵編户二百六十餘萬〔二〕。尋而五胡逆亂，二帝播遷，東晉洎于宋、齊，僻陋江左，苻、姚之與劉、石，竊據中原，事跡糾紛，難可具紀。

梁武帝除暴寧亂，奄有舊吴，天監十年，有州二十三，郡三百五十，縣千二十二〔三〕。其後務恢境宇，頻事經略，開拓閩、越，克復淮浦，平俚洞，破牂柯，又以舊州遐闊，多有析置。大同年中，州一百七，郡縣亦稱於此。既而侯景構禍，臺城淪陷，墳籍散逸，注記無遺，郡縣户口，不能詳究。逮于陳氏，土宇彌蹙，西亡蜀、漢，北喪淮、肥，威力所加，不出荆、揚之域。州有四十二，郡唯一百九，縣四百三十八，户六十萬。後齊承魏末喪亂，與周人抗衡，雖開拓淮南，而郡縣僻小。天保之末，總加併省，洎乎國滅，州九十有七，郡一百六十，縣三百六十五〔四〕，户三百三萬。周氏初有關中，百度草創，遂乃訓兵教戰，務穀勸農，南清江、漢，西兼巴、蜀，卒能以寡擊衆，戡定彊鄰。及于東夏削平，多有省廢。大象二年，通計州二百一十一，郡五百八，縣一千一百二十四。

高祖受終，惟新朝政，開皇三年，遂廢諸郡。洎于九載，廓定江表，尋以户口滋多，析置州縣。煬帝嗣位，又平林邑，更置三州。既而併省諸州，尋即改州爲郡，乃置司隸刺史，分部巡察。五年，平定吐谷渾，更置四郡。大凡郡一百九十，縣一千二百五十五，戶八百九十萬七千五百四十六，口四千六百一萬九千九百五十六。墾田五千五百八十五萬四千四十一頃。其邑居道路，山河溝洫，沙磧鹹鹵，丘陵阡陌，皆不預焉。東西九千三百里，南北萬四千八百一十五里，東南皆至於海，西至且末，北至五原，隋氏之盛，極於此也。

京兆郡開皇三年，置雍州。城東西十八里一百一十五步〔五〕，南北十五里一百七十五步。東面通化、春明、延興三門，南面啓夏、明德、安化三門，西面延平、金光、開遠三門，北面光化一門。里一百六，市二。大業三年，改州爲郡，故名焉。置尹。統縣二十二，戶三十萬八千四百九十九。

大興開皇三年置。後周于舊郡置縣曰萬年〔六〕，高祖龍潛，封號大興，故至是改焉。有長樂宮。有後魏杜城縣、西霸城縣〔七〕、西魏山北縣，並後周廢。長安帶郡。有仙都、福陽、太平等宮。有關官。有舊長安城。始平故置扶風郡，開皇三年郡廢。武功後周置武功郡，建德中郡廢。有永豐渠、普濟渠。盩厔後周置周南郡及恒州，又有倉城、溫湯二縣，尋並廢。有司竹園，有宜壽、仙遊、文山、鳳皇等宮。有關官。有太一山。有溫湯。醴泉後魏曰寧夷，西魏置寧夷郡。後周改爲秦郡，後廢，又以新畤、甘泉二縣入焉。開皇十八年改縣名醴泉。有甘泉水、波水、浪水。有九嵕山、温秀嶺。上宜開皇十七年置。有舊莫西縣，十八年改名好畤，大業三年廢入焉。鄠有甘泉宮。有終南山。有澇水。藍田後周置藍田郡，尋廢郡，及白鹿、玉山二縣入焉。有關官。有滋水。新豐有温湯。華原後魏置北雍州，西魏改爲宜州，又置北地郡，尋改爲通川郡。開皇初郡廢，大業初州廢，及土門縣入焉。有沮水、頻山。宜君舊置宜君郡，開皇初郡廢。有清水。同官鄭後魏置東雍州，并華山郡。西魏改曰華州。開皇初郡廢，大業初州廢。有少華山。渭南後魏置渭南郡，西魏分置靈源、中源二縣，後周郡及二縣並廢入焉。有步壽宮。萬年　高陵後魏曰高陸，大業初改焉。三原後周置建忠郡，建德初郡廢。涇陽舊置咸陽縣，開皇初廢。有茂農渠。雲陽舊置，後周置雲陽郡，開皇初郡廢。有涇水、五龍水、甘水、走馬水。富平舊置北地郡，後周改曰中華郡，尋罷。有荊山。華陰有興德宮。有關官，有京輔都尉。有白渠。有華山。

馮翊郡後魏置華州，西魏改曰同州。統縣八，户九萬一千五百七十二。

馮翊後魏曰華陰。西魏改爲武鄉，置武鄉郡。開皇初郡廢，大業初改名馮翊，置馮翊郡。有沙苑。韓城開皇十八年置。有關官。有梁山，有鬼谷。郃陽　朝邑後魏曰南五泉，西魏改焉。有長春宮。有關官。有朝坂。澄城後魏置澄城郡，後周併五泉縣入焉。開皇初郡廢。蒲城舊置南、北二白水。西魏改爲蒲城，置白水郡，開皇初郡廢。下邽舊置延壽郡。開皇初郡廢，大業初併蓮勺縣入焉。有金氏陂。白水有五龍山、馬蘭山。

扶風郡舊置岐州。統縣九，戶九萬二千二百二十三。

雍後魏置平秦郡〔八〕，西魏改爲岐山郡，開皇三年郡廢。大業初置扶風郡。有岐陽宮。岐山後周曰三龍縣，開皇十六年改名焉。又有後魏周城縣，後周廢。有岐山。陳倉後魏曰宛川，西魏改曰陳倉。後周置顯州，尋州縣俱廢。開皇十八年置，曰陳倉。有陳倉山。有關官。虢後魏置武都郡，西魏改縣曰洛邑。後周置朔州，州尋廢。郡開皇初廢，大業初改縣爲虢。郿舊曰平陽縣，西魏改曰郿城，後周廢入周城縣。開皇十八年改周城爲渭濱，大業二年改爲郿。又後周置雲州，建德中廢。有安仁宮、鳳泉宮。有太白山、五丈原。普閏大業初置。有仁壽宮。有漆水、岐水、杜水。汧源西魏置隴東郡及汧陰縣，後改縣曰杜陽。後周又曰汧陰。開皇三年郡廢，五年縣改曰汧源。又有西魏東秦州，後改爲隴州，大業三年州廢。有關官。有隴山、汧山、汧水。汧陽舊置汧陽郡，後周罷。南由後魏置，西魏改爲鎮，後周復置縣。又有舊長蛇縣，開皇末廢。有關官。有盤龍山。

安定郡舊置涇州。統縣七，戶七萬六千二百八十一。

安定帶郡。鶉觚舊置趙平郡。後周廢郡，并以宜祿縣入焉。大業初分置靈臺縣，二年廢。陰盤後魏置平涼郡，開皇初郡廢。有盧水。朝那西魏置安武郡，及析置安武縣。開皇三年郡縣並廢入焉。良原大業初置。臨涇大業初置，初曰湫谷，尋改焉。華亭大業初置。有隴水、芮水。

北地郡後魏置豳州，西魏改爲寧州。大業初復曰豳州。統縣六，户七萬六百九十。

定安舊置趙興郡。開皇初郡廢，大業初置北地郡。羅川舊曰陽周，開皇中改焉。又西魏置顯州，後周廢。有橋山。彭原舊曰彭陽。後魏置西北地郡，有洛蟠城。西魏置蔚州，有豐城〔九〕。西魏置雲州。後周二州並廢。開皇初郡廢，十八年改縣曰彭原。有珊瑚水。襄樂後魏置襄樂郡，後周廢。又西魏置燕州，後周廢。又有子午山。新平舊曰白土，西魏置豳州。開皇四年改縣爲新平，大業初州廢。三水西魏置恒州，尋廢。

上郡後魏置東秦州，後改爲北華州。西魏改爲敷州。大業二年改爲鄜城郡，後改爲上郡。統縣五，户五萬三千四百八十九。

洛交開皇三年置。大業三年置上郡。内部舊置敷州及内部郡〔一〇〕。開皇三年郡廢，大業初州廢。三川舊名長城，西魏改焉。又有利仁縣，尋廢入焉。鄜城後魏曰敷城，大業初改焉。洛川有鄜水。

雕陰郡西魏置綏州。大業初改爲上州。統縣十一，户三萬六千一十八。

上縣西魏置安寧郡，與安寧、綏德、安人三縣同置。開皇初郡廢，改安人爲吉萬。大業初置雕陰郡，廢安寧、吉萬二縣入。又後周置義良縣，亦廢入焉。大斌西魏置，仍立安政郡。開皇初廢。有平水。延福西魏置，曰延陵。開皇中改焉。儒林後周置銀州，開皇三年改名焉。大業初州廢。真鄉西魏置。後周置真鄉郡，開皇初郡廢。開光舊置開光郡，開皇三年郡廢。有圁水。銀城後周置，曰石城，後改名焉。城平西魏置。開疆西魏置，有後魏撫寧郡，開皇三年郡廢。撫寧西魏置。綏德西魏置。

延安郡後魏置東夏州。西魏改爲延州，置總管府。開皇中府廢。統縣十一，户五萬三千九百三十九。

膚施大業三年置，及置延安郡。有豐林山。豐林後魏置，曰廣武，及偏城郡。開皇初郡廢，十八年改爲豐林，大業初又併沃野縣入焉。魏平後魏置，并立朔方郡。後周廢郡，併朔方、和政二縣入焉〔一〕。金明有治官。有清水。臨真有西魏神水郡〔二〕、真川縣，後周郡廢，大業初廢真川入焉。延川西魏置，曰文安，及置文安郡。開皇初郡廢，改縣爲延川。延安西魏置，又置義鄉縣。大業中廢義鄉入焉。因城後魏置。後周廢，尋又置。義川西魏置汾州、義川郡，後改州爲丹州。後周改縣爲丹陽。開皇初郡廢，改縣曰義川，又廢樂川郡入。大業初州廢，又廢雲巖縣入焉。汾川舊曰安平，後周改曰汾川。大業初廢門山縣入焉。咸寧舊曰永寧，西魏改爲太平。開皇中改爲咸寧。

弘化郡西魏置朔州，後周廢。開皇十六年，置慶州。統縣七，户五萬二千四百七十三。

合水開皇十六年置，大業初置弘化郡。馬嶺大業初置。華池仁壽初置。又西魏置蔚州，後周廢。歸德西魏置恒州，後周廢。有雕水。洛源大業初置。有博水、洱水。弘化開皇十八年置弘州，大業初州廢。弘德大業初置。

平涼郡舊置原州，後周置總管府，大業初府廢。統縣五，户二萬七千九百九十五。

平高後魏置太平郡〔一三〕，後改爲平高。開皇初郡廢。大業初置平涼郡。有關官。有笄頭山。百泉後魏置長城郡及黄石縣，西魏改黄石爲長城。開皇初郡廢，大業初縣改爲百泉。平涼後周置。有可藍山。會寧西魏置會州，後周廢，開皇十六年置縣。默亭〔一四〕。

朔方郡後魏置夏州，後周置總管府，大業初府廢。統縣三，户一萬一千六百七十三。

巖綠西魏置弘化郡。開皇初廢，大業初置朔方郡。寧朔後周置。長澤西魏置闡熙郡。又有後魏大安郡，及置長州。開皇三年郡廢，又廢山鹿、新囶二縣入焉。大業三年州廢。

鹽川郡西魏置西安州，後改爲鹽州。統縣一，户三千七百六十三。

五原後魏置郡，曰大興。西魏改爲五原，後又爲大興。開皇初郡廢，大業初置鹽川郡。

靈武郡後魏置靈州，後周置總管府，大業元年府廢。統縣六，户一萬二千三百三十。

迴樂後周置，帶普樂郡。又西魏置臨河郡。開皇元年改臨河郡曰新昌，三年郡並廢。大業初置靈武郡。弘靜開皇十一年置。有賀蘭山。懷遠後周置，仍立懷遠郡。開皇三年郡廢。靈武後周置，曰建安，後又置歷城郡。開皇三年郡廢，十八年改建安爲廣閏，仁壽元年改名焉。鳴沙後周置會州，尋廢。開皇十九年置環州及鳴沙縣。大業三年州廢。有關官。豐安開皇十年置。

榆林郡開皇二十年，置勝州。統縣三，户二千三百三十。

榆林開皇七年置〔一五〕。大業初置郡。富昌開皇十年置。金河開皇三年置，曰陽壽，及置油雲縣，又置榆關總管。五年改置雲州總管〔一六〕。十八年改陽壽曰金河，二十年雲州移，二縣俱廢。仁壽二年又置金河縣，帶關。

五原郡開皇五年置豐州，仁壽元年置總管府，大業元年府廢。統縣三，户二千三百三十。

九原開皇五年置。大業初置郡。永豐開皇五年置。安化開皇十一年置。

天水郡舊秦州〔一七〕。後周置總管府，大業初府廢。統縣六，户五萬二千一百三十。

上邽故曰上封〔一八〕，帶天水郡。開皇初郡廢，大業初復置郡，縣改名焉。有濛水。冀城後周曰冀城縣，廢入黃瓜縣〔一九〕。大業初改曰冀城。有石鼓崖。清水後魏置，及置清水郡。開皇初郡廢。有關官。有分水嶺。秦嶺後魏置，曰伯陽縣。開皇中改焉。隴城舊曰略陽，置略陽郡。開皇二年郡廢，縣改曰河陽。六年改曰隴城〔二〇〕。成紀舊廢，後周置。有龍馬城、仙人硤〔二一〕。

隴西郡舊渭州。統縣五，户一萬九千二百四十七。

襄武帶郡。隴西舊城内陶〔二二〕，置南安郡。開皇初郡廢，改爲武陽，十年改名焉。渭源有鳥鼠山。有渭水。障後魏置〔二三〕。西魏置廣安郡，後周郡廢。長川後魏置安陽郡，領安陽、烏水二縣。西魏改曰北秦州，後又改曰交州。開皇三年郡廢。十八年改州曰紀州，安陽曰長川。大業初州廢，又廢烏水入焉。

金城郡開皇初，置蘭州總管府，大業初府廢。統縣二，户六千八百一十八。

金城舊縣曰子城〔二四〕，帶金城郡。開皇初郡廢。大業初改縣爲金城，置金城郡。有關官。狄道後魏置臨洮郡、龍城縣，後周皆廢。又後魏置武始郡，開皇初廢。有白石山。

枹罕郡舊置河州。統縣四，户一萬三千一百五十七。

枹罕舊置枹罕郡，開皇初郡廢。大業初置郡。有關官。有鳳林山。龍支後魏曰北金城〔二五〕，西魏改焉。有唐述山。大夏有金紐山。水池後魏曰蕈川〔二六〕，後周改焉。

澆河郡後周武帝逐吐谷渾，以置廓州總管府。開皇初府廢。統縣二，户二千二百四十。

河津後周置洮河郡，領洮河、廣威、安戎三縣。開皇初郡廢，併三縣入焉。大業初置澆河郡。有濫水。達化後周置達化郡。開皇初郡廢，併綏遠縣入焉。有連雲山。

西平郡舊置鄯州〔二七〕。統縣二，户三千一百一十八。

湟水舊曰西都，後周置樂都郡。開皇初郡廢，十八年改縣曰湟水。又有舊浩亹縣，又西魏置龍居、路倉二縣，並後周廢。大業初置西平郡。有土樓山。化隆舊魏曰廣威，西魏置澆河郡，後周廢郡，仁壽初改爲化隆。有拔延山、湟水、盧水。

武威郡舊置涼州，後周置總管府，大業初府廢。統縣四，戶一萬一千七百五。

姑臧舊置武威郡，開皇初郡廢。大業初復置武威郡。又後魏置武安郡、襄武縣，並西魏廢。又舊有顯美縣，後周廢。有第五山〔二八〕。昌松後魏置昌松郡，後周廢郡，以揟次縣入〔二九〕。開皇初改縣爲永世，後改曰昌松。又有後魏魏安郡，後周改置白山縣，尋廢。有白山。番和後魏置番和郡。後周郡廢，置鎮。開皇中爲縣，又併力乾、安寧、廣城、障、燕支五縣之地入焉。有燕支山。允吾後魏置，曰廣武，及置廣武郡。開皇初郡廢，改縣曰邑次，尋改爲廣武，後又改爲邑次。大業初改爲允吾。有青巖山。

張掖郡西魏置西涼州，尋改曰甘州。統縣三，戶六千一百二十六。

張掖舊曰永平縣，後周置張掖郡。開皇初郡廢，十七年縣改爲酒泉。大業初改爲張掖，置張掖郡。又有臨松縣，後周廢。有甘峻山、臨松山、合黎山，有玉石潤、大柳谷。刪丹後魏曰山丹，又有西郡、永寧縣。西魏郡廢，縣改爲弱水。後周省入山丹。大業改爲刪丹。又後周置金山縣，尋廢入焉。有祀山。有鹽池。有弱水。福祿舊置酒泉郡，開皇初郡廢。仁壽中以置肅州，大業初州尋廢。又後周置樂涫縣，尋廢。有祁連山、崆峒山、崑崙山，有石渠。

敦煌郡舊置瓜州。統縣三，戶七千七百七十九。

敦煌舊置敦煌郡，後周併效穀、壽昌二郡入焉〔三〇〕。又併敦煌、鳴沙、平康、效穀、東鄉、龍勒六縣爲鳴沙縣〔三一〕。開皇初郡廢。大業置敦煌郡，改鳴沙爲敦煌。有神沙山、三危山，有流沙。常樂後魏置常樂郡。後周併涼興、大至、冥安、閏泉，合爲涼興縣〔三二〕。開皇初郡廢，改縣爲常樂。有關官。玉門後魏置會稽郡。後周廢郡，併會稽、新鄉、延興爲會稽縣。開皇中改爲玉門，併得後魏玉門郡地。

鄯善郡大業五年平吐谷渾置，置在鄯善城，即古樓蘭城也。并置且末、西海、河源，總四郡。有蒲昌海、鄯善水。統縣二。

顯武　濟遠

且末郡置在古且末城。有且末水、薩毗澤。統縣二。

肅寧　伏戎

西海郡置在古伏俟城，即吐谷渾國都。有西王母石窟、青海、鹽池。統縣二。

宣德　威定

河源郡置在古赤水城。有曼頭城、積石山，河所出。有七烏海。統縣二。

遠化　赤水

周禮職方氏：「正西曰雍州。」上當天文，自東井十度至柳八度，爲鶉首。於辰在未，得秦之分野。考其舊俗，前史言之詳矣。化於姬德，則閑田而興讓，習於嬴敝，則相稽而反脣。斯豈土壤之殊乎？亦政教之移人也。京兆王都所在，俗具五方，人物混淆，華戎雜錯。去農從商，爭朝夕之利，游手爲事，競錐刀之末。貴者崇侈靡，賤者薄仁義，豪彊者縱橫，貧窶者窘蹙。桴鼓屢驚，盜賊不禁，此乃古今之所同焉。自京城至於外郡，得馮翊、扶風，是漢之三輔。其風大抵與京師不異。安定、北地、上郡、隴西、天水、金城，於古爲六郡之地，其人性猶質直。然尚儉約，習仁義，勤於稼穡，多畜牧，無復寇盜矣。雕陰、延安、弘化，連接山胡，性多木彊，皆女淫而婦貞，蓋俗然也。平涼、朔方、鹽川、靈武、榆林、五原，地接邊荒，多尚武節，亦習俗然焉。河西諸郡，其風頗同，並有金方之氣矣。

漢川郡舊置梁州。統縣八，户一萬一千九百一十。

南鄭舊置漢川郡。開皇初郡廢，大業初置郡。又西魏置白雲縣，至是併入焉。有黃牛山、龍岡山。西舊曰嶓冢，大業初改焉。有關官。有定軍山、百牢山、街亭山、嶓冢山。有漢水。褒城開皇初曰褒内。仁壽元年因失印更給〔三三〕，改名焉。有關官。有女郎山。城固　興勢舊置儻城郡〔三四〕，開皇初郡廢。西鄉舊曰豐寧，置洋州，及洋川郡。開皇初廢郡，大業初廢州，改縣曰西鄉。又舊有懷昌郡，後周廢爲懷昌縣，至是入焉。有洋水。黃金　難江後周置集州及平桑郡。開皇初郡廢，大業初州廢。

西城郡梁置梁州，尋改曰南梁州。西魏改置東梁州，尋改爲金州，置總管府。開皇初府廢。統縣六，户一萬四千三百四十一。

金川梁初曰上廉，後曰吉陽。西魏改曰吉安，後周以西城入焉。舊有金城、吉安二郡，開皇初並廢。十八年改縣爲吉安。大業三年改曰金川，置西城郡。又後周置洵州，尋廢。有焦陵山。石泉舊曰永樂，置晉昌郡。西魏改郡曰魏昌，尋改永樂曰石泉，析置魏寧縣。後周省魏昌郡入中城郡，又省魏寧縣入石泉縣。洵陽舊置洵陽郡，開皇初郡廢。有洵水。安康舊曰寧都，齊置安康郡，後魏置東梁州，後蕭詧改直州。開皇初郡廢，大業初州廢，縣改曰安康。黄土西魏置淯陽郡。後周改郡〔三五〕，置縣曰長岡。後郡省入甲郡〔三六〕，置縣曰黄土，併赤石、甲、臨江三縣入焉。開皇初郡廢。豐利梁置南上洛郡，西魏改郡曰豐利。後周省郡入上津郡，以熊川、陽川二縣入豐利，後又廢上津郡入甲郡。有天心水。

房陵郡西魏置光遷國。後周國廢，置遷州。大業初改名房州。統縣四，户七千一百六。

光遷舊曰房陵，置新城郡。梁末置岐州，後周郡縣並改爲光遷。又有舊綏州，開皇初，與郡並廢。大業初置房陵郡。有房山、霍水。永清舊曰大洪，後周改焉。有照珠山、百武山〔三七〕、沮水、汎水。竹山梁曰安城，西魏改焉，置羅州。開皇十八年改曰房州，大業初州廢。有花林山、懸鼓山。上庸梁曰新豐，西魏改焉。後周改曰孔陽。開皇十八年復曰上庸。

清化郡舊置巴州。統縣十四，户一萬六千五百三十九。

化成梁曰梁廣，仍置歸化郡。後周改縣曰化成。開皇初郡廢。大業初置清化郡。曾口梁置。清化梁置，曰伏彊，有木門郡。開皇三年郡廢，七年縣改曰清化。有伏彊山、清水。盤道梁置，曰難江。西魏改焉。有龍腹山。永穆梁置，曰永康，又有萬榮郡。開皇初郡廢，十八年縣改名焉。歸仁梁置，曰平州縣。後周改曰同昌，開皇中改名焉。始寧梁置，并置遂寧郡。開皇初郡廢。有始寧山。其章梁置。恩陽梁置，曰義陽。開皇末改。長池後周置，曰曲細。開皇末改焉。符陽舊置其章郡，開皇初廢。白石有文山。安固梁置。後周置蓬州，大業初州廢。有大蓬山。伏虞梁置，曰宣漢，及置伏虞郡。開皇初郡廢，十八年改焉。

通川郡梁置萬州，西魏曰通州〔三八〕。統縣七，户一萬二千六百二十四。

通川梁曰石城，置東關郡。開皇初郡廢。大業初置通川郡。三岡梁置，屬新安郡。西魏改郡曰新寧。開皇初郡廢。石鼓西魏置遷州。後周廢州，置臨清郡。開皇初廢郡。東鄉西魏置石州。後周廢州，置三巴郡。開皇初郡廢。宣漢西魏置并州及永昌郡。開皇三年郡廢，五年州廢。西流後魏曰漢興。西魏改焉，又置開州，及周安、萬安、江會三郡。後周省江會入周安。開皇初郡並廢，大業初州廢。萬世後周置，及置萬世郡。開皇初郡廢。

宕渠郡梁置渠州。統縣六，户一萬四千三十五。

流江後魏置縣，及置流江郡。開皇初郡廢，大業初置宕渠郡。賨城〔三九〕舊曰始安，開皇十八年改焉。鄰水梁置縣，并置鄰州。後魏改鄰山郡，開皇初郡廢。宕渠梁置，并置境陽郡〔四〇〕。開皇初郡廢。咸安梁置，曰綏安。開皇末改名焉。墊江西魏置縣及容州、容山郡〔四一〕。後周改爲魏安縣。開皇初郡廢，十八年縣改名焉。

漢陽郡後魏曰南秦州，西魏曰成州。統縣三，户一萬九百八十五。

上禄舊置仇池郡，後魏置倉泉縣，後周廢階陵、豐川、建平、城階四縣入焉。開皇初郡廢，大業初置漢陽郡，改縣曰上禄。有百頃堆〔四二〕。潭水西魏置潭水郡。後周郡廢，并廢甘若、相山、武定三縣入焉。長道後魏置漢陽郡。後周郡廢，又省水南縣入焉。開皇初郡廢，十八年改曰長道。

臨洮郡後周武帝逐吐谷渾，以置洮陽郡，尋立洮州。開皇初郡廢。統縣十一，户二萬八千九百七十一。

美相後周置縣，及置洮陽郡。開皇初郡廢，併洮陽縣入焉。大業初置臨洮郡。疊川後周置疊州、疊川縣。開皇四年置總管府，大業元年府廢。有洮水、流水。合川後周置，仍立西疆郡。開皇初郡廢。有白嶺山。樂川後周置。歸政開皇二年置，仍立疆澤郡，三年廢。又後周立弘州及開遠、河濱二郡。開皇初州郡並廢。洮源後周置，曰金城，并立旭州，又置通義郡。開皇初郡廢，十八年縣改爲美俗。大業初州廢，縣改名焉。洮陽後周置，曰廣恩，并置廣恩郡。開皇初郡廢，仁壽元年，改縣爲洮河，大業初改曰洮陽。臨潭後周曰汎潭，開皇十一年改名焉。臨洮西魏置，曰溢樂，并置岷州及同和郡。開皇初郡廢，大業初州廢，更名縣曰臨洮。又後周置祐川郡、基城縣，尋郡縣俱廢。有岷山、崆峒山。當夷後周置。又立洪和郡，郡尋廢。又置博陵郡及博陵、寧人二縣。開皇初併入。和政後周置洮城郡，尋廢。

宕昌郡後周置宕昌國，天和元年置宕州總管府。開皇四年府廢。統縣三，户六千九百九十六。

良恭後周置，初曰陽宕，置宕昌郡。開皇初郡廢，十八年改名焉。大業初置宕昌郡。和戎後周置。有良恭山。懷道後周置甘松郡，開皇初郡廢。

武都郡西魏置武州。統縣七，户一萬七百八十。

將利舊曰石門，西魏改曰安育。後周改曰將利，置武都郡，後改曰永都郡。開皇初郡廢，大業初置武都郡。又有東平縣，後周併入焉。有河池水。建威後魏置白水郡，後廢，改爲白水縣。西魏復立郡，改爲綏戎。後周郡廢，改爲建威縣，并廢洪化縣入焉。又西魏有孔堤郡及縣，後周並廢。覆津後魏初曰翫當，置武階郡。西魏又置覆津縣，及置萬郡〔四三〕，統赤萬〔四四〕、接難、五部三縣。後周一郡三縣并翫當，並廢入焉。開皇初武階郡又廢。盤堤西魏置，曰南五部縣，後改名焉；并立武陽郡及茄蘆縣。後周郡廢，縣併入焉。長松西魏置，初曰建昌，置文州及盧北郡。開皇初郡廢，十八年縣改曰長松，大業初州廢。曲水西魏置。正西西魏置。

同昌郡西魏逐吐谷渾，置鄧州。開皇七年改曰扶州。統縣八，户一萬二千二百四十八。

尚安西魏置縣及鄧寧郡。開皇初郡廢，大業初置同昌郡。有黑水。鉗川西魏置。有鉗川山。有白水。怗夷西魏置，又置昌寧郡。開皇三年郡廢。同昌西魏置。有鄧至山，云鄧艾所至，故名焉。嘉誠後周置縣并龍涸郡及扶州總管府。開皇初府廢，三年郡廢，七年州廢。有雪山。封德後周置，又立芳州〔四五〕，有深泉郡。開皇初郡廢，又省理定縣入焉。大業初州廢。常芬後周置，及立恒香郡。開皇初郡廢。有弱水。金崖後周置。

河池郡後魏置南岐州，後周改曰鳳州〔四六〕。統縣四，户一萬一千二百二。

梁泉舊曰故道，後魏置郡，曰固道，縣曰涼泉，尋改曰梁泉。西魏改郡曰歸真。後周廢郡，又廢龍安、商樂二縣入。大業初置郡。兩當後魏置，及立兩當郡。開皇初郡廢。河池後魏曰廣化，并置廣化郡。開皇初郡廢，仁壽初縣改名焉。又後魏置思安縣，大業初省入。有河池水。同谷舊曰白石，置廣業郡。西魏改曰同谷，後周置康州。開皇初郡廢，大業初州廢。又有泥陽縣，西魏廢。

順政郡後魏置東益州，梁爲武興蕃王國，西魏改爲興州。統縣四，户四千二百六十一。

順政舊曰略陽。西魏置郡，曰順政，縣曰漢曲；又置仇池縣，後改曰靈道。開皇初郡廢。十八年，縣改名焉。大業初置郡，又省靈道縣併入。鳴水西魏置，曰落叢，并置落叢郡。開皇初郡廢。

六年，縣改爲厨北。八年，改曰鳴水。長舉西魏置，又立盤頭郡。後周廢郡。有鳳溪水。脩城舊置脩城郡，縣曰廣長。後周郡廢，又廢下阪縣入。仁壽初，縣改名焉。又西魏置柏樹縣，後周廢。

義城郡後魏立益州，世號小益州。梁曰黎州。西魏復曰益州，又改曰利州，置總管府。大業初府廢。

統縣七，户一萬五千九百五十。

緜谷舊曰興安，置晉壽郡。開皇初郡廢。十八年，縣改名焉。大業初置郡。又有華陽郡，梁置華州。西魏並廢。有龍門山。益昌　義城西魏置。葭萌後魏曰晉安，置新巴郡。開皇初郡廢。十八年，縣改名焉。大業初又併恩金縣入焉。岐坪　景谷舊曰白水，置平興郡。後周省東洛郡入。開皇初郡廢，縣改名平興。十八年，改曰景谷。大業初又省魚盤縣入焉。有關官。有木馬山、良珠山。有凍水。嘉川舊置宋熙郡，開皇初廢。

平武郡西魏置龍州。統縣四，户五千四百二十。

江油後魏置江油郡，開皇三年郡廢，大業初置郡。有關官。馬盤後魏置馬盤郡，開皇三年郡廢。平武梁末，李文智自立爲藩王，西魏廢爲縣。有涪水、潺水。方維舊曰秦興，置建陽郡。開皇初郡廢，縣改名焉。

汶山郡後周置汶州。開皇初改曰蜀州，尋爲會州，置總管府。大業初府廢。統縣十一，户二萬四千一百五十九。

汶山舊曰廣陽。梁改爲北部都尉，置繩州、北部郡。後周改曰汶州〔四七〕。開皇初郡廢，仁壽元年改名焉。北川後周置。有龍泉水、鷹門山〔四八〕、襄陽山。汶川後周置汶山郡〔四九〕，開皇初郡廢。交川開皇初置。有關官。通化開皇初置，曰金川，仁壽初改名焉。左封後周置，曰廣年〔五〇〕，及置廣年郡、左封郡。開皇初郡並廢。仁壽初縣改名焉。又周置翼州，大業初廢。有汶山。平康後周置。有羊腸山。翼水後周置，曰龍求，及置清江郡。開皇初郡廢，縣改曰清江。十八年，又改名焉。翼針後周置，及翼針郡。開皇初郡廢。有石鏡山。江源後周置。通軌後周置縣及覃州，并覃川、榮鄉二郡。開皇初郡廢，四年州廢。有甘松山。

普安郡梁置南梁州，後改爲安州。西魏改爲始州。統縣七，户三萬一千三百五十一。

普安舊曰南安。西魏改曰普安，置普安郡。開皇初郡廢，大業初置郡焉。永歸舊曰白水，西魏改焉。黄安舊曰華陽，西魏改焉，又置黄原郡。開皇初郡廢。陰平宋置北陰平郡，魏置龍州。西魏改郡爲陰平，又名縣焉。後州徙江油郡〔五一〕，改曰靜龍，縣曰陰平。開皇初郡廢。梓潼舊曰安壽，西魏置潼川郡。開皇初郡廢。大業初縣改名焉。有五婦山。武連舊曰武功，置輔劍郡。西魏改郡曰安都，縣曰武連。開皇初郡廢。臨津舊曰胡原，開皇七年改焉。

金山郡西魏置潼州。開皇五年，改曰緜州。統縣七，户三萬六千九百六十三。

巴西舊曰涪，置巴西郡。西魏改縣曰巴西。開皇初郡廢。大業初置金山郡。有鹽井。昌隆有雲臺山。涪城舊置始平郡，西魏改郡爲涪城，後周又改曰安城。開皇初郡廢，改縣曰安城。十六年，改爲涪城。魏城西魏置。萬安舊曰厞亭，西魏改名焉，置萬安郡。開皇初郡廢。神泉舊曰西充國，開皇六年改名焉。金山舊置益昌、晉興二縣，西魏省晉興入益昌，後周別置金山。開皇四年，省益昌入金山。

新城郡梁末置新州。開皇末改曰梓州。統縣五，户三萬七百二十七。

郪舊曰伍城。西魏改曰昌城，仍置昌城郡。開皇初郡廢。大業初置新城郡，改縣名焉。射洪西魏置，曰射江，後周改名焉。鹽亭西魏置鹽亭郡。開皇初郡廢，有高渠縣。大業初併入焉。通泉舊曰通泉，置西宕渠郡。西魏改郡、縣俱曰涌泉。開皇初郡廢，縣改名，又併光漢縣入焉。飛烏開皇中置。

巴西郡梁置南梁、北巴州，西魏置隆州。統縣十，户四萬一千六十四。

閬内梁置北巴郡〔五二〕，後魏平蜀，置盤龍郡，開皇初郡廢。大業初置巴西郡。有盤龍山、天柱山、靈山。南部舊曰南充國，梁曰南部，西魏置新安郡，後周郡廢。蒼溪舊曰漢昌，開皇末改名焉。南充舊曰安漢，置宕渠郡〔五三〕。開皇初郡廢。十八年，縣改名焉。相如梁置梓潼郡，後魏郡廢。西水梁置掌天郡，西魏改曰金遷，開皇初郡廢。晉城舊曰西充國，梁置木蘭郡。西魏廢郡，改縣名焉。有閬水。奉國梁置白馬、義陽二郡，開皇初郡廢，并廢義陽縣入焉。儀隴梁置，并置隆城郡。開皇初郡廢。大寅梁置。

遂寧郡後周置遂州。仁壽二年，置總管府〔五四〕。大業初府廢。統縣三，戶一萬二千六百二十二。

方義梁曰小溪，置東遂寧郡。西魏改縣名焉。後周改郡曰石山。開皇初郡廢。大業初置遂寧郡。青石舊曰晉興，西魏改名焉，又置懷化郡。開皇初郡廢〔五五〕。長江舊曰巴興，西魏改名焉，又置懷化郡。開皇初郡廢。

涪陵郡西魏置合州。開皇末改曰涪州。統縣三，戶九千九百二十一。

石鏡舊曰墊江，置宕渠郡。西魏改郡爲墊江，縣爲石鏡。開皇初郡廢。大業初置涪陵郡。漢初梁置新興郡。西魏改郡曰清居，名縣曰漢初。開皇初郡廢。赤水開皇八年置。

巴郡梁置楚州。開皇初改曰渝州。統縣三，戶一萬四千四百二十三。

巴舊置巴郡，後周廢枳、墊江二縣入焉。開皇初郡廢。大業初置巴郡。江津舊曰江州縣。西魏改爲江陽，置七門郡。開皇初郡廢。十八年，縣改名焉。涪陵舊曰漢平，置涪陵郡。開皇初郡廢。十三年，縣改名焉。

巴東郡梁置信州，後周置總管府，大業元年府廢。統縣十四，戶二萬一千三百七十。

人復舊置巴東郡，縣曰魚復。西魏改曰人復。開皇初郡廢。大業初，置巴東郡。有鹽井、白鹽山。雲安舊曰朐䏰，後周改焉。南浦後周置安鄉郡，後改縣曰安鄉，改郡曰萬川。開皇初郡廢。十八年，縣改名焉。梁山西魏置。有高梁山。有紵溪。大昌後周置永昌郡，尋廢，又廢北井縣入焉。巫山舊置建平郡，開皇初郡廢。有巫山。秭歸後周曰長寧，置秭歸郡。開皇初郡廢，改縣曰秭歸。巴東舊曰歸鄉，梁置信陵郡。後周郡廢，縣改曰樂鄉。開皇末，又改名焉。有巫峽。新浦後周置周安郡，開皇初郡廢。盛山梁曰漢豐，西魏改爲永寧，開皇末，曰盛山。臨江梁置臨江郡，後周置臨州。開皇初郡廢，大業初州廢。有平都山。有彭溪。武寧後周置南州、南都郡、源陽縣，後改郡曰懷德，縣曰武寧。開皇初州郡並廢入焉。石城開皇初置庸州，大業初州廢。務川開皇末置。

蜀郡舊置益州。開皇初廢後周置總管府。開皇二年，置西南道行臺省，三年，復置總管府，大業元年府廢。統縣十三，户十萬五千五百八十六。

成都舊置蜀郡，又有新都縣。梁置始康郡，西魏廢始康郡。開皇初廢蜀郡，并廢新繁入焉。十八年，改新都曰興樂。大業初置蜀郡，省興樂入焉。舊置懷寧、晉熙、宋興、宋寧四郡，至後周並廢。有武檐山。雙流舊曰廣都，置寧蜀郡，後周郡廢。仁壽元年改縣曰雙流。有女伎山。新津後周置，并置犍爲郡。開皇初郡廢。大業初又廢僰道縣入焉。晉原舊曰江原，及置江原郡。後周廢郡，縣改名焉。清城舊置齊基郡，後周廢爲清城縣。有鳴鵠山、清城山。九隴舊曰晉壽，梁置東益州。後周州廢，置九隴郡，并改縣曰九隴。仁壽初置濛州。開皇初郡廢，并隴泉、興固、青陽三縣入焉。大業初州廢〔五六〕。有太山、道場山。緜竹舊置晉熙郡及長楊、南武都二縣。後周併二縣爲晉熙，後又廢晉熙入陽泉。開皇初郡廢，十八年改爲孝水，大業二年改曰緜竹。有冶官。有緜水。有鹿堂山。郫西魏分置温江縣，開皇初省入。仁壽初復置萬春縣，大業初又廢入焉。有金山、平樂山、天彭門。玄武舊曰伍城，後周置玄武郡。開皇初郡廢，改縣名焉。仁壽初置凱州，大業初廢。有三堆山、郪江。雒舊曰廣漢，又置廣漢郡。開皇初郡廢。十八年，改曰緜竹。大業初改名雒焉。又有西遂寧郡、南陰平郡。後周廢西遂寧，改爲懷中，南陰平郡曰南陰平縣，尋並廢。陽安舊曰牛鞞，西魏改名焉，并置武康郡。開皇初郡廢。仁壽初置簡州，大業初州廢。有鹽井。平泉西魏置，曰婆閏。開皇十八年，改名焉。金泉西魏置縣及金泉郡。後周廢郡，并廢白牟縣入焉。有昌利山、銅官山、石城山。

臨卭郡舊置雅州。統縣九，户二萬三千三百四十八。

嚴道西魏置，曰始陽縣，置蒙山郡。開皇初郡廢。十三年，改曰蒙山，尋置雅州。大業置臨卭郡，縣改名焉。有卭來山。名山舊曰蒙山。開皇十三年，改始陽曰蒙山，改蒙山曰名山。盧山仁壽末置。依政西魏置，及置卭州，大業初廢。臨卭舊置臨卭郡，開皇初廢。有火井。蒲江西魏置，曰廣定，及置蒲原郡。開皇初郡廢。仁壽初縣改名焉。臨溪〔五七〕西魏置。沈黎後周置黎州，尋并縣廢。開皇中置縣。仁壽末置登州，大業初州廢。漢源大業初置。

眉山郡西魏曰眉州。後周曰青州，後又曰嘉州。大業二年又改曰眉州。統縣八，户二萬三千七百九十九。

龍遊後周置，曰峨眉，及置平羌郡。開皇初郡廢。九年改縣爲青衣。平陳日，龍見水，隨軍而進，十年改名焉。大業初置眉山郡。平羌後周置，仍置平羌郡。開皇初郡廢。夾江開皇十三年置〔五八〕。峨眉開皇十三年置。有峨眉山、綏山。通義舊置齊通郡及青州。西魏改州曰眉州。開皇初郡廢，改齊通曰廣通。仁壽元年改爲通義。大業初州廢。青神後周置，并置青神郡。開皇初郡廢。丹稜後周置，曰齊樂。開皇中改名焉。洪雅開皇十三年置。

隆山郡西魏置陵州。統縣五，户一萬一千四十二。

仁壽梁置懷仁郡，西魏改縣曰普寧。開皇初郡廢，十八年縣改名焉。又西魏置蒲縣。大業初置隆山郡，蒲縣併入焉〔五九〕。有鹽井。貴平西魏置，又立和仁郡。後周又廢可曇、平井二縣入焉。開皇初郡廢。大業初，又廢籍縣入焉。井研　始建開皇十一年置。有鐵山。隆山舊曰犍爲，置江州。西魏改縣曰隆山。後周省州，置隆山郡。開皇初郡廢，又併江陽縣入焉。有治官。有鼎鼻山。

資陽郡西魏置資州。統縣九，户二萬五千七百二十二。

盤石後周置縣及資中郡，開皇初郡廢。大業初置資陽郡。內江後周置。威遠開皇初置。大牢開皇十三年置。安岳後周置，并置普州。大業初州廢。普慈後周置郡曰普慈，縣曰多業。開皇初郡廢。十三年，縣改名焉。安居後周置，曰柔剛，及置安居郡。開皇初郡廢。十三年，縣改名焉。隆康後周置，曰永康。開皇十八年改焉。資陽後周置。

瀘川郡梁置瀘州。仁壽中置總管府，大業初府廢。統縣五，户一千八百二。

瀘川舊曰江陽，并置江陽郡。開皇初郡廢。大業初置瀘川郡，縣改名焉。富世後周置，及置洛源郡。開皇初郡廢。江安舊曰漢安，開皇十八年改名焉。合江後周置。緜水梁置。有緜溪。

犍爲郡梁置戎州。統縣四，户四千八百五十九。

僰道後周置，曰外江。大業初改曰僰道，置犍爲郡。犍爲後周置，曰武陽。開皇初改焉。南溪梁置，曰南廣，及置六同郡。開皇初郡廢。仁壽初縣改名焉。開邊開皇六年置，七年廢訓州入焉。大業初廢恭州、協州入焉。

越巂郡後周置嚴州。開皇六年改曰西寧州，十八年又改曰巂州。統縣六，户七千四百四十八。

越巂帶郡。邛都蘇祇舊置亮善郡，開皇初郡廢。有孫水。可泉舊宣化郡，開皇初廢。臺登舊置白沙郡〔六〇〕。開皇初郡廢。邛部舊置邛部郡，又有平樂郡。開皇初並廢。有巂山。

牂柯郡開皇初，置牂州。統縣二。

牂柯帶郡。　賓化

黔安郡後周置黔州，不帶郡。統縣二，户一千四百六十。

彭水開皇十三年置。有伏牛山。出鹽井。　涪川開皇五年置。

梁州於天官上應參之宿。周時梁州，以併雍部。及漢，又析置益州。在禹貢，自漢川以下諸郡，皆其封域。漢中之人，質朴無文，不甚趨利。性嗜口腹，多事田漁，雖蓬室柴門，食必兼肉。好祀鬼神，尤多忌諱，家人有死，輒離其故宅。崇重道教，猶有張魯之風焉。每至五月十五日，必以酒食相饋，賓旅聚會，有甚於三元。傍南山雜有獠户，富室者頗參夏人爲婚，衣服居處言語，殆與華不別。西城、房陵、清化、通川、宕渠，地皆連接，風俗頗同。漢陽、臨洮、宕昌、武都、同昌、河池、順政、義城、平武、汶山，皆連雜氏羌。人尤勁悍，性多質直。皆務於農事，工習獵射，於書計非其長矣。蜀郡、臨邛、眉山、隆山、資陽、瀘川、巴東、遂寧、巴西、新城、金山、普安、犍爲、越巂、牂柯、黔安，得蜀之舊域。其地四塞，山川重阻，水陸所湊，貨殖所萃，蓋一都之會也。昔劉備資之，以成三分之業。自金行喪亂，四海沸騰，李氏據之於前，譙氏依之於後。當梁氏將亡，武陵憑險而取敗，後周之末，王謙負固而速禍。故孟門不祀，古人所以誡焉。其風俗大抵與漢中不別。其人敏慧輕急，貌多蕞陋，頗慕文學，時有斐然，多溺於逸樂，少從宦之士，或至耆年白首，不離鄉邑。人多工巧，綾錦雕鏤之妙，殆侔於上國。貧家不務儲蓄，富室專於趨利。其處家室，則女勤作業，而士多自閑，聚會宴飲，尤足意錢之戲。小人薄於情禮，父子率多異居。其邊野富人，多規固山澤，以財物雄役夷、獠，故輕爲姦藏，權傾州縣。此亦其舊俗乎？又有獽狿蠻賨，其居處風俗，衣服飲食，頗同於獠，而亦與蜀人相類。

校勘記

〔一〕户一千二百二十三萬　「二百」二字原闕，據漢書卷二八下地理志下補。晉書卷一四地理志上同。參見楊守敬考證卷一。按，地理志校勘多參考楊守敬此書，以下除特别情況外，不一一注明。

〔二〕編户二百六十餘萬　晉書卷一四地理志上，「太康元年，平吴，大凡户二百四十五萬九千八百四十」。

〔三〕縣千二十二　通典卷一七一州郡一序目上、通考卷三一五輿地考一作「縣千二十有五」。

〔四〕州九十有七郡一百六十縣三百六十五　周書卷六武帝紀下、北史卷一〇周本紀下武帝紀作「州五十五，郡一百六十二，縣三百八十五」。御覽卷三二四兵部五五降引後周書同，惟州數作「五十」。

〔五〕城東西十八里一百一十五步　舊唐書卷三八地理志一作「城東西十八里一百五十步」。

〔六〕後周于舊郡置縣　「于」字原闕，據楊守敬考證卷一引宋本補。

〔七〕西霸城縣　魏書卷一〇六下地形志下作「霸城」，疑「西」下奪「魏」字。

〔八〕平秦郡　原作「秦平郡」，魏書卷一〇六下地形志下作「平秦郡」。按，魏書卷五九蕭寶夤傳，呂伯度封平秦郡開國公；又，魏書卷六九裴延儁傳附裴聿傳，聿曾出任平秦太守。今據改。

〔九〕豐城　疑應作「豐義城」。元和志卷三寧州豐義縣下稱，隋文帝廢雲州防置豐義城，即此。

〔一〇〕內部舊置敷州及內部郡　「內部」，魏書卷一〇六下地形志下作「中部」，避隋諱改。

〔一一〕和政　魏書卷一〇六下地形志下作「政和」。

〔一二〕有西魏神水郡　「神水郡」，原作「神木郡」，據汲本改。隋元智妻姬氏墓誌，姬氏父肇，曾任北周東秦州刺史、神水郡開國公。周書卷六武帝紀下建德五年有「神水公姬願」。可證。

〔一三〕太平郡　魏書卷一〇六下地形志下作「高平郡」。

〔一四〕默亭　魏書卷一〇六下地形志下原州高平郡領縣有「里亭」，疑即「默亭」。

〔一五〕開皇七年置　「七年」，原作「六年」，據至順本、汲本改。元和志卷四勝州榆林縣：「隋開皇七年置榆林縣。」

〔一六〕又置榆關總管五年改置雲州總管　本書卷一高祖紀上，開皇四年十一月，「以榆關總管賀婁子幹爲雲州總管」。則改置雲州總管應在四年。

〔一七〕舊秦州　依本志通例，「舊」下當脱「置」字。

〔一八〕故曰上封　「上封」，原作「上邽」，魏書卷一〇六下地形志下天水郡條作「上封」，稱「犯太祖諱改」。錢大昕考異卷三三：「當云『故曰上封』。（中略）蓋上邽本漢舊縣，後魏避道武嫌名，改爲上封，至大業初，復稱上邽也。」今據改。

〔一九〕後周曰冀城縣廢入黄瓜縣　據楊守敬考證卷一引宋本，前「縣」字作「尋」，屬下讀。

〔二〇〕六年改曰隴城　「隴城」，原作「龍城」，據至順本、北監本、殿本改。

〔二一〕仙人硤　楊守敬考證卷一：「水經渭水注：成紀水東南入瓦亭水，歷僵人硤，路側巖上有死人僵尸巒穴。疑此『仙』爲『僵』之誤。」

〔二二〕隴西舊城内陶　「城」，當作「曰」。輿地廣記卷一六鞏州隴西縣，「晉南安郡有中陶縣，隋開皇初南安郡廢，改中陶爲内陶，又改爲武陽，十年又改爲隴西」。「内陶」者，避隋文帝父諱改。

〔二三〕障後魏置　「障」，魏書卷一〇六下地形志下作「彰」。

〔二四〕金城舊縣曰子城　「子城」，魏書卷一〇六下地形志下作「直城」。

〔二五〕後魏曰北金城　「北金城」，魏書卷一〇六下地形志下、元和志卷三九鄯州龍支縣、舊唐書卷四〇地理志三鄯州龍支縣作「金城」。

〔二六〕後魏曰蕈川　「蕈川」，原作「覃川」，據至順本、汲本改。水經注卷二河水：「洮水又北出門峽，歷求厥川，蕈川水注之。」蓋縣以水名。

〔二七〕舊置鄀州 「鄀州」，原作「膳州」，據殿本改。元和志卷三九隴右道載，後魏孝昌二年立鄀州。

〔二八〕第五山 原作「茅五山」，據寰宇記卷一五二涼州姑臧縣、晉書卷八六張軌傳附張寔傳改。

〔二九〕以揟次縣入 「揟次」，原作「榆次」，據漢書卷二八下地理志下、續漢書郡國志五、魏書卷一〇六下地形志下改。

〔三〇〕後周併效穀壽昌二郡入焉 「壽昌」，原作「壽皇」。敦煌寫本壽昌縣地境：「右本漢龍勒縣，魏正光六年，改爲壽昌郡，屬瓜州。」（斯七八八沙州志同）。輿地廣記卷一七沙州壽昌縣：「本龍勒，二漢屬敦煌郡，晉因之。元魏立壽昌郡。後周郡縣皆廢入敦煌。」今據改。

〔三一〕龍勒 原作「龍勤」，據漢書卷二八下地理志下、續漢書郡國志五改。

〔三二〕後周併涼興大至冥安閏泉合爲涼興縣 錢大昕考異卷三三：「大至即廣至，避隋煬帝諱，以『廣』爲『大』也。冥安當作宜安。閏泉蓋即淵泉，史家避唐諱改之。」

〔三三〕仁壽元年因失印更給 「元年」，原作「九年」。按，仁壽止四年，無九年，元和志卷二二興元府褒城縣、寰宇記卷一三三興元府褒城縣作「元年」，今據改。

〔三四〕儻城郡 原作「儻成郡」，據寰宇記卷一三八洋州興道縣、周書卷三四楊㯹傳附韓盛傳、周書卷三五薛善傳改。

〔三五〕西魏置淯陽郡後周改郡　通典卷一七五州郡五安康郡：「西魏置淯陽郡，後曰黃土，因山爲名也。」楊守敬考證卷二據此認爲「後周改郡」，或應作「後周改黃土郡」。

〔三六〕後郡省入甲郡　「甲郡」，疑應作「上甲郡」。按周書卷四四扶猛傳，猛，上甲黃土人。南史卷五一梁宗室傳上蕭韶傳，韶封上甲縣郡鄉侯。下文「併赤石、甲、臨江三縣」、「入甲郡」之「甲」並疑應作「上甲」，不另出校。

〔三七〕百武山　原作「有武山」，據至順本、南監本、北監本、汲本、殿本改。

〔三八〕西魏曰通州　「通州」，原作「通川」，據至順本改。寰宇記卷一三七達州條作「通州」。

〔三九〕賨城　「城」字原闕，據至順本、汲本補。

〔四〇〕并置境陽郡　「置」，原作「直」，據至順本、汲本改。

〔四一〕西魏置縣及容州容山郡　「容州」，原作「容川」。周書卷二八陸騰傳，天和初年，「涪陵郡守藺休祖又據楚、向、臨、容、開、信等州，地方二千餘里，阻兵爲亂」。今據改。

〔四二〕百頃堆　原作「百頃雄」，據至順本、殿本改。又，初學記卷八州郡部隴右道引三秦記：「仇池山號百頃，上有百頃池，壁立百仞，一人守道，萬夫莫向。」舊唐書卷四〇地理志三成州上祿縣：「州南八十里仇池山，其上有百頃地，可處萬家。」

〔四三〕及置萬郡　「萬郡」，疑應作「赤萬郡」。魏書卷一〇六下地形志下，武階郡赤萬縣「太和四年置郡，後改」。

〔四四〕統赤萬　「赤萬」，原作「赤方」，魏書卷一〇六下地形志下作「赤萬」，蓋「萬」原作「万」，涉形近訛「方」。今據改。

〔四五〕後周置又立芳州　「後周」，原作「後魏」，據至順本、汲本改。周書卷六武帝紀下，建德六年六月，於「甘松防置芳州」。元和志卷三九芳州：「周明帝武成中，西逐諸戎，始有其地，乃於三交口築城置甘松防，武帝建德中改爲芳州，領恒香、深泉二郡。」

〔四六〕後魏置南岐州後周改曰鳳州　「後周」，疑應作「西魏」。周書卷二文帝紀下，魏廢帝三年正月改南岐州爲鳳州。元和志卷二二鳳州、舊唐書卷三九地理志二、寰宇記卷一三四鳳州略同。

〔四七〕後周改曰汶州　楊守敬考證卷二：「按，志於郡下既載周置汶州，則此不當複。此『汶州』當作『汶川』，蓋云改郡也。」

〔四八〕鷹門山　原作「雁門山」。寰宇記卷七八茂州汶山縣：「鷹門山，在縣北二十里。山多鷹棲，故名。」今據改。

〔四九〕後周置汶山郡　「汶山郡」，原作「汝山郡」，據至順本、汲本改。

〔五〇〕廣年　舊唐書卷四一地理志四、元和志卷三二悉州左封縣作「廣平」。

〔五一〕「陰平宋置北陰平郡魏置龍州」至「後州徙江油郡」　「後州」原作「後周」，「徙」原作「從」。按，江油爲隋平武郡屬縣。本卷上文平武郡下稱「西魏置龍州」。元和志卷三三龍州載「晉於此置平武縣，屬陰平郡。（中略）至西魏禪帝二年平蜀，於此立龍州」。寰宇記卷八四龍州：「至後魏武帝得其地，置江油郡。西魏廢帝二年定蜀，于此立龍州。隋大業初廢州爲平武郡。」可知魏末龍州州治自陰平徙江油。今據改。

〔五二〕閬内梁置北巴郡 「北巴郡」，疑應作「北巴西郡」。宋書卷三七州郡志三：「梁州北巴西是晉末所立也」，南齊書卷一五州郡志下，梁州北巴西郡，治閬中縣。梁書卷二武帝紀中，天監八年「以北巴西郡置南梁州」。

〔五三〕舊曰安漢置宕渠郡 「宕渠郡」，疑應作「南宕渠郡」。寰宇記卷八六果州南充郡：「秦、二漢並屬巴郡，即安漢縣也，亦爲充國之地。（中略）今郡在嘉陵江之西。後魏平蜀，于今州北三十七里石苟壩置南宕渠郡，其縣亦移就郡理。」宋書卷三七州郡志三、南齊書卷一五州郡志下亦作「南宕渠郡」。又，「安漢」，宋書、南齊書作「漢安」，或是西魏、北周時所改。

〔五四〕仁壽二年置總管府 「二年」，疑爲「元年」之誤。本書卷二高祖紀下，仁壽元年十一月「壬辰，以資州刺史衞玄爲遂州總管」。

〔五五〕青石舊曰晉興西魏改名焉又置懷化郡開皇初郡廢 下文長江縣下載「又置懷化郡，開皇初郡廢」，與本條重出。據本志通例，懷化郡廢置事應附見於郡治長江縣下，不當復載於青石縣下。疑此十字衍。又，元和志卷三三遂州青石縣下載，晉爲晉興縣，「後魏改爲始興縣，隋開皇十八年改爲青石縣」。通典卷一七六州郡六遂寧郡遂州、寰宇記卷八七遂州青石縣略同。疑本條闕書後魏改始興及開皇改青石事。

〔五六〕仁壽初置濛州開皇初郡廢并隴泉興固青陽三縣入焉大業初州廢　「仁壽」不應在「開皇」前，且前稱「郡廢」，則下文「三縣入焉」無所承。元和志卷三一彭州九隴縣：「後魏改爲九隴郡，取九隴山爲名也。隋開皇三年罷郡爲九隴縣，屬益州。」舊唐書卷四一地理志四彭州九隴縣：「初於縣東三里置濛州，大業省。」寰宇記卷七三彭州九隴縣略同。蓋開皇初廢九隴郡置縣，仁壽初，置濛州，以隴泉等三縣入，大業初，州廢。「開皇初郡廢」五字，應在「仁壽初置濛州」之前。

〔五七〕臨溪　原作「蒲溪」，蓋涉上文「蒲江」而誤。按，元和志卷三一邛州臨溪縣、舊唐書卷四一地理志四、寰宇記卷七五邛州臨溪縣皆作「臨溪」，今據改。

〔五八〕開皇十三年置　「十三年」，原作「三年」，元和志卷三一嘉州夾江縣作「十三年」，寰宇記卷七四嘉州夾江縣作「十二年」。蓋本書脱「十」字，寰宇記「二」爲「三」之誤。今據補。

〔五九〕西魏置蒱縣大業初置隆山郡蒱縣併入焉　二「蒱縣」，輿地紀勝卷一五〇隆州仁壽縣引隋志作「蒲縣」，疑是。

〔六〇〕白沙郡　原作「曰沙郡」，據楊守敬考證卷二引宋本改。輿地廣記卷三〇巂州臺登縣亦作「白沙郡」。

隋書卷三十

志第二十五

地理中

河南郡　滎陽郡　梁郡　譙郡　濟陰郡　襄城郡　潁川郡
汝南郡　淮陽郡　汝陰郡　上洛郡　弘農郡　淅陽郡　南陽郡
淯陽郡　淮安郡　東郡　東平郡　濟北郡　武陽郡　渤海郡
平原郡　信都郡　清河郡　魏郡　汲郡　河内郡　長平郡
上黨郡　河東郡　絳郡　文城郡　臨汾郡　龍泉郡　西河郡
離石郡　雁門郡　馬邑郡　定襄郡　樓煩郡　太原郡　襄國郡
武安郡　趙郡　恒山郡　博陵郡　河間郡　涿郡　上谷郡

漁陽郡　北平郡　安樂郡　遼西郡　北海郡　齊　郡　東萊郡　高密郡

河南郡舊置洛州。大業元年移都，改曰豫州。東面三門，北曰上春，中曰建陽，南曰永通。南面二門，東曰長夏，正南曰建國。里一百三，市三。三年改爲郡，置尹。統縣十八，户二十萬二千二百三十。

河南帶郡。有關官。有郟山。有瀍水。洛陽有漢已來舊都。後魏置司州，東魏改曰洛州。後周置東京六府、洛州總管。開皇元年改六府，置東京尚書省。其年廢東京尚書省。二年廢總管，置河南道行臺省。三年廢行臺，以洛州刺史領總監。十四年於金墉城別置總監。煬帝即位，廢省。舊河南縣，東魏遷鄴，改爲宜遷縣。後周復曰河南。大業元年徙入新都。又東魏置洛陽郡、河陰縣。開皇初郡並廢，又析置伊川縣。大業初河陰、伊川二縣併入焉。閿鄉舊曰湖城，開皇十六年改焉。有王澗、全鳩澗〔一〕、秦山。桃林開皇十六年置。有上陽宮。有淄水。陝後魏置，及置陝州、恒農郡。後周又置崤郡。開皇初郡並廢。大業初州廢，置弘農宮。有常平倉、温湯。有砥柱。熊耳後周置，及同軌郡。開皇初郡廢。又有後魏崤縣，大業初廢入。有二崤。有天柱山、大頭山、硤石山、穀水。澠池後周置河南郡，大象中廢。新安後周置中州及東垣縣，州尋廢。開皇十六年置穀州，仁壽四年州廢，又廢新安入東垣。大業初改名新安。有治官。有騩山〔二〕、强山、缺門山、孝水、澗水、金谷水。偃師舊廢，開皇十六年置。有關官。有河陽倉。有都尉府。有首陽山、鄺山、乾脯山。鞏後齊廢，開皇十六年復。有興洛倉。有九山，有天陵山、緱山〔三〕、東首陽山。宜陽後魏置宜陽郡，東魏置陽州，後周改曰熊州。又復後魏置南澠池縣〔四〕，後周改曰昌洛。開皇初郡廢。十八年改昌洛曰洛水。大業初廢熊州，省洛水入宜陽。又東魏置金門郡，後周廢。有福昌宮、金門山、女几山、太陰山、嶕嶢山。壽安後魏置縣曰甘棠，仁壽四年改焉。有顯仁宮。有慈澗。陸渾東魏置伊川郡，領南陸渾縣。開皇初廢郡，改縣曰伏流。大業初改曰陸渾。又有東魏北荆州，後周改曰和州。開皇初又改曰伊州。大業初州廢。又有東魏東亭縣，尋廢。有方山、三塗山、孤山、陽山、王母澗。伊闕舊曰新城，東魏置新城郡。開皇初郡廢。十八年縣改名焉。有伊闕山。興泰大業初置。有鹿蹄山、石墨山、鍾山。緱氏舊廢，東魏置。開皇十六年廢，大業初又置。有緱氏山、轘轅山〔五〕、景山。嵩陽後魏置，曰潁陽。東魏分置堙陽，後周廢潁陽入。開皇六年改曰武林。十八年改曰輪氏，大業元年改曰嵩陽。又有東魏中川郡，後周廢。有嵩高山、少室山、潁水。陽城後魏置陽城郡，開皇初廢。十六年置嵩州，仁壽四年廢。又後魏置康城縣，仁壽四年廢入焉。有箕山、偃月山、荆山、禹山、崤山。

滎陽郡舊鄭州。開皇十六年置管州。大業初復曰鄭州。統縣十一，戶十六萬九百六十四。

管城舊曰中牟，東魏置廣武郡。開皇初郡廢，改中牟曰内牟。十六年析置管城。十八年改内牟曰圃田入焉。後魏置曲梁縣，後齊廢。有鄭水。汜水舊曰成皋，即武牢也。後魏置東中府，東魏置北豫州，後周置滎州。開皇初曰鄭州，十八年改成皋曰汜水。大業初置武牢都尉府。有周山、天陵山。滎澤開皇四年置，曰廣武。仁壽元年改名焉。原武開皇十六年置。陽武　圃田開皇十六年置，曰鄍城。大業初改焉。浚儀東魏置梁州、陳留郡，後齊廢開封郡入，後周改曰汴州。開皇初郡廢，大業初州廢。有關官。有通濟渠、蔡水。酸棗後齊廢，開皇六年復。有關官。新鄭後魏廢，開皇十六年復，大業初併宛陵縣入焉。有關官。有大騩山。滎陽舊置滎陽郡。後齊省卷、京二縣入，改曰成皋郡。開皇初郡廢。有京索水、梧桐澗。開封東魏置郡，後齊廢。

梁郡開皇十六年置宋州。統縣十三，户十五萬五千四百七十七。

宋城舊曰睢陽，置梁郡。開皇初郡廢，十八年縣改名焉。大業初又置郡。又梁置北新安郡，尋廢。雍丘後魏置陽夏郡。開皇初郡廢，十六年置杞州。大業初州廢。襄邑後齊廢，開皇十六年復。寧陵後齊廢，開皇六年復。虞城後魏曰蕭，後齊廢。開皇十六年置，改名焉。又後魏置沛郡，後齊廢。穀熟後魏廢，開皇十六年復。陳留後魏廢，開皇六年復。十六年析置新里縣，大業初廢入焉。又有小黄縣，後齊廢入。有睢水、渙水。下邑後齊廢己吾縣入焉。考城後魏曰考陽，置北梁郡。後齊郡縣並廢，爲城安縣。開皇十八年以重名，改曰考城。楚丘後魏曰己氏，置北譙郡。後齊郡縣並廢。開皇四年又置己氏，六年改曰楚丘。碭山後魏置，曰安陽。開皇十八年改名焉。有碭山、魚山。圍城舊曰圍，後齊廢。開皇六年復置，曰圍城。有谷水。柘城舊曰柘，久廢。開皇十六年置，曰柘城。

譙郡後魏置南兗州。後周置總管府，後改曰亳州。開皇元年府廢。統縣六，户七萬四千八百一十七。

譙舊曰小黃，置陳留郡。開皇初郡廢，十六年分置梅城縣。大業三年，改小黃爲譙縣，併梅城入焉。酇舊廢，開皇十六年復。舊有馬頭郡，後魏又置下邑縣，後齊並廢。城父宋置，曰浚儀。開皇十八年改焉。谷陽後齊省，開皇六年復。山桑後魏置渦州、渦陽縣，又置譙郡。梁改渦州曰西徐州。東魏改曰譙州。開皇初郡廢，十六年改渦陽爲肥水。大業初州廢，改縣曰山桑。又梁置北新安郡，東魏改置蒙郡。後齊廢郡，置蒙縣，後又置郡。開皇初郡廢。又梁置陽夏郡，東魏廢。臨渙後魏置臨渙郡，又別置丹城縣。東魏析置白樺縣〔六〕，後齊郡廢。開皇元年丹城省，大業初白樺又省，並入焉。有嵇山〔七〕、龍岡。

濟陰郡後魏置西兗州，後周改曰曹州。統縣九，户十四萬九百四十八。

濟陰後魏置沛郡，後齊廢。又開皇六年分置黃縣，十八年改爲蒙澤，大業初廢入焉。外黃後齊廢成安縣入。又開皇十八年置首城縣，大業初廢入焉。濟陽　成武後齊置永昌郡。開皇初郡廢，十六年置戴州。大業初州廢。冤句 乘氏 定陶 單父後魏曰離狐，置北濟陰郡。後齊郡縣並廢。開皇六年更置，名單父。金鄉開皇十六年分置昌邑縣，大業初併入。

襄城郡東魏置北荆州，後周改曰和州。開皇初改爲伊州，大業初改曰汝州。統縣八，戶十萬五千九百一十七。

承休舊曰汝原，置汝北郡，後改曰汝陰郡。後周郡廢。大業初改縣曰承休，置襄城郡。有黄水。梁舊置汝北郡，後齊廢。有濫泉〔八〕。郟城舊曰龍山。東魏置順陽郡及南陽郡、南陽縣。開皇初改龍山曰汝南，三年二郡並廢。十八年改汝南曰輔城，南陽曰期城。大業初改輔城曰郟城，廢期城入焉。有關官。有大留山。陽翟東魏置陽翟郡，開皇初郡廢。有鈞臺。有九山祠。汝源汝南有後魏汝南郡及符壘縣，並後齊廢。魯後魏置荆州，尋廢，立魯陽郡，後置魯州〔九〕。開皇初郡廢，大業初州廢。有關官。有和山、大義山。犨城舊曰雉陽。開皇十八年改曰湛水，大業初改名焉。又有後周置武山郡，開皇初廢。後魏置南陽縣、河山縣，大業初並廢入焉。有應山。

潁川郡舊置潁州，東魏改曰鄭州，後周改曰許州。統縣十四，戶十九萬五千六百四十。

潁川舊曰長社，置潁川郡。後齊廢潁陰縣入，開皇初廢郡改縣焉。又東魏置黄臺縣，大業初廢入焉，置郡。襄城舊置襄城郡，後周置汝州。開皇初郡廢，大業初州廢。有溵水。汝墳後齊置漢廣郡，尋廢。有首山。葉後齊置襄州。後周廢襄州，置南襄城郡。開皇初郡廢。又東魏置定南郡，後周廢爲定南縣，大業初省入。北舞舊置定陵郡，開皇初廢。有百尺溝。郾城開皇初置，十六年置道州，大業初州廢。又後魏置潁川郡，後齊改爲臨潁郡，開皇初郡廢。又有邵陵縣，大業初廢。有溵水。繁昌 臨潁 尉氏後齊廢，開皇六年復。長葛開皇六年置。許昌 㶏強開皇十六年置，曰陶城，大業初改焉。扶溝 鄢陵東魏置許昌郡，後齊廢縣。開皇初郡廢，七年復鄢陵縣。十六年置洧州，大業初州廢。又開皇十六年置蔡陂縣，至是省入焉。

汝南郡後魏置豫州，東魏置行臺。後周置總管府，後改曰舒州，尋復曰豫州，及改洛州爲豫州，此爲溱州，又改曰蔡州。統縣十一，户十五萬二千七百八十五。

汝陽舊曰上蔡，置汝南郡。開皇初郡廢。大業初置郡，改縣曰汝陽，并廢保城縣入焉。有鴻郤陂。城陽舊廢，梁置，又有義興縣。後魏置城陽郡，梁置楚州，東魏置西楚州，後齊曰永州。開皇九年，廢入純州。十八年改義興爲純義。大業初州縣並廢入焉。又梁置伍城郡，後齊廢。有十丈山、大木山。真陽舊置郢州。東魏廢州，置義陽郡。後齊廢郡入保城縣。開皇十一年廢縣。十六年置縣，曰真丘。大業初改曰真陽。又有白狗縣，梁置淮州。後齊廢州，以置齊興郡，郡尋廢。開皇初，改縣曰淮川，至是亦省入焉。又有後魏安陽縣，後廢。有汶水。新息後魏置東豫州。梁改曰西豫州，又改曰淮州。東魏復曰東豫州，後周改曰息州，大業初州廢。又後魏置汝南郡，開皇初郡廢。又梁置湞州，尋廢。又梁置北光城郡，東魏廢，又有北新息縣，後齊廢。褒信宋改曰包信。大業初改復舊焉。又梁置梁安郡，開皇初廢。又有長陵郡，後齊廢爲縣。大業初又省縣焉。上蔡後魏置，曰臨汝。後齊廢。開皇中置，曰武津。大業初改名焉。平輿舊廢，大業初改新蔡置焉。有葛陂。新蔡齊置北新蔡郡，魏曰新蔡郡，東魏置蔡州〔一〇〕。後齊廢州置廣寧郡。開皇初郡廢。十六年置舒州及舒縣、廣寧縣。仁壽元年改廣寧曰汝北。大業初州廢，改汝北曰新蔡。又後齊置永康縣，後改名曰澺水，至是及舒縣並廢入焉。朗山舊曰安昌，置初安郡。廢，十八年縣改名焉〔一一〕。又梁置陳州，後魏廢，又齊置荆州，尋廢。後周又置威州，後又廢。吴房故曰遂寧，後齊省綏義縣入焉。大業初改曰吴房。西平後魏置襄城郡，後齊改郡曰文城，開皇初郡廢。又有故武陽縣，十八年改曰吴房，大業初省。又有故洧州、灊州，並後齊置，開皇初皆廢。

淮陽郡開皇十六年置陳州。統縣十，户十二萬七千一百四。

宛丘後魏曰項，置陳郡。開皇初縣改名宛丘，尋廢郡，後析置臨蔡縣。大業初置淮陽郡，并臨蔡縣入焉。又後魏置南陽郡，東魏廢。西華舊曰長平，開皇十八年改曰鴻溝。大業初改焉。有舊長平縣，後齊廢。溵水開皇十六年置，又有後魏汝陽郡及縣，後齊郡廢，大業初縣廢。扶樂開皇十六年置。有渦水。太康舊曰陽夏，并置淮陽郡。開皇初郡廢，七年更名太康。有洼水。鹿邑舊曰武平，開皇十八年改名焉。項城東魏置揚州及丹陽郡〔一二〕、秣陵縣，梁改曰殷州，東魏又改曰北揚州，後齊改曰信州，後周改曰陳州。開皇初改秣陵爲項縣〔一三〕。十六年分置沈州，大業初州廢。又有項城郡，開皇初分立陳郡，三年並廢。南頓舊置南頓郡。後齊廢郡及平鄉縣入，改曰和城。大業初又改爲南頓。䣲開皇六年置。鮦陽後齊廢，開皇十一年復。又東魏置財州，後齊廢，以置包信縣。開皇初廢。

汝陰郡舊置潁州。統縣五，户六萬五千九百二十六。

汝陰舊置汝陰郡，開皇初郡廢。大業初復置。潁陽梁曰陳留，并置陳留郡及陳州。東魏廢州。開皇初廢郡，十八年縣改名焉。有鄭縣，後齊廢。清丘梁曰許昌，及置潁川郡。開皇初廢郡，十八年縣改名焉。潁上梁置下蔡郡，後齊廢郡。大業初縣改名焉。下蔡梁置汴郡，後齊郡廢。大業初縣改名焉。又梁置淮陽郡，後齊改曰潁川郡。開皇初郡廢。

上洛郡舊置洛州，後周改爲商州。統縣五，户一萬五百一十六。

上洛舊置上洛郡，開皇初郡廢，大業初復置。有秦嶺山、熊耳山、洛水、丹水。商洛有關官。洛南舊曰拒陽，置拒陽郡。開皇初郡廢，縣改名焉。有玄扈山、陽虚山〔一四〕。豐陽後周置，開皇初併南陽縣入。有洵水、甲水〔一五〕。上津舊置北上洛郡，梁改爲南洛州，西魏又改爲上州，後周併漫川、開化二縣入，大業初廢州。有天柱山、韶及山、女思山。

弘農郡大業三年置。統縣四，户二萬七千四百六十六。

弘農舊置西恒農郡，後周廢。大業初置弘農郡。又有石城郡、玉城縣〔一六〕，西魏並廢。有石隄山。盧氏後魏置漢安郡，西魏置義川郡〔一七〕。開皇初郡廢，州改爲虢州。大業初州廢。有關官。有石扇山。長泉後魏曰南陝，西魏改焉。有松楊山、檀山。朱陽舊置朱陽郡，後周郡廢。有邑陽縣，開皇末改爲邑川，大業初併入。有肺山，有湖水。

淅陽郡西魏置淅州。統縣七，户三萬七千二百五十。

南鄉舊置南鄉郡，後周併龍泉、湖里、白亭三縣入。又有左南鄉縣，并置左鄉郡。西魏改郡爲秀山，改縣爲安山。後周秀山郡廢。開皇初南鄉郡廢。大業初置淅陽郡，併安山縣入焉。有石墨山。內鄉舊曰西淅陽郡〔一八〕，西魏改爲內鄉。後周廢〔一九〕，併淅川、石人二縣入焉。有淅水。丹水舊置丹川郡。後周郡廢，併茅城、倉陵、許昌三縣入。有胡保山。武當舊置武當郡。又僑置始平郡，後改爲齊興郡。梁置興州，後周改爲豐州。開皇初二郡並廢，改爲均州。大業初州廢。有石階山、武當山。均陽梁置。安福梁置，曰廣福，併爲郡。開皇初郡廢，仁壽初改焉。鄖鄉有防山。

南陽郡舊置荆州。開皇初，改爲鄧州。統縣八，户七萬七千五百二十。

穰帶郡。有白水。新野舊曰棘陽，置新野郡。又有漢廣郡，西魏改爲黃岡郡。又有南棘陽縣，改爲百寧縣。後周二郡並廢，併南棘縣入焉。開皇初更名新野。南陽舊曰上陌，置南陽郡。後周併宛縣入，更名上宛〔二〇〕。開皇初郡廢，又改爲南陽。課陽〔二一〕舊曰涅陽，開皇初改焉。有課水、涅水。順陽舊置順陽郡。西魏析置鄭縣，尋改爲清鄉。後周又併順陽入清鄉。開皇初又改爲順陽。冠軍 菊潭舊曰酈，開皇初改焉。有東弘農郡，西魏改爲武關，至是廢入。有梅溪、湍水。新城西魏改爲臨湍，開皇初復名焉。有朝水。

淯陽郡西魏置蒙州。仁壽中，改曰淯州。統縣三，户一萬七千九百。

武川帶郡。有雉衡山。有淯水、潏水、澧水。向城西魏置，又立雉陽郡。開皇初郡廢。方城西魏置，及置襄邑郡。開皇初廢。東魏又置建城郡及建城縣，後齊郡縣並廢。又有業縣〔二二〕，開皇末改爲澧水，大業併入〔二三〕。有西唐山。

淮安郡後魏置東荆州，西魏改爲淮州。開皇五年又改爲顯州。統縣七，户四萬六千八百四十。

比陽帶郡。後魏曰陽平，開皇七年改爲饒良，大業初又改焉。又有後魏城陽縣，置殷州、城陽郡。開皇初郡並廢〔二四〕，其縣尋省。又有昭越縣，大業初改爲同光，尋廢。又有東南陽郡，西魏改爲南郭郡，後周廢。又有比陽故縣，置西郢州。西魏改爲鴻州，後周廢爲真昌郡。開皇初郡廢，大業初縣廢。平氏舊置漢廣郡，開皇初郡廢。有淮水。真昌舊曰北平，開皇九年改焉。顯岡舊置舞陰郡，開皇初郡廢。臨舞東魏置，及置期城郡。開皇初郡廢。又有東舞陽縣，開皇十八年改爲昆水，大業初廢。慈丘後魏曰江夏，并置江夏郡。開皇初郡廢，更置慈丘於其北境。後魏有鄭州、潘州、溱州及襄城、周康二郡，上蔡、青山、震山三縣，並開皇初廢。有比水。桐柏梁置，曰淮安，并立華州，又立上川郡。西魏改州爲淮州，後改爲純州，尋廢。開皇初郡廢，更名縣曰桐柏。又梁置西義陽郡，西魏置淮陽郡及輔州，後周州郡並廢，又置淮南縣。開皇末改爲油水，大業初廢。又有大義郡，後周置，開皇初廢。有桐柏山。

豫州於禹貢爲荆州之地。其在天官，自氐五度至尾九度，爲大火，於辰在卯，宋之分野，屬豫州。自柳九度至張十六度，爲鶉火，於辰在午，周之分野，屬三河，則河南。淮之星次〔二五〕，亦豫州之域。豫之言舒也，言禀平和之氣，性理安舒也。洛陽得土之中，賦貢所均，故周公作洛，此焉攸在。其俗尚商賈，機巧成俗。故漢志云「周人之失，巧僞趨利，賤義貴財」，此亦自古然矣。滎陽古之鄭地，梁郡梁孝故都，邪僻傲蕩，舊傳其俗。今則好尚稼穡，重於禮文，其風皆變於古。譙郡、濟陰、襄城、潁川、汝南、淮陽、汝陰，其風頗同。南陽古帝鄉，搢紳所出，自三方鼎立，地處邊疆，戎馬所萃，失其舊俗。上洛、弘農，本與三輔同俗。自漢高發巴、蜀之人，定三秦，遷巴之渠率七姓，居於商、洛之地，由是風俗不改其壤。其人自巴來者，風俗猶同巴郡。淅陽、淯陽，亦頗同其俗云。

東郡開皇九年置杞州，十六年改爲滑州，大業二年爲兗州。統縣九，户十二萬一千九百五。

白馬舊置東郡，後齊併涼城縣入焉〔二六〕。大業初復置郡。靈昌開皇十六年置。衛南開皇十六年置，大業初廢西濮陽入焉。又有後魏平昌、長樂二縣，後齊並廢。濮陽開皇十六年分置昆吾縣，大業初入焉。封丘後齊廢，開皇十六年復。匡城後齊曰長垣，開皇十六年改焉。胙城舊曰東燕，開皇十八年改焉。韋城開皇六年置〔二七〕，十六年分置長垣縣，大業初省入焉。離狐

東平郡後周置魯州，尋廢。開皇十年置鄆州。統縣六，戶八萬六千九十。

鄆城後周置，曰清澤，又置高平郡。開皇初郡廢，改縣曰萬安。十八年改曰鄆城。大業初置郡，併廩丘入焉。鄄城舊置濮陽郡，開皇初郡廢，十六年置濮州，大業初州廢。有關官。須昌開皇十六年置。有梁山。宿城後齊曰須昌，開皇十六年改焉。舊置東平郡，後齊並廢〔二八〕。雷澤舊曰城陽，後齊廢。開皇十六年置，曰雷澤，又分置臨濮縣。大業初併入焉。有歷山、雷澤。鉅野舊廢，開皇十六年復，又置乘丘縣，大業初廢入焉。

濟北郡舊置濟州。統縣九，戶十萬五千六百六十。

盧舊置郡，開皇初廢。六年分置濟北縣，大業初省入焉，尋置郡。有關官。有成迴倉。有魚山、遊仙山。范後齊廢，開皇十六年置。陽穀開皇十六年置。東阿有浮山、巘山、狼水。平陰開皇十四年置，曰榆山，大業初改焉。長清開皇十四年置。又有東太原郡，後齊廢。濟北開皇十四年置，曰時平，大業初改焉。壽張　肥城宋置濟北郡，後齊廢。後周置肥城郡，尋廢，又復。開

皇初又廢。

武陽郡後周置魏州。統縣十四，户二十一萬三千三十五。

貴鄉東魏置。又有平邑縣，後齊廢，開皇十六年又置。大業初置武陽郡，并省平邑縣入焉〔二九〕。有愜山。元城後齊廢。開皇六年復，又置馬陵縣，大業初廢入焉。有沙麓山。繁水舊曰昌樂，置昌樂郡。東魏郡廢，後周又置。舊有魏城縣，後齊廢。開皇初廢郡。六年置縣，曰繁水。大業初廢昌樂縣入焉。魏後齊廢，開皇六年復。十六年析置漳陰縣，大業初省入焉。莘舊曰陽平，後齊改曰樂平。開皇六年復曰陽平，八年改曰清邑，十六年置莘州。大業初州廢，改縣名莘，又廢莘亭縣入焉。後周置武陽郡焉，開皇初廢。頓丘後齊省，開皇六年置。又有舊陰安縣，後齊廢。觀城舊曰衞國，開皇六年改。臨黄後魏置，後齊省，開皇六年復，十六年分置河上縣，大業初省入焉。武陽後齊省，後周置。武水開皇十六年置。館陶舊置毛州，大業初州廢〔三〇〕。又有舊陽平郡，開皇初廢。堂邑開皇六年置。冠氏開皇六年置。聊城舊置南冀州及平原郡，未幾，州廢。開皇初郡廢。十六年置博州，大業初州廢。

渤海郡開皇六年置棣州，大業二年爲滄州。統縣十，户十二萬二千九百九。

陽信帶郡。樂陵舊置樂陵郡，開皇初郡廢。十六年分置鬲津縣，大業初廢入焉。滴河〔三一〕開皇十六年置。又有後魏濕沃縣，後齊廢。有關官。厭次後齊廢，開皇十六年復。蒲臺開皇十六年置。饒安舊置滄州、浮陽郡，開皇初郡廢，大業初州廢。無棣開皇六年置。鹽山舊曰高成。開皇十六年又置浮水縣。十八年改高成曰鹽山。大業初省浮水入焉。有鹽山、峽山。南皮　清池〔三二〕舊曰浮陽，開皇十八年改。

平原郡開皇九年置德州。統縣九，户十三萬五千八百二十二。

安樂舊置平原郡〔三三〕，開皇初郡廢，大業初復。又開皇十六年置繹幕縣，至是廢入焉。又有後魏鬲縣，後齊廢。有關官。平原後齊併鄃縣入焉。有關官。又後魏置東青州，置未久而廢。將陵開皇十六年置。平昌後魏置東安郡〔三四〕，後齊廢，并以重平縣入焉。般後齊省，開皇十六年復。長河舊曰廣川。後齊省，開皇六年復置，仁壽初改名焉。弓高舊廢，開皇十六年置。東光舊置渤海郡，開皇初郡廢。九年置觀州，大業初州廢，又併安陵入焉。有天胎山。胡蘇舊廢，開皇十六年置。

兗州於禹貢爲濟、河之地。其於天官，自軫十二度至氐四度，爲壽星，於辰在辰〔三五〕，鄭之分野。兗州蓋取沇水爲名，亦曰兗，兗之爲言端也，言陽精端端，故其氣纖殺也。東郡、東平、濟北、武陽、平原等郡，得其地焉。兼得鄒、魯、齊、衞之交。舊傳太公唐叔之教，亦有周孔遺風。今此數郡，其人尚多好儒學，性質直懷義，有古之風烈矣。

信都郡舊置冀州。統縣十二，户十六萬八千七百一十八。

長樂舊曰信都，帶長樂郡，後齊廢扶柳縣入焉。開皇初郡廢，分信都置長樂縣。十六年又分長樂置澤城縣。大業初廢信都及澤城入焉，置信都郡。堂陽舊縣，後齊廢，開皇十六年復。衡水開皇十六年置。棗彊舊縣，後齊廢索蘆、廣川二縣入焉。武邑舊縣，後齊廢。開皇六年置，并得後齊觀津縣地。十六年分武彊置昌亭縣，大業初廢入焉。武彊舊置武邑郡，後齊郡廢，又廢武遂縣入焉。南宮舊縣，後齊廢，開皇六年復。斌彊　鹿城舊曰鄡〔三六〕，後齊改曰安國。開皇六年改爲安定，十八年改。開皇十六年又置晏城，大業初廢入。下博　蓨舊曰脩，開皇五年改。十六年分置觀津縣，大業初廢。阜城

清河郡後周置貝州。統縣十四，户三十萬六千五百四十四。

清河舊曰武城，置清河郡。開皇初郡廢，改名焉，仍别置武城縣。十六年置夏津縣，大業初廢入，置清河郡。清陽舊曰清河縣，後齊省貝丘入焉，改爲貝丘。開皇六年改爲清陽。又有後魏候城縣，後齊省以入武城，亦入焉。武城舊曰東武城。開皇初改武城爲清河縣，於此置武城。歷亭開皇十六年分武城置焉。漳南開皇六年置，曰東陽，十八年改爲漳南。有後魏故索盧城〔三七〕，後齊以入棗彊，至是入。鄃舊廢，開皇十六年置。臨清後齊廢，開皇六年復。又十六年置沙丘縣，大業初廢入焉。清泉〔三八〕後齊廢千童縣入〔三九〕。開皇十六年置貝丘縣，大業二年廢入。清平開

皇六年置，曰貝丘，十六年改曰清平。高唐後魏置南清河郡，後齊郡廢。經城後齊廢，開皇六年置，十六年分置府城縣，大業初省入焉。宗城舊曰廣宗，仁壽元年改。博平開皇六年置靈縣，大業初省入。茌平後齊廢，開皇初復。

魏郡後魏置相州，東魏改曰司州牧。後周又改曰相州，置六府。宣政初府移洛，以置總管府，未幾，府廢。統縣十一，戶十二萬二百二十七。

安陽周大象初，置相州及魏郡，因改名鄴。開皇初郡廢，十年復，名安陽，分置相縣，鄴還復舊。大業初廢相入焉，置魏郡。有韓陵山。鄴東魏都。後周平齊，置相州。大象初縣隨州徙安陽，此改爲靈芝縣。開皇十年又改焉。臨漳東魏置。成安後齊置。靈泉後周置。有龍山。堯城開皇十年置，名長樂。十八年改焉。洹水後周置。滏陽後周置。開皇十年置慈州，大業初州廢。臨水有慈石山、鼓山、滏山。林慮後魏置林慮郡，後齊郡廢，後又置。開皇初郡廢〔四〇〕，又分置淇陽縣。十六年置巖州。大業初州廢，又廢淇陽入焉。有林慮𡸁、仙人臺、洹水。臨淇東魏置，尋廢，開皇十六年復。有淇水。

汲郡東魏置義州，後周爲衞州。統縣八，戶十一萬一千七百二十一。

衞舊曰朝歌，置汲郡。後周又分置脩武郡。開皇初郡並廢，十六年又置清淇縣。大業初置汲郡，改朝歌縣曰衞，廢清淇入焉。有朝陽山、同山。有紂朝歌城、比干墓。汲東魏僑置七郡十八縣。

後齊省，以置伍城郡，後周廢爲伍城縣，開皇六年改焉。隋興開皇六年置。後析置陽源縣，大業初併入焉。有倉巖山。黎陽後魏置黎陽郡，後置黎州〔四一〕。開皇初州郡並廢。十六年又置黎州，大業初罷。有倉。有關官。有大伾山、枉人山。内黄舊廢，開皇六年置。十六年分置繁陽縣，大業初廢入。湯陰舊廢，開皇六年又置。有博望岡。臨河開皇六年置。澶水〔四二〕開皇十六年置。

河内郡舊置懷州。統縣十，户十三萬三千六百六。

河内舊曰野王，置河内郡。開皇初郡廢，十六年縣改焉。有軹縣，大業初廢入，尋置郡。有大行〔四三〕。有丹水。有絺城。温舊廢，開皇十六年置。古温城。濟源開皇十六年置。舊有沁水縣，後齊廢入。有孔山、母山。有濟水、濝水〔四四〕、古原城。河陽舊廢，開皇十六年置。有盟津。有古河陽城治。安昌舊曰州縣，置武德郡。開皇初郡廢，十八年縣改爲邢丘。大業初改名安昌，又廢懷縣入焉。舊有平高縣〔四五〕，後齊廢。王屋舊曰長平，後周改焉，後又置懷州。及平齊，廢州置王屋郡。開皇初郡廢。有王屋山、齊子嶺。有軹關。獲嘉後周置脩武郡，開皇初郡廢。十六年置殷州，大業初州廢。新鄉開皇初年置。有關官。舊有獲嘉縣，後齊廢。脩武後魏置脩武，後齊併入焉。開皇十六年析置武陟，大業初併入焉。又有東魏廣寧郡，後周廢。共城舊曰共，後齊廢。開皇六年復置，曰共城。有共山、白鹿山。

長平郡舊曰建州。開皇初改爲澤州。統縣六，户五萬四千九百一十三。
丹川舊曰高都。後齊置長平、高都二郡，後周併爲高平郡。開皇初郡廢，十八年改爲丹川。大業初置長平郡。有太行山。沁水舊置廣寧郡。後齊郡廢，縣改爲永寧〔四六〕。開皇十八年改焉。有輔山。端氏後魏置安平郡，開皇初郡廢。有巨峻山、秦川水。濩澤有嶕嶢山、濩澤山〔四七〕。高平舊曰平高，齊末改焉，又併泫氏縣入焉。有關官。陵川開皇十六年置。

上黨郡後周置潞州。統縣十，户十二萬五千五十七。
上黨舊置上黨郡，開皇初郡廢。有壺關縣。大業初復置郡，廢壺關入焉。有羊頭山、抱犢山。長子後齊廢。開皇九年置，曰寄氏縣。十八年改爲長子。舊有屯留、樂陽二縣，後齊廢。有濁漳水、堯水。潞城開皇十六年置。有黄阜山。屯留後齊廢，開皇十六年復。襄垣舊置襄垣郡，後齊郡廢。後周置韓州，大業初州廢。有鹿臺山。黎城後魏以潞縣被誅遺人置，十八年改名黎城〔四八〕。有積布山、松門嶺。涉後魏廢，開皇十八年復。有崇山。鄉石勒置武鄉郡，後魏去「武」字。開皇初郡廢，十六年分置榆社縣，大業初廢。又有後魏南垣州，尋改豐州，後周廢。銅鞮有舊涅縣，後魏改爲陽城。開皇十八年改爲甲水，大業初省入。有銅鞮水。沁源後魏置縣及義寧郡，開皇初廢〔四九〕。十六年置沁州。又義寧縣十八年改爲和川。大業初州廢，又廢和川縣入。

河東郡後魏曰秦州〔五〇〕，後周改曰蒲州。統縣十，户十五萬七千七十八。

河東舊曰蒲坂縣，置河東郡。開皇初郡廢，十六年析置河東縣。大業初置河東郡，併蒲坂入。有酒官。有首山。有嬀、汭水。桑泉開皇十六年置。有三疑山。汾陰舊置汾陰郡，開皇初郡廢。有龍門山。龍門後魏置，并置龍門郡。開皇初郡廢。芮城舊置，曰安戎。後周改焉，又置永樂郡，後省入焉〔五一〕。有關官。安邑開皇十六年置虞州，大業初州廢。有鹽池、銀冶。夏舊置安邑郡，開皇初郡廢。有巫咸山、稷山、虞坂。河北舊置河北郡，開皇初郡廢。有關官。有砥柱山。有傅巖。猗氏西魏改曰桑泉，後周復焉。虞鄉後魏曰安定，西魏改曰南解，又改曰綏化，又曰虞鄉。有石錐山、百梯山、百徑山。

絳郡後魏置東雍州，後周改曰絳州。統縣八，户七萬一千八百七十六。

正平舊曰臨汾，置正平郡。開皇初郡廢，十八年縣改名焉。大業初置絳郡。又有後魏南絳郡，後周廢郡，又併南絳縣入小鄉縣。開皇十八年改曰汾東，大業初省入焉。翼城後魏置，曰北絳縣，并置北絳郡。後齊廢新安縣，并南絳郡入焉。開皇初郡廢，十八年改爲翼城。有烏嶺山、東涇山〔五二〕。有澮水。絳舊置絳郡，開皇初郡廢。後周置晉州，建德五年廢。曲沃後周置，建德六年廢。有絳山、橋山。稷山後魏曰高涼，開皇十八年改焉。有後魏龍門郡，開皇初廢。又有後周勳州，置總管，後改曰絳州，開皇初移。聞喜有景山。有董澤陂。垣後魏置邵郡及白水縣。後周置邵州，改白水爲亳城。開皇初郡廢。大業初州廢，縣改爲垣縣，又省後魏所置清廉縣及後周所置蒲原縣入焉。有黑山。太平後魏置，後齊省臨汾縣入焉〔五三〕。有關官。

文城郡東魏置南汾州，後周改爲汾州，後齊爲西汾州。後周平齊，置總管府。開皇四年府廢，十六年改爲耿州，後復爲汾州。統縣四，户二萬二千三百。

吉昌後魏曰定陽縣，并置定陽郡。開皇初郡廢，十八年縣改名焉。大業初，置文城郡。有風山。文城後魏置。有石門山。伍城後魏置，曰刑軍縣，後改爲伍城，後又置伍城郡。開皇初郡廢，又廢後魏平昌縣入焉。大業初又廢大寧縣入焉。昌寧後魏置，并内陽郡〔五四〕。開皇初郡廢。有壺口山、嵃山。

臨汾郡後魏置唐州，改曰晉州。後周置總管府，開皇初府廢。統縣七，户七萬一千八百七十四。

臨汾後魏曰平陽，并置平陽郡。開皇初改郡爲平河，改縣爲臨汾，尋郡廢。又有東魏西河、敷城、伍城、北伍城、定陽等五郡，後周廢爲西河、定陽二郡。開皇初郡並廢。又有後魏永安縣，開皇初改爲西河，大業初省。又有舊襄城縣，後齊省。有姑射山。襄陵後魏太武禽赫連昌，乃分置禽昌縣。齊併襄陵入禽昌縣。大業初又改爲襄陵。冀氏後魏置冀氏郡，領冀氏、合陽二縣。後齊郡廢，又廢合陽入焉。楊　霍邑後魏曰永安，并置永安郡。開皇初郡廢。十六年置汾州，十八年改爲呂州，縣曰霍邑。大業初州廢。有霍山。有彘水。汾西後魏曰臨汾，并置汾西郡〔五五〕。開皇初郡廢，十八年縣改爲汾西。又有後周新城縣，開皇十年省入〔五六〕。岳陽後魏置，曰安澤。大業初改焉。

龍泉郡後周置汾州。開皇四年置西汾州總管，五年改爲隰州總管。大業初府廢。統縣五，户二萬五千八百三十。

隰川後周置縣，初曰長壽，又置龍泉郡。開皇初郡廢，縣改曰隰川。大業初置郡。永和後周置，曰臨河縣及臨河郡。開皇初郡廢，十八年縣改名焉。有關官。樓山後周置，曰歸化。開皇十八年改名焉。有北石樓山，有孔山。石樓舊置吐京郡及吐京縣，開皇初郡廢，十八年縣改名。蒲後周置，有伍城郡及石城郡及石城縣，周末並廢。又有後魏平昌縣，開皇中改曰蒲川，大業初廢入焉。

西河郡後魏置汾州，後齊置南朔州，後周改曰介州。統縣六，户六萬七千三百五十一。

隰城舊置西河郡，開皇初郡廢，大業初復。有隱泉山。介休後魏置定陽郡、平昌縣。後周改郡曰介休，以介休縣入焉。開皇初郡廢，十八年縣改曰介休。永安有雀鼠谷。平遥開皇十六年析置清世縣，大業初廢入焉。又後魏置蔚州，後周廢。有鹿臺山。靈石開皇十年置。有介山，有靖巖山。綿上開皇十六年置。有沁水。

離石郡後齊置西汾州，後周改爲石州。統縣五，户二萬四千八十一。

離石後齊曰昌化縣，置懷政郡。後周改曰離石郡及縣，又置寧鄉縣。開皇初郡廢。大業初置郡，併寧鄉入焉。脩化後周置，曰窟胡，并置窟胡郡。開皇初郡廢，後縣改爲脩化。又後周置盧山縣，大業初併入焉。有伏盧山。定胡後周置，及置定胡郡。開皇初郡廢。有關官。平夷後周置。太和後周置，曰烏突，及置烏突郡。開皇初郡廢，縣尋改焉。有湫水。

雁門郡後周置肆州。開皇五年改爲代州，置總管府。大業初府廢。統縣五，户四萬二千五百二。

雁門舊曰廣武，置雁門郡。開皇初郡廢，十八年改曰雁門。大業初置雁門郡。有關官。有長城。有纍頭山，有夏屋山。繁畤後魏置，并置繁畤郡。後周郡縣並廢。開皇十八年復置縣。有東魏武州及吐京、齊、新安三郡，寄在城中。後齊改爲北靈州，尋廢。有長城、滹沱水、泒水、唐山。崞後魏置，曰石城縣。東魏置廓州。有廣安、永定、建安三郡，寄山城〔五七〕。後齊廢郡，改爲北顯州。後周廢。開皇十年改縣曰平寇。大業初改爲崞縣。又有雲中城，東魏僑置恒州，尋廢。有無山、崞山。有土城。五臺舊曰慮虒，久廢。後魏置，曰驢夷。大業初改焉。有五臺山。靈丘後魏置靈丘郡，後齊省莎泉縣入焉。後周置蔚州，又立大昌縣。開皇初郡廢，縣併入焉。大業初州廢。

馬邑郡舊置朔州。開皇初置總管府，大業初府廢。統縣四，户四千六百七十四。

善陽後齊置縣曰招遠，郡曰廣安。開皇初郡廢。大業初縣改曰善陽，置代郡，尋曰馬邑。又有後魏桑乾郡，後齊以置朔州及廣寧郡。後周郡廢，大業初州廢。神武後魏置神武郡，後齊改曰太平，後周罷郡。有桑乾水。雲内後魏立平齊郡，尋廢。後齊改曰太平縣，後周改曰雲中，開皇初改曰雲内。有後魏都，置司州，又有後齊安遠、臨塞、威遠、臨陽等郡屬北恒州，後周並廢。有紇真山〔五八〕、白登山、武周山。有㶟水。開陽舊曰長寧，後齊置齊德、長寧二郡。後周廢齊德郡。開皇初郡廢，十九年縣改曰開陽。

定襄郡開皇五年置雲州總管府，大業元年府廢。統縣一，户三百七十四。

大利大業初置，帶郡。有長城。有陰山。有紫河。

樓煩郡大業四年置。統縣三，户二萬四千四百二十七。

靜樂舊曰岢嵐。開皇十八年改爲汾源，大業四年改焉。有長城。有汾陽宫〔五九〕。有關官〔六〇〕。有管涔山〔六一〕、天池、汾水。臨泉後齊置，曰蔚汾。大業四年改焉。秀容舊置肆州〔六二〕，後齊又置平寇縣。後周州徙雁門。開皇初置新興郡、銅川縣。郡尋廢。十年廢平寇縣。十八年置忻州，大業初州廢，又廢銅川〔六三〕。有程侯山、繫舟山。有嵐水。

太原郡後齊并州，置省，立别宫。後周置并州六府，後置總管，廢六府。開皇二年置河北道行臺，九年改爲總管府，大業初府廢。統縣十五，户十七萬五千三。

晉陽後齊置，曰龍山，帶太原郡。開皇初郡廢，十年改縣曰晉陽，十六年又置清源縣，大業初省入焉。有龍山、蒙山。太原舊曰晉陽，帶郡。開皇十年分置陽眞縣，大業初省入焉。有晉陽宮。有晉水。交城開皇十六年置。汾陽舊曰陽曲。開皇六年改爲陽直，十六年又改名焉，復分置盂縣，大業初廢。有摩笄山。文水舊曰受陽，開皇十年改焉。有文水、泌水〔六四〕。祁〔六五〕後齊廢，開皇中復。壽陽開皇十年改州南受陽縣爲文水；分州東故壽陽，置壽陽。有鷲巖。榆次後齊曰中都，開皇中改焉。太谷舊曰陽邑，開皇十八年改焉。樂平舊置樂平郡，開皇初廢郡。十六年分置遼州及東山縣，大業初廢州及東山縣。有臯洛山。有清漳水。和順舊曰梁榆，開皇十年改。有九京山。遼山後魏曰遼陽，後齊省。開皇十年置，改名焉。十六年屬遼州，并置交漳縣。大業初廢州，并罷交漳入焉。有萁轑水。平城開皇十六年置。有涂水〔六六〕。石艾有蒙山。盂開皇十六年置，曰原仇，大業初改焉。有白鹿山。

襄國郡開皇十六年置邢州。統縣七，户十萬五千八百七十三。

龍岡舊曰襄國，開皇九年改名焉。十六年又置青山縣，大業初省入焉。有黑山。有澋水。南和舊置北廣平郡，後齊省入廣平郡，後周分置南和郡。開皇初郡廢，十六年置任縣，大業初廢入。平鄉 沙河開皇十六年置。有磬山。鉅鹿後齊廢，開皇六年置南繿縣〔六七〕，後廢入焉。内丘有干言山〔六八〕。柏仁有鵲山。

武安郡後周置洺州。統縣八，户十一萬八千五百九十五。

永年舊曰廣平，置廣平郡，後齊廢北廣平郡及曲梁、廣平二縣入。開皇初郡廢，復置廣平，後改曰雞澤。仁壽元年改廣平爲永年〔六九〕。大業初置武安郡，又併雞澤縣入。肥鄉東魏省，開皇十年復。清漳開皇十六年置。平恩洺水舊曰斥漳，後齊省入平恩。開皇六年分置曲周，大業初廢入焉。武安開皇十年分置陽邑縣，大業初廢入焉。有榆溪，有閼與山，有寖水。邯鄲東魏廢。開皇十六年復置涉鄉，大業初省入焉。臨洺舊曰易陽。後齊廢入襄國縣，置襄國郡。後周改爲易陽縣，別置襄國縣。開皇六年改易陽爲邯鄲，十年改邯鄲爲臨洺。開皇初郡廢。有紫山、狗山、塔山。

趙郡開皇十六年置欒州，大業三年改爲趙州。統縣十一，户十四萬八千一百五十六。

平棘舊置趙郡，開皇初省。有宋子縣，後齊廢〔七〇〕。大業初置趙郡，廢宋子縣入焉。高邑　贊皇開皇十六年置。有孔子嶺，有白溝。元氏舊縣，後齊廢，開皇六年置。十六年分置靈山縣，大業初廢入焉。有靈山。廮陶舊曰廮遥，開皇六年改爲「陶」。欒城舊縣，後齊廢，開皇十六年復。大陸舊曰廣阿，置殷州及南鉅鹿郡。後改爲南趙郡，改州爲趙州。開皇十六年分置欒州，仁壽元年改爲象城。大業初州廢，縣改爲大陸。又開皇十六年所置大陸縣，亦廢入焉。柏鄉開皇十六年置。有巏嵍山。房子舊縣，後齊省，開皇六年復。有贊皇山。有彭水。稾城後齊廢下曲陽入焉，改爲高城縣〔七一〕，置鉅鹿郡。開皇初郡廢。十年置廉州，十八年改爲稾城縣，大業初州廢。又開皇十六年置柏鄉縣，亦廢入焉。鼓城舊曰曲陽，後齊廢。開皇十六年分置昔陽縣〔七二〕，十八年改爲鼓城。十六年又置廉平縣，大業初併入。

恒山郡後周置恒州。統縣八，户十七萬七千五百七十一。

真定舊置常山郡，開皇初郡廢。十六年分置常山縣。大業初置恒山郡，省常山入焉。滋陽開皇六年置。十六年又置王亭縣，大業初省入焉。有大茂山、歲山〔七三〕。行唐　石邑舊縣，後齊改曰井陘，開皇六年改焉。十六年析置鹿泉縣，大業初併入。有封龍山、抱犢山。九門後齊廢，開皇六年復。大業初，又併新市縣入焉。有許春壘。井陘後齊廢石邑，以置井陘。開皇六年復石邑縣，分置井陘。十六年於井陘置井州，及置葦澤縣。大業初廢州，并廢葦澤縣及蒲吾縣入焉。房山開皇十六年置。靈壽後周置蒲吾郡，開皇初郡廢。

博陵郡舊置定州。後周置總管府，尋罷。統縣十，户十萬二千八百一十七。

鮮虞舊曰盧奴，置鮮虞郡。後齊廢盧奴入安喜。開皇初廢郡，以置鮮虞縣。大業初置博陵郡，又廢安喜入焉。有盧水。北平舊置北平郡。後齊郡廢，又併望都、蒲陰二縣來入。開皇六年又置望都，大業初又廢。有都山、伊祁山〔七四〕。有濡水〔七五〕。唐舊縣，後齊廢，開皇十六年復。有堯山、郎山、中山。恒陽舊曰上曲陽，後齊去「上」字。開皇六年改爲石邑，七年改曰恒陽。有恒山，有恒陽溪，有范水。新樂開皇十六年置。有黄山。隋昌後魏曰魏昌，後齊廢。開皇十六年復，仍改焉。毋極　義豐開皇六年置。舊有安國縣，後齊廢。深澤後齊廢，開皇六年復。安平後齊置博陵郡，開皇初廢。十六年置深州，大業初州廢。

河間郡舊置瀛州〔七六〕。統縣十三，户十七萬三千八百八十三。

河間舊置河間郡，開皇初郡廢。大業初復置郡，併武垣縣入焉。文安有狐狸淀〔七七〕。樂壽舊曰樂城，開皇十八年改爲廣城，仁壽初改焉。束城舊曰束州，後齊廢。開皇十六年置，後改名焉。景城舊曰成平，開皇十八年改焉。高陽舊置高陽郡，開皇初郡廢。十六年置蒲州，大業初州廢，并任丘縣入焉。鄚有易城縣，後齊廢。開皇中置永寧縣，大業初廢入焉。博野舊曰博陸，後魏改爲博野，後齊廢蠡吾縣入焉。有君子淀。清苑舊曰樂鄉。後齊省樊輿〔七八〕、北新城、清苑、樂鄉入永寧，改名焉。開皇十八年改爲清苑。長蘆開皇初置，并立漳河郡，郡尋廢。十六年置景州，大業初州廢。平舒舊置章武郡，開皇初廢。魯城開皇十六年置。饒陽開皇十六年分置安平、蕪蔞二縣，大業初省入焉。

涿郡舊置幽州，後齊置東北道行臺。後周平齊，改置總管府。大業初府廢。統縣九，户八萬四千五十九。

薊舊置燕郡，開皇初廢，大業初置涿郡。良鄉　安次　涿舊置范陽郡，開皇初郡廢。固安舊曰故安，開皇六年改焉。雍奴　昌平舊置東燕州及昌平郡〔七九〕。後周州郡並廢，後又置平昌郡。開皇初郡廢，又省萬年縣入焉。有關官。有長城。懷戎後齊置北燕州，領長寧、永豐二郡。後周去「北」字。開皇初郡廢，大業初州廢。有喬山、歷陽山、大、小翮山。有漷水、湛水、涿水、阪泉水。潞舊置漁陽郡，開皇初廢。

上谷郡開皇元年置易州。統縣六，户三萬八千七百。

易開皇初置黎郡，尋廢。十六年置縣。大業初置上谷郡。舊有故安縣，後齊廢。有駮牛山、五迴嶺。有易水、徐水。淶水舊曰遒縣，後周廢。開皇元年，以范陽爲遒，更置范陽於此。六年改爲固安，八年廢。十年又置，爲永陽。十八年改爲淶水。遒舊范陽居此，俗號小范陽。開皇初改爲遒。遂城舊曰武遂。後魏置南營州，淮營州置五郡十一縣：龍城、廣興、定荒屬昌黎郡；石城、廣都屬建德郡〔八〇〕；襄平、新昌屬遼東郡；永樂屬樂浪郡；富平、帶方、永安屬營丘郡。後齊唯留昌黎一郡〔八一〕，領永樂、新昌二縣，餘並省。開皇元年州移，三年郡廢，十八年改爲遂城。有龍山。永樂舊曰北平，後周改名焉。有郎山。飛狐後周置，曰廣昌。仁壽初改焉。有栗山。有巨馬河。

漁陽郡開皇六年徙玄州於此，并立總管府。大業初府廢。統縣一，户三千九百二十五。

無終後齊置，後周又廢徐無縣入焉。大業初置漁陽郡。有長城。有燕山、無終山。有泃河〔八二〕、如河、庚水、灅水、濫水。有海。

北平郡舊置平州。統縣一，户二千二百六十九。

盧龍舊置北平郡，領新昌、朝鮮二縣。後齊省朝鮮入新昌，又省遼西郡并所領海陽縣入肥如。開皇六年又省肥如入新昌，十八年改名盧龍。大業初置北平郡。有長城。有關官。有臨渝宮。有覆舟山。有碣石。有玄水、盧水、温水〔八三〕、潤水〔八四〕、龍鮮水、巨梁水〔八五〕。有海。

安樂郡舊置安州，後周改爲玄州。開皇十六年州徙〔八六〕，尋置檀州。統縣二，户七千五百九十九。

燕樂後魏置廣陽郡，領大興〔八七〕、方城、燕樂三縣。後齊廢郡，以大興、方城入焉。大業初置安樂郡。有長城。有沽河。密雲後魏置密雲郡，領白檀、要陽、密雲三縣。後齊廢郡及二縣入密雲。又有舊安樂郡，領安市、土垠二縣，後齊廢土垠入安市，後周廢安市入密雲縣。開皇初郡廢。有長城。有桃花山、螺山。有漁水。

遼西郡舊置營州，開皇初置總管府，大業初府廢。統縣一，户七百五十一。

柳城後魏置營州於和龍城，領建德、冀陽、昌黎、遼東、樂浪、營丘等郡，龍城、大興、永樂、帶方、定荒、石城、廣都、陽武、襄平、新昌〔八八〕、平剛、柳城、富平等縣。後齊唯留建德、冀陽二郡，永樂、帶方、龍城、大興等縣，其餘並廢。開皇元年唯留建德一郡，龍城一縣，其餘並廢。尋又廢郡，改縣爲龍山，十八年改爲柳城。大業初，置遼西郡。有帶方山、禿黎山、雞鳴山、松山。有渝水、白狼水。

冀州於古，堯之都也。舜分州爲十二，冀州析置幽、并。其於天文，自胃七度至畢十一度，爲大梁，屬冀州。自尾十度至南斗十一度，爲析木，屬幽州。自危十六度至奎四度，爲娵訾，屬并州。自柳九度至張十六度，爲鶉火，屬三河，則河内、河東也。准之星次，本皆冀州之域，帝居所在，故其界尤大。至夏廢幽、并入焉，得唐之舊矣。信都、清河、河間、博陵、恒山、趙郡、武安、襄國，其俗頗同。人性多敦厚，務在農桑，好尚儒學，而傷於遲重。前代稱冀、幽之士鈍如椎，蓋取此焉。俗重氣俠，好結朋黨，其相赴死生，亦出於仁義。故班志述其土風，悲歌忼慨，椎剽掘冢，亦自古之所患焉。前諺云「仕宦不偶遇冀部」〔八九〕，實弊此也。魏郡，鄴都所在，浮巧成俗，彫刻之工，特云精妙，士女被服，咸以奢麗相高，其性所尚習，得京、洛之風矣。語曰：「魏郡、清河，天公無奈何！」斯皆輕狡所致。汲郡、河内，得殷之故壤，考之舊說，有紂之餘教。汲又衞地，習仲由之勇，故漢之官人，得以便宜從事，其多行殺戮，本以此焉。今風俗頗移，皆向於禮矣。長平、上黨，人多重農桑，性尤朴直，蓋少輕詐。河東、絳郡、文城、臨汾、龍泉、西河，土地沃少塉多，是以傷於儉嗇。其俗剛强，亦風氣然乎？太原山川重複，實一都之會，本雖後齊別都，人物殷阜，然不甚機巧。俗與上黨頗同，人性勁悍，習於戎馬。離石、雁門、馬邑、定襄、樓煩、涿郡、上谷、漁陽、北平、安樂、遼西，皆連接邊郡，習尚與太原同俗，故自古言勇俠者，皆推幽、并云。然涿郡、太原，自前代已來，皆多文雅之士，雖俱曰邊郡，然風教不爲比也。

北海郡舊置青州，後周置總管府，開皇十四年府廢。統縣十，户十四萬七千八百四十五。

益都舊置齊郡，開皇初廢，大業初置北海郡。有堯山、猫山。臨淄及東安平、西安，並後齊廢。千乘舊置樂安郡，開皇初郡廢。開皇十六年又置臨淄及時水縣。大業初廢高陽、時水二縣入焉。有社山、葵丘、牛山、稷山。博昌舊曰樂安，開皇十六年改焉。又十八年析置新河縣，大業初廢入焉。壽光開皇十六年置閭丘縣，大業初廢入焉。臨朐舊曰昌國。開皇六年改爲逢山，又置般陽縣。大業初改曰臨朐，并廢般陽入焉。有逢山、沂山〔九〇〕、穆陵山〔九一〕、大峴山。有汶水、浯水〔九二〕。都昌有箕山、阜山、白狼山。北海舊曰下密，置北海郡。後齊改郡曰高陽，開皇初郡廢。十六年分置濰州，大業初州廢，縣改名焉。營丘後齊廢，開皇十六年復。有叢角山、女節山〔九三〕。下密後魏曰膠東，後齊廢。開皇六年復，改爲濰水。大業初改名焉。有鐵山。有溉水。

齊郡舊曰齊州。統縣十，户十五萬二千三百二十三。

歷城舊置濟南郡，開皇初廢。大業初置齊郡，廢山荏縣入焉。有舜山、雞山、盧山、鵲山、華山、鮑山。祝阿　臨邑　臨濟開皇六年置，曰朝陽。十六年改曰臨濟，别置朝陽。大業初廢入焉。

鄒平舊曰平原，開皇十八年改名焉。章丘舊曰高唐，開皇十六年改焉，又置營城縣。大業初廢入焉。又宋置東魏郡，後齊廢。有東陵山、長白山、龍盤山。長山舊曰武彊，置廣川郡，併東清河、平原二郡入，改曰東平原郡。開皇初郡廢。又十六年置濟南縣，十八年改武彊曰長山。大業初省濟南縣入焉。高苑後齊曰長樂。開皇十八年改爲會城。大業初改焉。亭山舊曰衛國，後齊併土鼓、肥鄉入焉。開皇六年改名亭山。有龍舟山、儒山。淄川舊曰貝丘，置東清河郡。後齊郡廢。開皇十六年置淄州，十八年縣改名焉。大業初州廢。

東萊郡舊置光州，開皇五年改曰萊州。統縣九，户九萬三百五十一。

掖舊置東萊郡，後齊併曲城、當利二縣入焉。開皇初廢郡，大業初復置郡。有缶山。有掖水、光水〔九四〕。膠水舊曰長廣，仁壽元年改名焉。有明堂山。盧鄉後齊盧鄉及挺城並廢。開皇十六年復置盧鄉，并廢挺城入焉。即墨後齊及不其縣並廢。開皇十六年復，并廢不其入焉。有大勞山、馬山。有田横島。觀陽後周廢。開皇十六年復，又分置牟州。大業初州廢。昌陽有巨神山。黄舊置東牟、長廣二郡，後齊廢東牟郡入長廣郡，開皇初郡廢。牟平有牟山、龍山、金山、九目山。文登後齊置。有石橋。有文登山、斥山、之罘山。

高密郡舊置膠州，開皇五年改爲密州。統縣七，户七萬一千九百二十。

諸城舊曰東武，置高密郡。開皇初郡廢，十八年縣改名焉。大業初復置郡。有烽火山。東莞後齊併姑幕縣入焉。有箕山、濰水。郚城舊置平昌郡。後齊廢郡，置琅邪縣，廢朱虛入焉。大業初改名郚城。安丘開皇十六年置，曰牟山。大業初改名，并省安昌入焉。高密後齊廢淳于縣入焉。膠西舊曰黔陬，置平昌郡。開皇初郡廢。十六年置縣，曰膠西。大業初又以黔陬入焉。琅邪開皇十六年置，曰豐泉。大業初改焉。有徐山、盧山、郚日山、膠水。

周禮職方氏：「正東曰青州。」其在天官，自須女八度至危十五度，爲玄枵，於辰在子，齊之分野。吳札觀樂，聞齊之歌曰：「泱泱乎大風也哉，國未可量也。」在漢之時，俗彌侈泰，織作冰紈綺繡純麗之物，號爲冠帶衣履天下。始太公以尊賢尚智爲教，故士庶傳習其風，莫不矜于功名，依於經術，闊達多智，志度舒緩。其爲失也，夸奢朋黨，言與行謬。齊郡舊曰濟南，其俗好教飾子女淫哇之音，能使骨騰肉飛，傾詭人目。俗云「齊倡」，本出此也。祝阿縣俗，賓婚大會，餚饌雖豐，至於蒸膾，嘗之而已，多則謂之不敬，共相誚責，此其異也。大抵數郡風俗，與古不殊，男子多務農桑，崇尚學業，其歸于儉約，則頗變舊風。東萊人尤朴魯，故特少文義。

校勘記

〔一〕全鳩澗　原作「金鳩澗」，水經注卷四河水作「全鳩澗」，寰宇記卷六陝州閿鄉縣下稱：「全鳩水，一名全節水，戾太子亡匿處。」今據改。

〔二〕騩山　原作「魏山」，水經注卷四河水作「騩山」，今據改。

〔三〕緱山　寰宇記卷五河南府鞏縣作「侯山」，引盧元明嵩山記：「漢有王彥者，隱于此山，景帝累徵不出，遂就而封侯，山因爲名。」

〔四〕又復後魏置南澠池縣　楊守敬考證卷三認爲「復」字爲衍文。

〔五〕轘轅山　「轘轅」，原作「軒轅」，左傳襄公二十一年、元和志卷五河南府緱氏縣作「轘轅」，今據改。

〔六〕白檡縣　魏書卷一〇六中地形志中作「白擇縣」。下同，不另出校。

〔七〕嵇山　原作「稽山」，水經注卷三〇淮水作「嵇山」，三國志卷二一魏書王粲傳附嵇康傳裴注引虞預晉書「銍有嵇山，家于其側，遂氏焉」，今據改。

〔八〕濫泉　疑應作「温泉」。寰宇記卷八汝州梁縣有「温湯」，新唐書卷三八地理志二梁縣：「西南五十里有温湯，可以熟米。又有黃女湯。高宗置温泉頓。」水經注卷二一汝水作「温泉」。

〔九〕後置魯州　錢大昕考異卷三三：「永安中，置廣州於魯陽，而齊、周因之，史未見『魯州』之名，當爲『廣州』之誤也。」隋書求是隋書州郡牧守編年表二四七條認爲「廣州」之作「魯州」，蓋隋仁壽中避隋煬帝諱改。

〔一〇〕東魏置蔡州　「置」下原有「終」字，錢大昕考異卷三三、楊守敬考證卷三認爲「終」字爲衍文，今據刪。

〔一一〕舊曰安昌置初安郡廢十八年縣改名焉　寰宇記卷一一蔡州朗山縣：「後魏真君二年于朗陵故城復置安昌縣，以隸初安郡。隋開皇三年自朗陵故城移安昌縣于今所，屬豫州，十六年仍改安昌又爲朗山縣。」元和志卷九蔡州朗山縣略同。楊守敬考證卷三認爲「廢」上應奪「開皇初郡」四字。「十八年」、「十六年」未知孰是，姑存疑。

〔一二〕東魏置揚州　「揚州」，疑應作「北揚州」。魏書卷一〇六中地形志中北揚州「天平二年置，治項城」。

〔一三〕開皇初改秣陵爲項縣　「項縣」，當作「項城縣」。元和志卷八陳州項城縣：「隋文帝改項縣加『城』字，屬陳州。」

〔一四〕陽虛山　原作「陽靈山」，據水經注卷一五洛水改。

〔一五〕甲水　原作「申水」，據漢書卷二八上地理志上、水經注卷二七沔水改。

〔一六〕玉城縣　原作「王城縣」，元和志卷六虢州作「玉城縣」，周書卷四四陽雄傳，雄曾進爵玉城縣公。寰宇記卷六虢州玉城縣：「廢帝元年，改石城爲玉城縣，以隸虢，因荆山之石有玉而美，故以名之。」今據改。

〔一七〕西魏置義川郡　「義川郡」上疑奪「東義州」三字。按，下文稱「開皇初郡廢，州改爲虢州。大業初州廢」，此有「郡」無「州」，與下文不屬。寰宇記卷六虢州盧氏縣：「後魏大統中于此立東義州。隋開皇三年改爲虢州，大業三年廢州。」

〔一八〕內鄉舊曰西淅陽郡　元和志卷二一鄧州內鄉縣下載：「後魏於此置析陽郡。」魏書卷一〇六下地形志下析州析陽郡領西析陽、東析陽二縣。寰宇記卷一四二鄧州內鄉縣：「後魏孝文帝於此置析陽郡，理西析陽。」西淅陽應是郡治，此「郡」前疑奪「并置淅陽」四字。

〔一九〕後周廢　楊守敬考證卷三認爲「廢」下應脱「郡」字，稱：「若非廢郡，則下文并二縣入何縣耶？」

〔二〇〕上宛　原作「上苑」，據輿地廣記卷八、新唐書卷四〇地理志四改。

〔二一〕課陽　大清一統志卷一六五、卷一六六作「溧陽」。説文解字：「溧，水也。」芒洛冢墓遺文四編卷二韓智門墓誌，智門父節，「隋南陽郡溧陽縣長」。下文「課水」同，不另出校。

〔二二〕業縣　魏書卷一〇六下地形志下、元和志卷六汝州、舊唐書卷三八地理志一、新唐書卷三八地理志二、寰宇記卷八汝州作「葉縣」。

〔二三〕大業併入　依本志文例，「大業」下疑奪「初」字。

〔二四〕置殷州城陽郡開皇初郡並廢　據上下文意，後「郡」上疑奪「州」字。

〔二五〕准之星次　「准」，原作「淮」，下文冀州序作「准之星次」，今據改。

〔二六〕後齊併涼城縣入焉　「焉」下應補「開皇初郡廢」五字，始能與下文「大業初復置郡」相照應。

〔二七〕開皇六年置　「六年」，原作「十六年」，據楊守敬考證卷四引宋本、至順本改。按，下文稱「十六年分置長垣縣」，可證此「十」字當爲衍文。

〔二八〕舊置東平郡後齊並廢　葉圭綬續山東考古録卷七泰安府東平州：「按此『並』字當指郡與無鹽，『郡』字下當有『及無鹽縣』四字。」

〔二九〕平邑縣　原作「玄邑縣」。上文稱「又有平邑縣」，即指此縣。魏書卷一〇六上地形志上，司州有平邑縣。今據改。

〔三〇〕館陶舊置毛州大業初州廢　元和志卷一六魏州館陶縣：「周大象二年置屯州，以近屯河爲名。隋大業二年廢屯州，以縣屬魏州。」李慈銘隋書札記謂「毛州」應是「屯州」之誤。隋書求是舉漢書卷二九溝洫志「屯氏河」下顔師古注：「屯音大門反。而隋室分析州縣，誤以爲毛氏河，乃置毛州，失之甚矣。」

〔三一〕滴河　原作「滴河」，據殿本改。元和志卷一七棣州滴河縣：「漢成帝鴻嘉四年，河水泛溢爲害，河隄都尉許商鑿此河通海，故以『商』字爲名，後人加『水』焉。」

〔三二〕清池　原作「清地」，據元和志卷一八滄州清池縣、通典卷一八〇州郡一〇古兖州、舊唐書卷三九地理志二改。

〔三三〕安樂舊置平原郡　舊唐書卷三九地理志二：「安德，漢縣，屬平原郡。今州治，至隋不改。」楊守敬考證卷四謂「諸書並無隋改安德爲安樂之説，知此『樂』字爲『德』字之誤無疑」。

〔三四〕平昌後魏置東安郡　魏書卷一〇六上地形志上滄州有安德郡，疑此「東安郡」應作「東安德郡」，蓋魏書同卷冀州復有安德郡，故名。
〔三五〕於辰在辰　後「辰」字原闕，據晉書卷一一天文志上、通志卷三九天文略二、通考卷二八〇象緯考三補。
〔三六〕舊曰鄃　「鄃」，原作「郡」，據漢書卷二八下地理志下、續漢書郡國志二、晉書卷一四地理志上改。
〔三七〕索盧城　原作「素盧城」，據至順本改。魏書卷一〇六上地形志上亦作「索盧城」。
〔三八〕清泉　漢書卷二八上地理志上、魏書卷一〇六上地形志上作「清淵」，本書避唐諱改。
〔三九〕後齊廢千童縣入　葉圭綬認爲「千童」是「發干」之誤。續山東考古録卷四東昌府堂邑縣：「此廢發干入清淵。其時清淵治在今冠縣清水堡也。一統志，發干，後齊省。傳寫訛耳。」
〔四〇〕後魏置林慮郡後齊郡廢後又置開皇初郡廢　「後又置」，當作「後周又置」，元和志卷一六相州林慮縣：「周武帝置林慮郡，隋開皇三年罷郡，縣屬相州。」可證。
〔四一〕後魏置黎陽郡後置黎州　「後置」，疑當作「後周置」，周書卷六武帝紀下，宣政元年春正月「分相州廣平郡置洺州，清河郡置貝州，黎陽郡置黎州」。
〔四二〕澶水　寰宇記卷五七澶州臨河縣：「廢澶淵縣，在縣東四十里。隋開皇十六年割臨河、内黄、頓丘三縣置澶淵縣，南臨澶淵。（中略）唐武德四年以國諱改名澶水，貞觀十七年廢入臨河縣。」「澶水」，唐人諱改。

〔四三〕有大行　「大行」，當作「太行山」。元和志卷一六懷州河内縣：「太行山，在縣北二十五里。」寰宇記卷五三懷州河内縣略同。可證。

〔四四〕引述征記：「太行山首始於河内，自河内北至幽州，凡百嶺，連亘十二州之界。」

〔四四〕濝水　原作「淇水」，據水經注卷四河水改。

〔四五〕平高縣　漢書卷二八上地理志上、晉書卷一四地理志上、魏書卷一〇六上地形志上作「平皋縣」。

〔四六〕沁水舊置廣寧郡後齊郡廢縣改爲永寧　「廣寧郡」，魏書卷一〇六上地形志上、通典卷一七九州郡九高平郡作「泰寧郡」。元和志卷一五澤州沁水縣：「後魏孝莊帝於此置泰寧郡及東永安縣，高齊省郡而縣存。」寰宇記卷四四略同。疑「廣寧郡」應是「泰寧郡」之誤，下奪「及東永安縣」五字。

〔四七〕濩澤有嶕嶢山濩澤山　元和志卷一五澤州陽城縣：「本漢濩澤縣，屬河東郡，因濩澤爲名也。」又載：「濩澤，在縣西北十二里。墨子曰：『舜漁於濩澤。』」寰宇記卷四四略同。疑「濩澤山」之「山」字涉上文「嶕嶢山」而誤衍。

〔四八〕後魏以潞縣被誅遺人置十八年改名黎城　魏書卷一〇六上地形志上刈陵：「二漢、晉曰潞，屬上黨，真君十一年改，後屬。」元和志卷一五潞州黎城縣：「漢爲潞縣之地，後魏太武改潞縣爲刈陵縣，隋開皇十八年改刈陵爲黎城縣。」「置」下當補「刈陵」二字，「十八年」上當補「開皇」二字。又，楊守敬考證卷五謂「遺」當作「遣」。

〔四九〕後魏置縣及義寧郡開皇初廢　「廢」字上疑奪「郡」字。元和志卷一三沁州沁源縣：「後魏莊帝於今理置沁源縣，因沁水爲名也，屬義寧郡。隋開皇三年罷郡，縣屬晉州。」開皇初郡罷而縣未廢。

〔五〇〕河東郡後魏曰秦州　「秦州」，當是「泰州」之誤。魏書卷一〇六下地形志下泰州：「神䴥元年置雍州，延和元年改，太和中罷，天平初復，後陷。」

〔五一〕後周改焉又置永樂郡後省入焉　「永樂郡」，當作「永樂縣」。寰宇記卷四六蒲州永樂縣：「本漢河北縣地，後周武成二年改河北縣爲永樂縣，保定二年省，以地屬芮城。」

〔五二〕東涇山　當作「東陘山」，水經注卷六汾水：「天井水出東陘山西南。」即此。

〔五三〕臨汾縣　原作「臨分縣」，據至順本、汲本改。

〔五四〕并内陽郡　楊守敬考證卷五：「『并』下脱『置』字。」

〔五五〕後魏曰臨汾并置汾西郡　魏書卷一〇六上地形志上，臨汾縣屬晉州平陽郡，無汾西郡。元和志卷一二晉州汾西縣：「高齊又於此置臨汾郡及臨汾縣。」寰宇記卷四三同。本卷上文絳郡太平縣下亦稱「後魏置，後齊省臨汾縣入焉」。此「後魏」當作「後齊」，「汾西」當作「臨汾」，蓋與下文「十八年縣改爲汾西」相亂而誤。

〔五六〕又有後周新城縣開皇十年省入　魏書卷一〇六上地形志上，汾州領西河、吐京、五城、定陽四郡，吐京郡領有新城、吐京二縣。此「後周」疑是「後魏」之誤。

〔五七〕有廣安永定建安三郡寄山城　魏書卷一〇六上地形志上，廓州領廣安、永定、建安三郡，「治肆州敷城界郭城」。楊守敬考證卷五據此認爲，「寄」下當奪「治」字，「山城」爲「崞城」（即地形志之「郭城」）之誤，「山」應是「崞」字之壞文。

〔五八〕紇真山　原作「純真山」。元和志卷一四雲州雲中縣：「紇真山，在縣東三十里。虜語紇真，漢言三十里。其山夏積雪霜。」寰宇記卷四九雲州雲中縣同。御覽卷四五地部一〇河北諸山引冀州圖經：「紇真山在城東北，登之望桑乾代郡，數百里内宛然。」今據改。

〔五九〕汾陽宫　原作「汾陽官」，據至順本改。

〔六〇〕關官　「官」，原作「宫」，據至順本、殿本改。

〔六一〕管涔山　寰宇記卷四一嵐州靜樂縣，管涔山，一名菅涔山，「土人云：『其山多菅草，或以爲名。』」「管」、「菅」形近易訛，姑存疑。

〔六二〕秀容舊置肆州　「肆州」，原作「泗州」，據魏書卷一〇六上地形志上改。

〔六三〕又廢銅川　依本志文例，「銅川」下應有「入焉」二字。

〔六四〕有文水泌水　「泌水」，原作「沁水」，水經注卷六文水：「文水出文谷，東逕大陵縣故城西，而南流，有泌水注之。」今據改。

〔六五〕祁　原作「祈」，據至順本改。漢書卷二八上地理志上、晉書卷一四地理志上亦作「祁」。

〔六六〕涂水　原作「徐水」，水經注卷六洞過水：「洞過水又西南爲淳湖，謂之洞過澤，而涂水注之。水出陽邑縣東北大嵰山涂谷。」今據改。

〔六七〕南巒縣　原作「南蛮縣」，漢書卷二八上地理志上鉅鹿郡、元和志卷一五邢州鉅鹿縣、寰宇記卷五九邢州鉅鹿縣作「南巒縣」，今據改。至順本、汲本作「南蠻縣」，亦誤。

〔六八〕干言山　原作「千言山」，汲本作「于言山」，寰宇記卷五九邢州堯山縣：「李公緒趙記云：『柏仁有干言山，衛詩云：「出宿于干，飲餞于言」，是此山也。』」今據改。

〔六九〕改廣平爲永年　元和志卷一五洺州永年縣：「仁壽元年改廣年爲永年，避煬帝諱也。」楊守敬考證卷五據此認爲「廣平」應是「廣年」之誤，稱「蓋上既云改廣平爲雞澤，則廣平已廢，而通典、舊唐志、寰宇記、輿地廣記又皆作『改廣平爲永年』，則其誤已久」。

〔七〇〕有宋子縣後齊廢　下文稱「大業初置趙郡，廢宋子縣入焉」，則「後齊廢」下當奪「開皇初復置」五字。

〔七一〕改爲高城縣　「高城縣」，原作「稾城縣」，元和志卷一七恒州稾城縣「高齊改爲高城縣」，與下文開皇十八年「改爲稾城縣」相契合。今據改。

〔七二〕開皇十六年分置昔陽縣　「昔陽縣」，原作「晉陽縣」，據水經注卷一〇濁漳水、元和志卷一七恒州鼓城縣、寰宇記卷六一鎮州鼓城縣改。又「十六年」，元和志、寰宇記作「六年」，寰宇記下文稱：「十年改屬廉州，十八年改昔陽縣爲鼓城。」據此，則當以「六年」爲是。

〔七三〕歲山　至順本、汲本作「濊山」。

〔七四〕伊祁山　原作「伊祈山」，寰宇記卷六二定州望都縣：「伊祁山，堯住此山，後因作姓。」今據改。

〔七五〕濡水　原作「漂水」，據水經注卷一一易水、元和志卷一八定州北平縣、寰宇記卷六二定州北平縣改。

〔七六〕瀛州　原作「嬴州」。寰宇記卷六六瀛州：「後魏太和十一年分定州河間、高陽，冀州章武三郡置瀛州，以瀛海爲名。」今據改。

〔七七〕狐狸淀　原作「狐狸液」，寰宇記卷六七霸州文安縣作「狐狸淀」，引隋圖經「文安狐狸淀，俗謂之掘鯉淀」。今據改。

〔七八〕樊輿　原作「樊與」，據水經注卷一一易水改。魏書卷一〇六上地形志上扶輿「前漢屬涿，後漢罷，晉復屬。前漢、晉曰樊輿，後罷。太和中改，復」。

〔七九〕舊置東燕州及昌平郡　「昌平郡」，原作「平昌郡」。水經注卷一三㶟水載，祁夷水「又逕昌平郡東，魏太和中置，西南去故城六十里」。又，魏書卷一六道武七王江陽王繼傳附羅侯傳：「家於燕州之昌平郡，（中略）就拜昌平太守。」魏書卷六三宋弁傳附宋維傳：「黜爲燕州昌平郡守。」今據改。

〔八〇〕淮營州置五郡十一縣龍城廣興定荒屬昌黎郡石城廣都屬建德郡　「一縣龍城廣興定荒屬昌

黎郡石城廣」十五字原闕，此從錢大昕考異卷三三據魏書卷一〇六上地形志上補。又，楊守敬考證卷五疑「淮營州」三字爲衍文；李慈銘隋書札記謂「淮」應作「淮」。

〔八二〕後齊唯留昌黎一郡　「昌黎」，原作「黎」，錢大昕考異卷三三、楊守敬考證卷五謂奪「昌」字，今據補。

〔八三〕泃河　原作「洵河」，據水經注卷一四鮑丘水改。

〔八四〕温水　原作「涅水」，據水經注卷一四濡水改。

〔八五〕潤水　原作「閏水」。水經注卷一四濡水，洛水「出盧龍塞，西南流注濡水，又屈而流，左得潤水，又會敖水，二水並自盧龍西注濡水」。今據改。

〔八六〕巨梁水　原作「臣梁水」。水經注卷一四鮑丘水：「鮑丘水又東，巨梁水注之，水出土垠縣北陳宮山。」今據改。

〔八七〕後周改爲玄州開皇十六年州徙　上文漁陽郡下稱「開皇六年徙玄州於此」，與本條相差十年。按，寰宇記卷七〇薊州：「至隋開皇初徙玄州于此。」卷七一檀州引隋圖經：隋「開皇初徙玄州于漁陽，今漁陽郡是也」。疑「十」字衍。

〔八八〕大興　魏書卷一〇六上地形志上作「廣興」，稱「延和二年置，真君九年併恒山，屬」。蓋隋避煬帝諱改。

〔八九〕新昌　原作「親昌」，據至順本改。魏書卷一〇六上地形志上亦作「新昌」。

部』。」

〔八九〕仕官不偶遇冀部　「官」，疑是「宦」之誤字。御覽卷一六一州郡部七冀州引十三州志「仕宦不偶值冀部」，寰宇記卷六三冀州引同。寰宇記卷六一鎮州亦稱：「語云『仕宦不偶值冀部』。」

〔九〇〕沂山　原作「汴山」，據水經注卷二五沂水、元和志卷一一沂州沂水縣改。

〔九一〕穆陵山　原作「穆凌山」，據至順本、汲本改。元和志卷一一沂州沂水縣亦作「穆陵山」。

〔九二〕浯水　原作「涪水」，據水經注卷二五濰水、元和志卷一一密州輔唐縣引三齊記改。

〔九三〕女節山　疑是「節女山」誤倒。寰宇記卷一八濰州北海縣：「節女山，在縣西北三十五里。郡國志云：『北海縣節女，當齊湣王伐楚，蘇渾死焉，有五女終身不嫁，呼父魂，葬于此山，因名。』」

〔九四〕光水　光水無考，疑爲「尤水」之誤。左傳昭公二十年「姑、尤以西」杜注：「姑、尤，齊東界也。姑水、尤水皆在城陽郡東南入海。」說見汪士鐸水經注圖之漢萊膠東二郡國圖、楊守敬考證卷六。

隋書卷三十一

志第二十六

地理下

彭城郡　魯　郡　琅邪郡　東海郡　下邳郡　江都郡　鍾離郡
淮南郡　弋陽郡　蘄春郡　廬江郡　同安郡　歷陽郡　丹陽郡
宣城郡　毗陵郡　吴　郡　會稽郡　餘杭郡　新安郡　東陽郡
永嘉郡　建安郡　遂安郡　鄱陽郡　臨川郡　廬陵郡　南康郡
宜春郡　豫章郡　南海郡　龍川郡　義安郡　高涼郡　信安郡
永熙郡　蒼梧郡　始安郡　永平郡　鬱林郡　合浦郡　珠崖郡
寧越郡　交趾郡　九真郡　日南郡　比景郡　海陰郡　林邑郡

南　郡　夷陵郡　竟陵郡　沔陽郡　沅陵郡　武陵郡　清江郡
襄陽郡　舂陵郡　漢東郡　安陸郡　永安郡　義陽郡　九江郡
江夏郡　澧陽郡　巴陵郡　長沙郡　衡山郡　桂陽郡　零陵郡
熙平郡

彭城郡舊置徐州，後齊置東南道行臺，後周立總管府。開皇七年行臺廢，大業四年府廢〔一〕。統縣十一，户一十三萬二百三十二。

彭城舊置郡，後周併沛及南陽平二郡入。開皇初郡廢，大業初復置郡。有呂梁山、徐山。蘄梁置蘄郡。後齊置仁州，又析置龍亢郡。開皇初郡廢，大業初州廢。穀陽後齊置穀陽郡，開皇初郡廢。又有己吾、義城二縣，後齊併以爲臨淮縣，大業初併入焉。沛留後齊廢，開皇十六年復。有微山、黄山。豐蕭舊置沛郡，後齊廢爲承高縣。開皇六年改爲龍城，十八年改爲臨沛，大業初改曰蕭。有相山。滕舊曰蕃，置蕃郡。後齊廢。開皇十六年改曰滕縣〔二〕。蘭陵舊曰承，置蘭陵郡。開皇初郡廢，十六年分承置鄫州及蘭陵縣。大業初州廢，又併蘭陵、鄫城二縣入焉，尋改承爲蘭陵。有抱犢山。符離後齊置睢南郡，開皇初郡廢，有竹邑縣，梁置睢州，開皇三年州廢，又廢竹邑入焉。有女山、定陶山。方與後齊廢，開皇十六年復。

魯郡舊兗州，大業二年改爲魯郡〔三〕。統縣十，户十二萬四千一十九。

瑕丘舊廢，開皇十三年復，帶郡。任城舊置高平郡，開皇初廢。鄒有鄒山、承匡山。曲阜舊曰魯郡，後齊改郡爲任城。開皇三年郡廢，四年改縣曰汶陽，十六年改名曲阜。泗水開皇十六年置。有陪尾山、尼丘山、防山。有洙、泗水。平陸後齊曰樂平，開皇十六年改焉。龔丘後齊曰平原縣，開皇十六年改焉。梁父有龜山。博城舊曰博，置泰山郡。後齊改郡曰東平，又併博平、牟入焉〔四〕。開皇初郡廢，十六年改縣曰汶陽，尋改曰博城。有奉高縣，開皇六年改曰岱山，大業初州廢〔五〕，又廢岱山縣入焉。有岱山、玉符山。嬴開皇十六年分置牟城縣，大業初併入焉。有艾山。有淄水。

琅邪郡舊置北徐州，後周改曰沂州。統縣七，户六萬三千四百二十三。

臨沂舊曰即丘，帶郡。開皇初郡廢，十六年分置臨沂，大業初併即丘入焉。有大祠山。費舊曰南武陽，開皇十八年改名焉。又有南城縣，後齊廢。有開明山。新泰後齊廢蒙陰縣入焉。沂水舊置南青州及東安郡〔六〕，後周改州爲莒州。開皇初郡廢，改縣曰東安。十六年又改曰沂水。大業初州廢。東安後齊廢，開皇十六年復。有松山。莒舊置東莞郡。後齊廢，後置義唐郡。開皇初廢。

東海郡梁置南、北二青州，東魏改爲海州。統縣五，户二萬七千八百五十八。

朐山舊曰朐，置琅邪郡。後周改縣曰朐山，郡曰朐山。開皇初郡廢，大業初復，帶郡。有朐山、羽山。東海舊置廣饒縣及東海郡，後齊分廣饒置東海縣〔七〕。開皇初廢郡及東海縣，仁壽元年，改廣饒曰東海。有謝祿山、鬱林山。漣水舊曰襄賁，置東海郡。東魏改曰海安〔八〕。開皇初郡廢，縣又改焉。沭陽梁置潼陽郡〔九〕。東魏改曰沭陽郡，置縣曰懷文。後周改縣曰沭陽。開皇初郡廢。懷仁梁置南、北二青州。東魏廢州，立義唐郡及懷仁縣〔一〇〕。開皇初郡廢。

下邳郡後魏置南徐州，梁改爲東徐州，東魏又改曰東楚州，陳改爲安州，後周改爲泗州。統縣七，户五萬二千七十。

宿豫舊置宿豫郡，開皇初郡廢。大業初置下邳郡。又梁置朝陽、臨沭二郡，後齊置晉寧郡，尋並廢。夏丘後齊置，並置夏丘郡，尋立潼州。後周改州爲宋州，縣曰晉陵。開皇初郡廢，十八年州廢，縣復曰夏丘。又東魏置臨潼郡、睢陵縣，後齊改郡爲潼郡。又梁置潼州，後齊改曰睢州，尋廢，亦入潼郡。開皇初郡縣並廢。徐城梁置高平郡。東魏又併梁東平、陽平、清河、歸義四郡爲高平縣，又併梁朱沛、循儀、安豐三郡置朱沛縣。又有安遠郡，後齊廢，後周又併朱沛入高平。開皇初郡廢，十八年更名徐城。淮陽梁置淮陽郡。東魏併綏化、呂梁二郡置綏化縣。後周改縣爲淮陽。開皇初郡廢。又有梁臨清、天水、浮陽三郡，東魏併爲甬城縣〔一一〕，後齊改曰文城縣，後周又改爲臨清，開皇三年省入焉。下邳梁曰歸政，置武州、下邳郡。魏改縣爲下邳，置郡不改，改州曰東徐。後周改州爲邳州。開皇初郡廢，大業初州廢。有嶧山、磬石山。良城梁置武安郡，開皇初郡廢，十一年縣更名曰良城。有徐山。郯舊置郡，開皇初廢。

禹貢：「海、岱及淮惟徐州。」彭城、魯郡、琅邪、東海、下邳，得其地焉。在於天文，自奎五度至胃六度，爲降婁，於辰在戌。其在列國，則楚、宋及魯之交。考其舊俗，人頗勁悍輕剽，其士子則挾任節氣，好尚賓遊，此蓋楚之風焉。大抵徐、兗同俗，故其餘諸郡，皆得齊、魯之所尚。莫不賤商賈，務稼穡，尊儒慕學，得洙泗之俗焉。

江都郡梁置南兗州，後齊改爲東廣州，陳復曰南兗，後周改爲吳州。開皇九年改爲揚州，置總管府，大業初府廢。統縣十六，户十一萬五千五百二十四。

江陽舊曰廣陵，後齊置廣陵、江陽二郡。開皇初郡廢，十八年改縣爲邗江，大業初更名江陽。有江都宮、揚子宮。有陵湖。江都自梁及隋，或廢或置。海陵梁置海陵郡。開皇初郡廢，又併建陵縣入，尋析置江浦縣，大業初省入。寧海開皇初併如皋縣入。高郵梁析置竹塘、三歸二縣，及置廣業郡，尋以有嘉禾，爲神農郡。開皇初郡廢，又併竹塘、三歸、臨澤三縣入焉。安宜梁置陽平郡及東莞郡。開皇初郡廢，又廢石鱉縣入焉。有白馬湖。山陽舊置山陽郡，開皇初郡廢。十二年置楚州，大業初州廢。有後魏淮陰郡，東魏改爲淮州，後齊併魯、富陵立懷恩縣，後周改曰壽張，又僑立東平郡。開皇元年改郡爲淮陰，并立楚州，尋廢郡，更改縣曰淮陰。大業初州廢，縣併入焉。盱眙舊魏置盱眙郡〔一二〕。陳置北譙州，尋省。開皇初郡廢，又併考城、直瀆、陽城三縣入。有都梁山。鹽城後齊置射陽郡，陳改曰鹽城，開皇初郡廢。清流舊曰頓丘，置新昌郡及南譙州。開皇初改爲滁州，郡廢。又廢樂鉅、高塘二縣入頓丘，改曰新昌。十八年又改爲清流。大業初州廢。有白禪山、曲亭山。全椒梁曰北譙，置北譙郡。後齊改郡爲臨滁，後周又曰北譙。開皇初郡廢，改縣爲滁水。大業初改名焉。有銅官山、九鬬山。六合舊曰尉氏，置秦郡。後齊置秦州。後周改州曰方州，改郡曰六合。開皇初郡廢，四年改尉氏曰六合，省堂邑、方山二縣入焉。大業初州廢。又後齊置瓦梁郡，陳廢。有瓜步山、六合山。永福舊曰沛，梁置涇城、東陽二郡〔一三〕。陳廢州，併二郡爲沛郡。後周改沛郡爲石梁郡，改沛縣曰石梁縣，省橫山縣入焉。開皇初郡廢。大業初改縣曰永福。有香山、永福山。句容有茅山、浮山、四平山。延陵舊置南徐州、南東海郡，梁改曰蘭陵郡，陳又改爲東海。開皇九年州郡並廢，又廢丹徒縣入焉。十五年置潤州，大業初州廢。有句驪山、黃鵠山、蒜山、長塘湖。曲阿有武進縣，梁改爲蘭陵，開皇九年併入。

鍾離郡後齊曰西楚州，開皇二年改曰濠州〔一四〕。統縣四，户三萬五千一十五。

鍾離舊置郡，開皇初郡廢。大業中復置郡。定遠舊曰東城。梁改曰定遠，置臨濠郡。後齊改曰廣安。開皇初郡廢。又有舊九江郡，後齊廢爲曲陽縣，縣尋廢。又有梁置安州，侯景亂廢。化明故曰睢陵，置濟陰郡。後齊改縣曰池南，陳復曰睢陵，後周改爲昭義。開皇初郡廢，大業初縣改名焉。塗山舊曰當塗。後齊改曰馬頭，置郡曰荆山。開皇初改縣曰塗山，廢郡。有當塗山。

淮南郡舊曰豫州，後魏曰揚州，梁曰南豫州，東魏曰揚州，陳又曰豫州，後周曰揚州。開皇九年曰壽州，置總管府，大業元年府廢。統縣四，户三萬四千二百七十八。

壽春舊有淮南、梁郡、北譙、汝陰等郡，開皇初並廢，并廢蒙縣入焉。大業初置淮南郡〔一五〕。有八公山、門溪。安豐梁置陳留、安豐二郡，開皇初並廢。有芍陂。霍丘梁置安豐郡，東魏廢。開皇十九年置縣，名焉。長平梁置北陳郡，開皇初廢，又併西華縣入。

弋陽郡梁置光州。統縣六，户四萬一千四百三十三。

光山舊置光城郡。開皇初郡廢，十八年置縣焉。大業初置光陽郡。又有舊黄川郡，梁廢。樂安梁置宋安郡，及宋安、光城二縣，又有豐安郡，開皇三年並廢入焉。有弋陽山、浮光山〔一六〕、金山、錫山。定城後齊置南郢州，後廢入南、北二弋陽縣，後又省北弋陽入南弋陽，改爲定遠焉〔一七〕。又後魏置弋陽郡，及有梁東新蔡縣。後周改爲淮南郡。又後齊置齊安、新蔡二郡，及廢舊義州，立東光城郡。至開皇初，五郡及郢州並廢。殷城舊曰包信，開皇初改名焉。梁置義城郡及建州，并所領平高、新蔡、新城三郡〔一八〕，開皇初並廢。有大蘇山、南松山。固始梁曰蓼縣。後齊改名焉，置北建州，尋廢州，置新蔡郡。後周改置澮州。開皇初州郡並廢入，又改縣爲固始。有安陽山〔一九〕。期思陳置邊城郡。開皇初郡廢，改縣名焉。有後齊光化郡，亦廢入焉。有大別山。

蘄春郡後齊置雍州〔二〇〕，後周改曰蘄州。開皇初置總管府，九年府廢。統縣五，戶三萬四千六百九十。

蘄春舊曰蘄陽，梁改曰蘄水。後齊改曰齊昌，置齊昌郡。開皇十八年改爲蘄春。開皇初郡廢。有安山。浠水舊置永安郡，開皇初郡廢。有石鼓山。蘄水舊曰蘄春，梁改名焉。有鼓吹山。有蘄水。黃梅舊曰永興，開皇初改曰新蔡，十八年改名焉。有黃梅山。羅田梁置義州、義城郡，開皇初並廢。

廬江郡梁置南豫州，又改爲合州。開皇初改爲廬州。統縣七，戶四萬一千六百三十二。

合肥梁曰汝陰，置汝陰郡。後齊分置北陳郡。開皇初郡廢，縣改名焉。廬江齊置廬江郡，梁置湘州，後齊州廢，開皇初郡廢。有冶甫山、上薄山、三公山、聖山、藍家山。襄安梁曰蘄，開皇初改焉。有龜山、紫微山、亞父山、半陽山、白石山、四鼎山。慎東魏置平梁郡，陳曰梁郡，開皇初郡廢。有浮闍山。霍山梁置霍州及岳安郡、岳安縣。後齊州廢。開皇初郡廢，縣改名焉。潪水梁置北沛郡及新蔡縣。開皇初郡廢，又廢新蔡入焉。有墜星山。開化梁置。有衡山、九公山、蹋鼓山、天山、多智山。

同安郡梁置豫州，後改曰晉州，後齊改曰江州，陳又曰晉州，開皇初曰熙州。統縣五，戶二萬一千七百六十六。

懷寧舊置晉熙郡，開皇初郡廢。大業三年置同安郡。宿松梁置高塘郡〔一一〕。開皇初郡廢，改縣曰高塘，十八年又改名焉。有雷水。太湖開皇初改爲晉熙，十八年復改名焉。望江陳置大雷郡。開皇十一年改曰義鄉，十八年改名焉。同安舊曰樅陽，并置樅陽郡。開皇初郡廢，十八年縣改名焉。有浮度山。

歷陽郡後齊立和州。統縣二，户八千二百五十四。

歷陽舊置歷陽郡，開皇初郡廢。大業初復置郡。烏江梁置江都郡，後齊改爲齊江郡，陳又改爲臨江郡，周改爲同江郡。開皇初郡廢。大業初置歷陽郡〔一二〕。有六合山。

丹陽郡自東晉已後置郡曰揚州。平陳，詔並平蕩耕墾，更於石頭城置蔣州。統縣三，户二萬四千一百二十五。

江寧梁置丹陽郡及南丹陽郡，陳省南丹陽郡。平陳，又廢丹陽郡，并以秣陵、建康、同夏三縣入焉。大業初置丹陽郡。有蔣山。當塗舊置淮南郡。平陳，廢郡，并襄垣、于湖〔一三〕、繁昌〔一四〕、西鄉入焉。有天門山、楚山。溧水舊曰溧陽。開皇九年廢丹陽郡入〔一五〕，十八年改焉。有赭山、廬山、楚山。

宣城郡舊置南豫州。平陳，改爲宣州。統縣六，户一萬九千九百七十九。

宣城舊曰宛陵，置宣城郡。平陳，郡廢，仍併懷安、寧國、當塗、浚遒四縣入焉。大業初置郡。有敬亭山。涇平陳，省安吳、南陽二縣入焉。有蓋山、陵陽山。南陵梁置，併置南陵郡，陳置北江州。平陳，州郡並廢，并所管石城、臨城、定陵、故治〔二六〕、南陵五縣入焉。秋浦舊曰石城。平陳廢，開皇十九年置，改名焉。永世平陳廢，開皇十二年又置。有靈光山。綏安舊曰石封，平陳，改名焉〔二七〕。梁末立大梁郡，又改爲陳留。平陳，郡廢，省大德、故鄣、安吉、原鄉四縣入焉。

毗陵郡平陳，置常州。統縣四，戶一萬七千五百九十九。

晉陵舊置晉陵郡。平陳，郡廢。大業初置郡。有橫山。江陰梁置，及置江陰郡。平陳，廢郡及利城梁豐縣入焉。有毗陵山。無錫有九龍山。義興舊曰陽羨，置義興郡。平陳，郡廢，改縣名焉，又廢義鄉、國山、臨津三縣入焉〔二八〕。有計山、洞庭山。

吳郡陳置吳州。平陳，改曰蘇州，大業初復曰吳州。統縣五，戶一萬八千三百七十七。

吳舊置吳郡。平陳，郡廢，大業初復置。有胥山〔二九〕、橫山、華山、黃山、姑蘇山、太湖。昆山梁置。平陳廢，開皇十八年復。常熟舊曰南沙，梁置信義郡。平陳廢，并所領海陽、前京、信義、海虞、興國、南沙入焉。有虞山。烏程舊置吳興郡。平陳，郡廢，并東遷縣入焉。仁壽中置湖州，大業初州廢。有雉山。長城平陳廢，仁壽二年復。有卞山。

會稽郡梁置東揚州。陳初省，尋復。平陳，改曰吳州，置總管府。大業初府廢，置越州。統縣四，戶二萬二百七十一。

會稽舊置會稽郡。平陳，郡廢，及廢山陰、永興、上虞、始寧四縣入，大業初置郡。有稷山、重山〔三〇〕、會稽山。句章平陳，併餘姚、鄞、鄮三縣入〔三一〕。有太白山、方山。剡有桐柏山。諸暨有泄溪、大農湖。

餘杭郡平陳，置杭州。仁壽中置總管府，大業初府廢。統縣六，户一萬五千三百八十。

錢唐舊置錢唐郡。平陳，廢郡，并所領新城縣入。大業三年置餘杭郡。有粟山、石甑山〔三二〕、臨平湖。富陽有石頭山、鷄籠山。餘杭有由拳山、金鵝山。於潛有天目山、石鏡山。有桐溪。鹽官有蜀山。武康平陳廢，仁壽二年復。有封嵎山、青山、白鵠山。

新安郡平陳，置歙州。統縣三，户六千一百六十四。

休寧舊曰海寧，開皇十八年改名焉。大業初置郡。歙平陳廢，十一年復。黟平陳廢，十一年復。

東陽郡平陳，置婺州。統縣四，户一萬九千八百五。

金華舊曰長山，置金華郡。平陳，郡廢，又廢建德、太末、豐安三縣入，改爲吴寧縣。十二年改曰東陽，十八年改名焉。大業初置東陽郡。有長山、龍山、樓山、丘山〔三三〕。有赤松澗。永康　烏傷有香山、歌山。信安有江山、悲思嶺。有定陽溪。

永嘉郡開皇九年置處州，十二年改曰括州。統縣四，户一萬五百四十二。

括倉平陳，置縣，大業初置永嘉郡。有繒雲山、括倉山。永嘉舊曰永寧，置永嘉郡。平陳，郡廢，縣改名焉。有芙蓉山。松陽　臨海舊曰章安，置臨海郡。平陳，郡廢，縣改名焉。有赤山、天台山。

建安郡陳置閩州，仍廢，後又置豐州。平陳，改曰泉州。大業初改曰閩州。統縣四，户一萬二千四百二十。

閩舊曰東侯官，置晉安郡。平陳，郡廢，縣改曰原豐。十二年改曰閩，大業初置建安郡。有岱山、飛山。建安舊置建安郡。平陳廢。南安舊曰晉安，置南安郡。平陳，郡廢，縣改名焉；又置莆田縣，尋廢入焉。龍溪梁置，開皇十二年併蘭水、綏安二縣入焉。

遂安郡仁壽三年置睦州。統縣三，户七千三百四十三。

雉山舊置新安郡。平陳，廢爲新安縣。大業初縣改名焉，置遂安郡。有仙壇山。遂安平陳廢，仁壽中復。桐廬平陳廢，仁壽中復。有白石山。

鄱陽郡梁置吴州，陳廢。平陳，置饒州。統縣三，户一萬一百二。

鄱陽舊置鄱陽郡。平陳廢，又有陳銀城縣廢入焉〔三四〕。大業初復置郡。餘干　弋陽舊曰葛陽，開皇十二年改。有弋水。

臨川郡平陳，置撫州。統縣四，户一萬九百。

臨川舊置臨川郡。平陳，郡廢，大業三年復置郡。有銅山、黃山。有蒙水。南城有五章山。崇仁梁置巴山郡，領大豐、新安、巴山、新建、興平、豐城、西寧七縣。平陳，郡縣並廢，以置縣焉。邵武開皇十二年置。

廬陵郡平陳，置吉州。統縣四，户二萬三千七百一十四。

廬陵舊置廬陵郡。平陳廢，大業初復置。泰和平陳置，曰西昌。十一年省東昌入，更名焉。安復舊置安成郡。平陳，郡廢，縣改曰安成。十八年又曰安復。有更生山、長嶺。新淦有玉笥山。

南康郡開皇九年置虔州。統縣四，户一萬一千一百六十八。

贛舊曰南康，置南康郡。平陳，郡廢。大業初縣改名焉，尋置郡。有儲山。有贛水。虔化舊曰寧都，開皇十八年改名焉。有石鼓山。雩都舊廢，平陳置。有金鷄山、君山。南康舊曰贛，大業初改名焉。有廩山、上洛山、贛山。

宜春郡平陳，置袁州。統縣三，户一萬一百一十六。

宜春舊曰宜陽。開皇十一年廢吴平縣入，十八年改名焉。大業初置郡。有盧溪、渝水。萍鄉有宜春江。新喻

豫章郡平陳，置洪州總管府。大業初府廢。統縣四，户一萬二千二十一。

豫章舊置豫章郡。平陳，郡廢。大業初復置郡。豐城平陳廢。十二年置，曰廣豐。仁壽初改名

焉。建昌開皇九年省并、永脩、豫章、新吳四縣入焉〔三五〕。建城有然石。

南海郡舊置廣州，梁、陳並置都督府〔三六〕。平陳，置總管府。仁壽元年置番州，大業初府廢。統縣十五，戶三萬七千四百八十二。

南海舊置南海郡。平陳，郡廢；又分置番禺縣，尋廢入焉。大業初置郡。曲江舊置始興郡。平陳廢，十六年又廢湞陽縣入焉〔三七〕。有玉山、銀山。始興齊曰正階，梁改名焉，又置安遠郡，置東衡州。平陳，改郡置大庾縣，又於此置廣州總管。開皇末移向南海，又十六年廢大庾入焉。翁源梁置，陳又置清遠郡。平陳郡廢。增城舊置東官郡，平陳廢。有羅浮山。寶安樂昌梁置，曰梁化，又分置平石縣。開皇十二年省平石入，十八年改名焉。四會舊置綏建郡，又有樂昌郡。平陳，二郡並廢。大業初又併始昌縣入焉。化蒙大業初廢威城縣入焉。清遠舊置清遠郡，又分置威正、廉平、恩洽、浮護等四縣。平陳並廢，以置清遠縣。又齊置齊康郡，至是亦廢入焉。含洭梁置衡州、陽山郡。平陳，州改曰洭州，廢郡。二十年州廢。有堯山。政賓舊置東官郡。平陳，郡廢。懷集新會舊置新會郡。平陳，郡廢，又併盆允、永昌、新建、熙潭、化召、懷集六縣入，爲封州。十一年改爲允州，後又改爲岡州。大業初州廢，并廢封樂縣入。有社山。義寧開皇十年廢新夷、初賓二縣入；又有始康縣，廢入封平。大業初又廢封平入焉。有茂山。

龍川郡平陳，置循州總管府。大業初府廢。統縣五，戶六千四百二十。

歸善帶郡。有歸化山、懷安山。河源開皇十一年省龍川縣入焉。又有新豐縣，十八年改曰休吉，大業初省入焉。有龍山、亢山。有脩江。博羅　興寧　海豐有黑龍山。有漲海。

義安郡梁置東揚州，後改曰瀛州〔三八〕，及陳州廢。平陳，置潮州。統縣五，户二千六十六。

海陽舊置義安郡。平陳，郡廢。大業初置郡。有鳳皇山。程鄉　潮陽　海寧有龍溪山。萬川舊曰義招〔三九〕，大業初改名焉。

高涼郡梁置高州。統縣九，户九千九百一十七。

高涼舊置高涼郡。平陳廢，大業初復置。連江梁置連江郡。平陳，郡廢。梁又置梁封縣，開皇十八年改爲義封。梁又置南巴郡。平陳，郡廢爲南巴縣。大業初二縣並廢入。電白梁置電白郡。平陳，郡廢。又有海昌郡廢入焉。杜原舊曰杜陵。梁置杜陵郡，又有永寧、宋康二郡。平陳，並廢爲縣。十八年改杜陵曰杜原，宋康曰義康。大業二年二縣並廢入杜原。海安舊曰齊安，置齊安郡。平陳，郡廢。開皇十八年改縣名焉。陽春梁置陽春郡。平陳，郡廢。石龍舊置羅州、高興郡。平陳，郡廢。大業初州廢。吴川　茂名

信安郡平陳，置端州。統縣七，户一萬七千七百八十七。

高要舊置高要郡。平陳，郡廢。大業初置信安郡。有定山。端溪舊置晉康郡。平陳，郡廢。有端水。樂城開皇十二年廢文招、悦成二縣入。平興舊置宋隆郡，領初寧、建寧、熙穆、崇德、召

興、崇化、南安等縣。平陳，郡廢，并所領縣入焉。又梁置梁泰郡及縣。平陳，郡廢，縣改曰清泰。大業初廢入焉。新興梁置新州、新寧郡。平陳，郡廢。大業初州廢，又廢索盧縣入焉。博林大業初廢撫納縣入。銅陵有流南縣，開皇十八年改曰南流。又有西城縣，大業初廢入。

永熙郡梁置瀧州。統縣六，户一萬四千三百一十九。

瀧水舊置開陽縣，置開陽、平原、羅陽等郡。平陳，郡並廢，以名縣。開皇十八年改平原曰瀧水，羅陽縣爲正義。大業初廢永熙郡〔四〇〕，開陽、正義俱廢入焉。懷德舊曰梁德，置梁德郡。平陳，廢郡。十八年改名懷德。良德陳置，曰務德，後改名焉。安遂梁置建州、廣熙郡，尋廢州，大業初廢郡〔四一〕。永業梁置永業郡，尋改爲縣，後省。開皇十六年又置。永熙大業初併安南縣入。

蒼梧郡梁置成州，開皇初改爲封州。統縣四，户四千五百七十八。

封川梁曰梁信，置梁信郡。平陳，郡廢。十八年改爲封川。大業初又廢封興縣入焉。都城開皇十二年省威城、晉化二縣入焉。蒼梧舊置蒼梧郡。平陳，郡廢。封陽

始安郡梁置桂州。平陳，置總管府。大業元年府廢。統縣十五，户五萬四千五百一十七。

始安舊置始安、梁化二郡。平陳，郡並廢。大業初廢興安縣入焉。平樂有目山〔四二〕。荔浦　建陵　陽朔　象　隋化　義熙舊曰齊熙，置齊熙、黃水二郡及東寧州。平陳，郡並廢。十八年改州曰融州，縣曰義熙。大業初州廢，並廢臨牂、黃水二縣入焉。龍城梁置。馬平開皇十二年

置象州，大業初州廢。桂林大業初併西寧縣入。陽壽有馬平、桂林、象、韶陽等四郡。平陳，並廢。又有淮陽縣，開皇十八年改曰陽寧。大業初省入焉。富川舊置臨賀、樂梁二郡。平陳，並廢，置賀州。大業初州廢，又置臨賀、綏越、蕩山三縣入焉〔四三〕。龍平梁置靜州，梁壽、靜慰二郡。平陳，並廢，又置歸化縣。大業初州廢，又廢歸化、安樂、博勞三縣入焉。豪靜梁置開江、武城二郡，陳置逍遥郡。平陳，郡並廢。又有猛陵、開江二縣，大業初並廢入焉。

永平郡平陳，置藤州。統縣十一，户三萬四千四十九。

永平舊置永平郡。平陳，郡廢。大業置郡。武林有鷰石山。隋建開皇十九年置。安基梁置建陵郡。平陳，郡廢。隋安開皇十九年置。普寧舊曰陰石，梁置陰石郡。平陳，郡廢，改縣爲奉化。開皇十九年又改名焉。戎成〔四四〕梁置，曰遂成〔四五〕。開皇十一年改名焉。有農山。寧人開皇十五年置，曰安人。十八年改名焉。有壽原山。淳人開皇十九年置。大賓開皇十五年置。賀川開皇十九年置，又陳置建陵、綏越、蒼梧、永建等四郡。平陳，並廢。

鬱林郡梁置定州，後改爲南定州。平陳，改爲尹州。大業初改爲鬱州。統縣十二，户五萬九千二百。

鬱林舊置鬱林郡。平陳，郡廢。大業初又置郡，又廢武平、龍山、懷澤、布山四縣入。鬱平 領方梁置領方郡。平陳，郡廢。阿林 石南陳置石南郡。平陳，廢郡。桂平梁置桂平郡。平陳，郡廢。大業初又廢皇化縣入。馬度　安成梁置安成郡。平陳，郡廢。寧浦舊置寧浦郡，梁分立簡陽郡。平陳，郡廢，置簡州。十八年改爲緣州。大業二年州廢。樂山梁置樂陽郡。平陳，改爲樂陽縣。十八年改名焉。嶺山梁置嶺山郡。平陳，改爲嶺縣。十八年改爲嶺山。大業初併武緣縣入。有武緣山。宣化舊置晉興郡。平陳，廢爲縣。開皇十八年改名焉。

合浦郡舊置越州。大業初改爲禄州，尋改爲合州。統縣十一，户二萬八千六百九十。

合浦舊置合浦郡。平陳，郡廢。大業初置郡。南昌　北流大業初廢陸川縣入。封山大業初廢廉昌縣入。定川舊立定川郡。平陳，郡廢。龍蘇舊置龍蘇郡。平陳，郡廢。大業初又併大廉縣入。海康梁大通中，割番州合浦立高州，尋又分立合州。大同末，以合肥爲合州，此置南合州。平陳，以此爲合州，置海康縣。大業初州廢，又廢摸落、羅阿、雷川三縣入。抱成舊曰抱，并置郡。平陳，郡廢。十八年改曰抱成。隋康舊曰齊康，置齊康郡。平陳，郡廢，縣改名焉。扇沙舊有椹縣，開皇十八年改爲椹川，大業初廢入。鐵杷開皇十年置。

珠崖郡梁置崖州。統縣十，户一萬九千五百。

義倫帶郡。感恩　顔盧　毗善　昌化有藤山。吉安　延德　寧遠　澄邁　武德有扶山。

寧越郡梁置安州，開皇十八年改曰欽州。統縣六，户一萬二千六百七十。

欽江舊置宋壽郡。平陳，郡廢。開皇十八年改曰欽江，大業初置寧越郡。安京舊置安京郡。平陳，郡廢。有羅浮山。有武郎江。內亭舊置宋廣郡。平陳，郡廢。十七年改曰新化縣，十八年改名焉。南賓開皇十八年置。遵化開皇二十年置。海安梁置，曰安平，置黄州及寧海郡。平陳，郡廢。十八年改州曰玉州。大業初州廢，其年又省海平、玉山二縣入。

交趾郡舊曰交州。統縣九，户三萬五十六。

宋平舊置宋平郡。平陳，郡廢。大業初置交趾郡。龍編舊置交趾郡。平陳，郡廢。朱䳒舊置武平郡。平陳，郡廢。隆平舊曰武定，置武平郡。平陳，郡廢。開皇十八年縣改名焉。平道舊曰國昌，開皇十二年改名焉。交趾　嘉寧舊置興州、新昌郡。平陳，郡廢。十八年改曰峯州，大業初州廢。新昌　安人舊曰臨西，開皇十八年改名焉。

九真郡梁置愛州。統縣七，户一萬六千一百三十五。

九真帶郡。有陽山、堯山。移風舊置九真郡。平陳，郡廢。胥浦　隆安舊曰高安，開皇十八年改名焉。軍安　安順舊曰常樂，開皇十六年改名焉。日南

日南郡梁置德州，開皇十八年改曰驩州。統縣八，户九千九百一十五。

九德帶郡。咸驩　浦陽　越常　金寧梁置利州。開皇十八年改爲智州，大業初州廢。交谷梁置明州，大業初州廢。安遠　光安舊曰西安，開皇十八年改名焉。

比景郡大業元年平林邑，置蕩州，尋改爲郡。統縣四，户一千八百一十五。

比景　朱吾　壽泠　西捲

海陰郡大業元年平林邑，置農州，尋改爲郡。統縣四，户一千一百。

新容　真龍　多農　安樂

林邑郡大業元年平林邑，置沖州，尋改爲郡。統縣四，户一千二百二十。

象浦　金山　交江　南極

揚州於禹貢爲淮海之地。在天官，自斗十二度至須女七度，爲星紀，於辰在丑，吴、越得其分野。江南之俗，火耕水耨，食魚與稻，以漁獵爲業，雖無蓄積之資，然而亦無饑餒。其俗信鬼神，好淫祀，父子或異居，此大抵然也。江都、弋陽、淮南、鍾離、蘄春、同安、廬江、歷陽，人性並躁勁，風氣果決，包藏禍害，視死如歸，戰而貴詐，此則其舊風也。自平陳之後，其俗頗變，尚淳質，好儉約，喪紀婚姻，率漸於禮。其俗之敝者，稍愈於古焉。丹陽舊京所在，人物本盛，小人率多商販，君子資於官禄，市廛列肆，埒於二京，人雜五方，故俗頗相類。京口東通吴、會，南接江、湖，西連都邑，亦一都會也。其人本並習戰，號爲天下精兵。俗以五月五日爲鬭力之戲，各料彊弱相敵，事類講武。宣城、毗陵、吴郡、會稽、餘杭、東陽，其俗亦同。然數郡川澤沃衍，有海陸之饒，珍異所聚，故商賈並湊。其人君子尚禮，庸庶敦厖，故風俗澄清，而道教隆洽，亦其風氣所尚也。豫章之俗，頗同吴中，其君子善居室，小人勤耕稼。衣冠之人，多有數婦，暴面市廛，競分銖以給其夫。及舉孝廉，更要富者，前妻雖有積年之勤，子女盈室，猶見放逐，以避後人。俗少爭訟，而尚歌舞。一年蠶四五熟，勤於紡績，亦有夜浣紗而旦成布者，俗呼爲鷄鳴布。新安、永嘉、建安、遂安、鄱陽、九江、臨川、廬陵、南康、宜春，其俗又頗同豫章，而廬陵人厖淳，率多壽考。然此數郡，往往畜蠱，而宜春偏甚。其法以五月五日聚百種蟲，大者至蛇，小者至蝨，合置器中，令自相啖，餘一種存者留之，蛇則曰蛇蠱，蝨則曰蝨蠱，行以殺人。因食入人腹内，食其五藏，死則其産移入蠱主之家，三年不殺他人，則畜者自鍾其弊。累世子孫相傳不絶，亦有隨女子嫁焉。干寶謂之爲鬼，其實非也。自侯景亂後，蠱家多絶，既無主人，故飛遊道路之中則殞焉。

自嶺已南二十餘郡，大率土地下濕，皆多瘴厲，人尤夭折。南海、交趾，各一都會也，並所處近海，多犀象瑇瑁珠璣，奇異珍瑋，故商賈至者，多取富焉。其人性並輕悍，易興逆節，椎結踑踞，乃其舊風。其俚人則質直尚信，諸蠻則勇敢自立，皆重賄輕死，唯富爲雄。巢居崖處，盡力農事。刻木以爲符契，言誓則至死不改。父子別業，父貧，乃有質身於子。諸獠皆然。並鑄銅爲大鼓，初成，懸於庭中，置酒以招同類。來者有豪富子女，則以金銀爲大釵，執以叩鼓，竟乃留遺主人，名爲銅鼓釵。俗好相殺，多搆讎怨，欲相攻則鳴此鼓，到者如雲。有鼓者號爲「都老」，羣情推服。本之舊事，尉陀於漢，自稱「蠻夷大酋長、老夫臣」，故俚人猶呼其所尊爲「倒老」也。言訛，故又稱「都老」云。

南郡舊置荆州。西魏以封梁爲蕃國，又置江陵總管府。開皇初府廢。七年併梁，又置江陵總管，二十年改爲荆州總管。大業初廢。統縣一十，户五萬八千八百三十六。

江陵帶南郡。開皇初郡廢，大業初復置郡。長楊開皇八年置，并立睦州，十七年州廢。有宜陽山。宜昌開皇九年置松州，又省歸化、受陵二縣入。十一年州廢，又省宜都縣入。有丹山、黃牛山。枝江　當陽後周置平州，領漳川、安遠二郡，屬梁蕃。開皇七年改爲玉州，九年州郡並廢。梁又置安居縣，開皇十八年改曰昭丘，大業初改曰荆臺，尋廢入。有清溪山。松滋江左舊置河東郡。平陳，郡廢。有涔水。長林舊曰長寧縣。開皇十一年省長林縣入，十八年改曰長林。公安陳置荆州。開皇九年省孱陵、永安二縣入。有黃山。有靈溪水。安興舊置廣牧縣，開皇十一年省安興縣入，仁壽初改曰安興。又有定襄縣，大業初廢入。紫陵西魏置華陵縣，後周改名焉。其城南面，梁置郗州，又置雲澤縣。大業初州縣俱廢入焉。有硤石山。

夷陵郡梁置宜州，西魏改曰拓州，後周改曰硤州。統縣三，户五千一百七十九。

夷陵帶郡。有馬穴。夷道舊置宜都郡，開皇七年廢。有女觀山。遠安舊曰高安，置汶陽郡。又周改縣曰安遠〔四六〕。開皇七年郡廢。

竟陵郡舊置郢州。統縣八，户五萬三千三百八十五。

長壽後周置石城郡，開皇初郡廢，大業初置竟陵郡。又梁置北新州及梁寧等八郡，後周保定中，州及八郡總管廢入焉。有敖山。藍水宋僑立馮翊郡、蓮勺縣。西魏改郡爲漢東，縣爲藍水。又宋置高陸縣，西魏改曰漖水。開皇初郡廢，大業初省漖水入焉。有唐水。汾川後周置，及置漖川郡。又置清縣〔四七〕，西魏改曰漖陂。開皇初郡廢，大業初省漖陂入焉。漢東齊置，曰上蔡，及置齊興郡。後周郡廢。開皇十八年縣改名焉。有東温山。清騰梁置，曰梁安，又立崇義郡。後周廢郡。後周又有遂安郡，開皇初廢，七年改名焉。有清騰山。樂鄉舊置武寧郡，西魏置鄀州。又梁置旌陽縣，後改名惠懷，西魏又改曰武山。開皇七年郡廢，大業初州廢，又廢武山入焉。有武陵山。豐鄉西魏置，又置基州及章山郡。開皇七年郡廢，大業初州廢。章山西魏置，曰禄麻，及立上黄郡。開皇七年郡廢，大業初縣改名焉。

沔陽郡後周置復州，大業初改曰沔州。統縣五，户四萬一千七百一十四。

沔陽梁置沔陽、營陽、州城三郡。西魏省州陵、惠懷二縣，置縣曰建興。後周置復州，後又省營陽、州城二郡入建興。開皇初州移郡廢，仁壽三年復置州。大業初改建興曰沔陽，州廢，復置沔陽郡焉。監利　竟陵舊曰霄城，置竟陵郡。後周改縣曰竟陵〔四八〕。開皇初置復州，仁壽三年州復徙建興。又有京山縣，齊置建安郡，西魏改曰光川，後周郡廢。大業初京山縣又廢入焉。甑山梁置梁安郡。西魏改曰魏安郡，置江州，尋改郡曰汶川〔四九〕。後周置甑山縣，建德二年州廢。開皇初郡廢。有陽臺山。漢陽開皇十七年置，曰漢津，大業初改焉。有沌水。

沅陵郡開皇九年置辰州。統縣五，户四千一百四十。

沅陵舊置沅陵郡。平陳，郡廢，大業初復。大鄉梁置。鹽泉梁置。龍檦梁置。有武山。辰溪舊曰辰陽。平陳，改名；并廢故夜郎郡，置靜人縣，尋廢。又梁置南陽郡、建昌縣，陳廢縣。開皇初廢郡，置壽州，十八年改爲充州，大業初州廢。有郎溪。

武陵郡梁置武州，後改曰沅州。平陳，爲朗州。統縣二，户三千四百一十六。

武陵舊置武陵郡。平陳，郡廢，并臨沅、沅南、漢壽三縣置武陵縣。大業初復置武陵郡。有望夷山、龍山。龍陽有白查湖。

清江郡後周置亭州，大業初改爲庸州。統縣五，户二千六百五十八。

鹽水後周置縣，并置資田郡。開皇初郡廢，大業初置清江郡。巴山梁置宜都郡、宜昌縣，後周置江州。開皇初置清江縣，十八年改江州爲津州，大業初廢州，省清江入焉。清江後周置施州及清江郡。開皇初郡廢，五年置清江縣，大業初州廢。有陽瞿水。開夷後周置，曰烏飛，開皇初改焉。

建始後周置業州及軍屯郡。開皇初郡廢，五年置縣，大業初州廢。

襄陽郡江左並僑置雍州。西魏改曰襄州，置總管府。大業初府廢。統縣十一，户九萬九千五百七十七。

襄陽帶襄陽郡。開皇初郡廢，大業初復置。有鍾山、峴山、鳳林山。安養西魏置河南郡，後周廢樊城、山都二縣入，開皇初郡廢焉。穀城舊曰義城，置義城郡。後周廢郡，開皇十八年改縣名焉。又梁有筑陽，開皇初廢。又梁有興國、義城二郡，並西魏廢。有穀城山、闕林山。上洪宋僑立略陽縣，梁又立德廣郡。西魏改縣曰上洪。開皇初郡廢。又梁置新野郡，西魏改曰威寧，後周廢。有亞山。率道梁置。漢南宋曰華山，置華山郡。西魏改縣爲漢南，屬宜城郡。後周廢武建郡及惠懷、石梁、歸仁、鄀等四縣入，後省宜城郡入武泉。又梁置秦南郡，後周并武泉縣俱廢。有石梁山。陰城西魏置酇城郡，後周廢。又梁置南陽郡，西魏改爲山都郡，後周省。義清梁置，曰穰縣。西魏改爲義清，屬歸義郡。後周廢郡及左安、開南、歸仁三縣入焉。又有武泉郡，開皇初廢。有柤山〔五〇〕、靈山。有檀溪水、襄水。南漳西魏併新安、武昌、武平、安武、建平五縣置〔五一〕，初曰重陽，又立南襄陽郡。後周置沮州，尋廢，復改重陽縣曰思安。開皇初郡廢，十八年改縣曰南漳。有荊山。常平西魏置，曰義安，置長湖郡，後改縣曰常平。開皇初郡廢。又後魏置旱停縣，大業初廢。鄀春陵郡後魏置南荆州，西魏改曰昌州。統縣六，户四萬二千八百四十七。

棗陽舊曰廣昌，并置廣昌郡。開皇初郡廢，仁壽元年縣改名焉。大業初置春陵郡。又西魏置東荆州，尋廢。有霸山。有溲水。春陵舊置安昌郡，開皇初郡廢。又後魏置豐良縣，大業初廢。有石鼓山。有四望水。清潭有大洪山。有淯水。湖陽後魏置西淮安郡及南襄州〔五二〕，後郡廢，州改爲南平州。西魏改曰昇州，後又改曰湖州〔五三〕。後周改置昇平郡。開皇初郡廢。仁壽初改曰昇州，大業初州廢。又後魏置順陽郡，西魏改爲柘林郡。後周省郡，改縣曰柘林。大業初縣廢入焉。有蓼山。上馬後魏置，曰石馬，後訛爲上馬，因改焉。有鍾離縣，置洞州、洞川郡。後周州廢，開皇初郡廢。十八年改鍾離曰洞川縣，大業初廢入焉。蔡陽梁置蔡陽郡，後魏置南雍州。西魏改曰蔡州，分置南陽縣，後改曰雙泉；又置千金郡、漻源縣。開皇初郡並廢，大業初州廢，雙泉、漻源二縣並廢入焉。有唐子山、大鼓山。有漻水。

漢東郡西魏置并州，後改曰隋州。統縣八，户四萬七千一百九十三。

隋舊置隨郡，西魏又析置溳西郡及溳西縣。梁又置曲陵郡。開皇初郡並廢。大業初廢溳西縣，尋置漢東郡。土山梁曰龍巢，置土州、東西二永寧、真陽三郡，及置石武縣。後周廢三郡爲齊郡，改龍巢曰左陽；又有阜陵縣，改爲漳川縣。開皇初郡廢。十八年改左陽爲真陽，石武爲宜人。大業初又改真陽爲土山，州及宜人、漳川並廢入焉。唐城後魏曰溳西，置義陽郡。西魏改溳西爲下溠，又立肆州，尋曰唐州。後周省均、款、溳、歸四州入，改曰唐州。又有東魏南豫州，至是改爲㵐川郡，又置清嘉縣。開皇初郡並廢。十六年改下溠曰唐城，大業初州及諸縣並廢入焉。有清臺山。有㵐水。安貴梁置，曰定陽，又置北郢州。西魏改定陽曰安貴，改北郢州爲歜州，又尋廢爲溳水郡，别置戟城郡及戟城縣。後廢戟城郡，改戟城縣曰横山。開皇初溳水郡廢，大業初又廢横山縣入焉。順義梁置北隨郡。西魏改爲南陽，析置淮南郡；以厲城、順義二縣立冀州〔五四〕，尋改爲順州；又置安化縣。開皇初郡並廢，十八年改安化曰寧化。大業初州廢，改厲城爲順義，其舊順義及寧化，並廢入焉。有浮山。平林梁置上明郡，開皇初廢。有漂水。上明西魏置，曰洛平縣，開皇十八年改名焉。有鸜鵒山。光化舊曰安化，西魏改爲新化，後周又改焉。

安陸郡

安陸郡梁置南司州，尋罷。西魏置安州總管府，開皇十四年府廢。統縣八，户六萬八千四十二。

安陸舊置安陸郡。開皇初郡廢，大業初復置郡。有舊永陽縣，西魏改曰吉陽，至是廢入。孝昌西魏置岳州及岳山郡，後周州郡並廢。又有澴岳郡，開皇初廢。有鳳皇岡。吉陽梁置，曰平陽，及立汝南郡。西魏改郡爲董城〔五五〕，改縣曰京池。後周置澴州，尋州郡並廢。大業初改縣曰吉陽。又梁置義陽郡，西魏改爲南司州，尋廢。應陽西魏置，曰應城，又置城陽郡。開皇初郡廢，大業初縣改名焉。有潼水、温水。雲夢西魏置。京山舊曰新陽，梁置新州、梁寧郡。西魏改州爲温州，改縣爲角陵，又置盤陂縣。開皇初郡廢，大業初州廢；改角陵曰京山，廢盤陂入焉。有角陵山、京山。富水舊曰南新市。西魏改爲富水，又置富水郡〔五六〕。開皇初郡廢。應山梁置，曰永陽，仍置應州，又有平靖郡。西魏又置平靖縣。開皇初郡廢，大業初州廢，又省平靖縣入焉。有大龜山、安居山。

永安郡後齊置衡州，陳廢，後周又置，開皇五年改曰黃州。統縣四，戶二萬八千三百九十八。

黃岡齊曰南安，又置齊安郡。開皇初郡廢，十八年改縣曰黃岡。又後齊置巴州，陳廢。後周置，曰弋州，統西陽、弋陽、邊城三郡。開皇初州郡並廢，大業初置永安郡。黃陂後齊置南司州。後周改曰黃州，置總管府，又有安昌郡。開皇初府廢。又後齊置滻州〔五七〕，陳廢之。木蘭梁曰梁安，置梁安郡，又有永安、義陽二郡。後齊置湘州，後改爲北江州〔五八〕。開皇初別置廉城縣〔五九〕，尋及州、二郡相次並廢。十八年改縣曰木蘭。麻城梁置信安，又有北西陽縣。陳廢北西陽，置定州。後周改州曰亭州，又有建寧、陰平、定城三郡。開皇初州郡並廢，十八年縣改名焉。有陰山。

義陽郡齊置司州。梁曰北司州，後復曰司州。後魏改曰郢州，後周改曰申州，大業二年爲義州。統縣五，戶四萬五千九百三十。

義陽舊曰平陽，置宋安郡。開皇初郡廢，縣改名焉。大業初置義陽郡。有大龜山、金山。鍾山舊曰鄳。後齊改曰齊安，仍置郡。開皇初郡廢，縣改曰鍾山。有鍾山。羅山後齊置，曰高安。開皇初廢，十六年置，曰羅山。禮山舊曰東隨，開皇九年改焉。有關官。有禮山。淮源後齊置，曰慕化，置淮安郡。開皇初郡廢，大業初縣改名焉。有油水。

九江郡舊置江州。統縣二，户七千六百一十七。

湓城舊曰柴桑，置尋陽郡。梁又立汝南縣。平陳，郡廢，又廢汝南、柴桑二縣，立尋陽縣，十八年改曰彭蠡。大業初置郡，縣改名焉。有巢湖、彭蠡湖。有廬山、望夫山。彭澤梁置太原郡，領彭澤、晉陽、和城、天水。平陳，郡縣並廢，置龍城縣。開皇十八年改名焉。有釣磯。

江夏郡舊置郢州。梁分置北新州，尋又分北新立土、富、洄、泉、豪五州。平陳，改置鄂州。統縣四，户一萬三千七百七十一。

江夏舊置江夏郡。平陳，郡廢，大業初復置。有烽火山、塗水。武昌舊置武昌郡。平陳，郡廢，又廢西陵、鄂二縣入焉。有樊山、白紵山。永興陳曰陽新。平陳，改曰富川。開皇十一年廢永興縣入，十八年改名焉。有五龍山。蒲圻梁置上雋郡，又有沙陽縣，置沙州，州尋廢。平陳，郡廢。有石頭山、魚嶽山、鮑山。

澧陽郡平陳，置松州，尋改爲澧州。統縣六，户八千九百六。

澧陽平陳，置縣，大業初置郡。有藥山。有油水。石門舊置天門郡〔六〇〕。平陳，郡廢。孱陵舊曰作唐〔六一〕，置南平郡。平陳，郡廢，縣改名焉。安鄉舊置義陽郡。平陳，郡廢。有皇山。崇義後周置衡州。開皇中置縣，名焉。十八年改州曰崇州，大業初州廢。有澧水。慈利開皇中置，曰零陵，十八年改名焉。有始零山。

巴陵郡梁置巴州。平陳，改曰岳州，大業初改曰羅州。統縣五，户六千九百三十四。

巴陵舊置巴陵郡。平陳，郡廢，大業初復置郡。華容舊曰安南，梁置南安湘郡〔六二〕，尋廢。開皇十八年縣改名焉。沅江梁置，曰藥山，仍爲郡。平陳，郡廢，縣改曰安樂，十八年改曰沅江。湘陰梁置岳陽郡及羅州，陳廢州。平陳，廢郡及湘陰入岳陽縣，置玉州。尋改岳陽爲湘陰，廢玉山縣入焉。十二年廢玉州。羅開皇九年廢吴昌、湘濱二縣入。有潰水〔六三〕、汨水。

長沙郡舊置湘州，平陳置潭州總管府，大業初府廢。統縣四，户一萬四千二百七十五。

長沙舊曰臨湘，置長沙郡。平陳，郡廢，縣改名焉。有銅山、錫山。衡山舊置衡陽郡。平陳，郡廢，併衡山、湘鄉、湘西三縣入焉〔六四〕。益陽平陳，併新康縣入焉。有浮梁山。邵陽舊置邵陵郡。平陳，郡廢，併扶夷、都梁二縣入焉。

衡山郡平陳，置衡州。統縣四，户五千六十八。

衡陽〔六五〕舊置湘東郡。平陳，郡廢，并省臨烝、新城、重安三縣入焉。有衡山、武水、連水〔六六〕。耒陰舊曰耒陽〔六七〕。平陳，改名焉。有肥水、酃水。湘潭平陳，廢茶陵、攸水、陰山、建寧四縣入焉。有武陽山。有歷水。新寧有宜溪水、春江〔六八〕。

桂陽郡平陳，置郴州。統縣三，户四千六百六十六。

郴舊置桂陽郡。平陳，郡廢，大業初復置。有萬歲山。有溱水。臨武有華陰山。盧陽陳置盧陽郡。平陳，郡廢。有淥水〔六九〕。

零陵郡平陳初，置永州總管府，尋廢府。統縣五，户六千八百四十五。

零陵舊曰泉陵〔七〇〕，置零陵郡。平陳，郡廢，又廢應陽、永昌、祁陽三縣入焉〔七一〕。大業初復置郡。湘源平陳，廢洮陽、灌陽、零陵三縣置縣〔七二〕。有黄華山。有觀水、湘水、洮水。永陽舊曰營陽，梁置永陽郡〔七三〕。平陳，郡廢，併營浦、謝沐二縣入焉。營道平陳，併泠道、舂陵二縣入。有九疑山、營山。馮乘有馮水。

熙平郡平陳，置連州。統縣九，户一萬二百六十五。

桂陽梁置陽山郡。平陳，郡廢。大業初置熙平郡。有貞女山、方山。有盧水、洭水〔七四〕。陽山有斟水。連山梁置，曰廣德，隋改曰廣澤〔七五〕，仁壽元年改名焉。有黄連山。宣樂梁置，曰梁樂，并置梁樂郡，平陳，郡廢，十八年改爲宣樂。游安 熙平舊置齊樂郡，平陳，郡廢。武化梁置。桂嶺舊曰興安，開皇十八年改名焉。開建梁置南靜郡，平陳，郡廢。

尚書：「荆及衡陽惟荆州。」上當天文，自張十七度至軫十一度，爲鶉首，於辰在巳，楚之分野。其風俗物産，頗同揚州。其人率多勁悍決烈，蓋亦天性然也。南郡、夷陵、竟陵、沔陽、沅陵、清江、襄陽、舂陵、漢東、安陸、永安、義陽、九江、江夏諸郡，多雜蠻左，其與夏人雜居者，則與諸華不別。其僻處山谷者，則言語不通，嗜好居處全異，頗與巴、渝同俗。諸蠻本其所出，承盤瓠之後，故服章多以班布爲飾。其相呼以蠻，則爲深忌。自晉氏南遷之後，南郡、襄陽，皆爲重鎮，四方湊會，故益多衣冠之緒，稍尚禮義經籍焉。九江襟帶所在，江夏、竟陵、安陸，各置名州，爲藩鎮重寄，人物乃與諸郡不同。大抵荆州率敬鬼，尤重祠祀之事，昔屈原爲制九歌，蓋由此也。屈原以五月望日赴汨羅，土人追至洞庭不見，湖大舡小，莫得濟者，乃歌曰：「何由得渡湖！」因爾鼓櫂爭歸，競會亭上，習以相傳，爲競渡之戲。其迅檝齊馳，櫂歌亂響，喧振水陸，觀者如雲，諸郡率然，而南郡、襄陽尤甚。二郡又有牽鉤之戲，云從講武所出，楚將伐吳，以爲教戰，流遷不改，習以相傳。鉤初發動，皆有鼓節，羣譟歌謡，振驚遠近，俗云以此厭勝，用致豐穰。其事亦傳于他郡。梁簡文之臨雍部，發教禁之，由是頗息。其死喪之紀，雖無被髮袒踊，亦知號叫哭泣。始死，即出屍於中庭，不留室内。斂畢，送至山中，以十三年爲限。先擇吉日，改入小棺，謂之拾骨。拾骨必須女壻，蠻重女壻，故以委之。拾骨者，除肉取骨，棄小取大。當葬之夕，女壻或三數十人，集會於宗長之宅，著芒心接籬，名曰茅綏。各執竹竿，長一丈許，上三四尺許，猶帶枝葉。其行伍前却，皆有節奏，歌吟叫呼，亦有章曲。傳云盤瓠初死，置之於樹，乃以竹木刺而下之，故相承至今，以爲風俗。隱諱其事，謂之刺北斗。既葬設祭，則親疎咸哭，哭畢，家人既至，但歡飲而歸，無復祭哭也。其左人則又不同，無衰服，不復魄。始死，置屍館舍，隣里少年，各持弓箭，遶屍而歌，以箭扣弓爲節。其歌詞説平生樂事，以至終卒，大抵亦猶今之挽歌。歌數十闋，乃衣衾棺斂，送往山林，别爲廬舍，安置棺柩。亦有於村側瘞之，待二三十喪，總葬石窟。長沙郡又雜有夷蜒，名曰莫徭，自云其先祖有功，常免徭役，故以爲名。其男子但著白布褌衫，更無巾袴；其女子青布衫、班布裙，通無鞋屩。婚嫁用鐵鈷鏻爲聘財。武陵、巴陵、零陵、桂陽、澧陽、衡山、熙平皆同焉。其喪葬之節，頗同於諸左云。

校勘記

〔一〕大業四年府廢　楊守敬考證卷七謂，本書卷三煬帝紀上，大業元年正月「廢諸州總管府」，則「四年」應是「元年」之誤。今按，寰宇記卷一五徐州稱，「隋初罷總管」，元和志卷九徐州則載開皇「十四年，廢總管府爲彭城郡」。諸書各有差歧。

〔二〕開皇十六年改曰滕縣　「滕縣」，原作「滕郡」。舊唐書卷三八地理志一，徐州滕縣「古滕國，隋置縣」。元和志卷九徐州滕縣：「後魏置蕃郡，以縣屬焉。北齊郡縣並廢。隋於此置滕縣，屬徐州。」今據改。

〔三〕大業二年改爲魯郡　「二年」，疑應作「三年」。按，本書卷三煬帝紀上，大業三年四月壬辰，始「改州爲郡」。元和志卷一〇兗州鄒縣：「隋大業二年改兗州爲魯州，三年罷魯州爲魯郡，縣皆屬焉。」

〔四〕舊曰博置泰山郡後齊改郡曰東平又併博平牟入焉　魏書卷一〇六中地形志中，兗州泰山郡領鉅平、博平、牟等縣，疑「舊曰博」應作「舊曰博平」，「博平」應是「鉅平」之誤。

〔五〕有奉高縣開皇六年改曰岱山大業初州廢　此稱「州廢」，但上文並無置州記載，當有奪文。廣弘明集卷一七王劭舍利感應記，仁壽元年，在全國三十處建舍利塔，「泰州於岱岳寺起塔」，所置當是「泰州」。

〔六〕舊置南青州及東安郡　下文稱「開皇初郡廢，改縣」，但未及所改何縣，楊守敬考證卷七據此認爲，此「『舊』下有脱文，當作『舊曰東莞』」。

〔七〕後齊分廣饒置東海縣　「後齊」，疑應作「後周」。元和志卷一一海州東海縣：「高齊廢臨海鎮。周武帝復置東海縣，後遂因之。」寰宇記卷二二海州東海縣：「後周建德四年又增置東海縣。」

〔八〕東魏改曰海安　「海安」，疑是「海西」之誤。魏書卷一〇六中地形志中，海西郡海西縣「武定七年分襄賁置」。

〔九〕梁置潼陽郡　「潼陽郡」，魏書卷一〇六中地形志中作「僮陽郡」。寰宇記卷二二海州沭陽縣：「梁武帝天監五年復置僮陽郡，領僮縣。至太清三年，地入魏；孝靜帝改僮陽郡爲沭陽，以在沭水之陽爲名。」

〔一〇〕義唐郡　魏書卷一〇六中地形志中南青州作「義塘郡」。

〔一一〕又有梁臨清天水浮陽三郡東魏併爲甬城縣　「甬城縣」，疑應作「角城縣」。魏書卷一〇六中地形志中東楚州淮陽郡角城「武定七年改蕭衍臨清、天水、浮陽三縣置」。

〔一二〕舊魏置盱眙郡　「魏」字疑是衍文。晉書卷一五地理志下，義熙七年，「以盱眙立盱眙郡，統考城、直瀆、陽城三縣」，宋書卷三五州郡志一亦稱，盱眙郡「晉安帝分立」。是晉、宋已置盱眙郡。

〔一三〕梁置涇城東陽二郡　「涇」下當補「州領涇」三字。通鑑卷一六五梁紀二一元帝承聖三年胡注：「五代志：江都郡永福縣舊曰沛，梁置涇州，領涇城、東陽二郡。」寰宇記卷一二三揚州六合縣引郡國志「梁于石梁置涇州」。此當涉「涇」字重出而誤。

〔一四〕濠州　原作「豪州」，寰宇記卷一二八作「濠州」，元和志卷九濠州：「隋開皇三年改爲濠州，因水爲名。」今據改。

〔一五〕大業初置淮南郡　「淮南郡」，原作「南郡」，據楊守敬考證卷八引宋本改。

〔一六〕有弋陽山浮光山　水經注卷三〇淮水：「淮水又東逕浮光山北，亦曰扶光山，即弋陽山也。」元和志卷九光州光山縣、寰宇記卷一二七光州光山縣略同。「扶光山」即「浮光山」。疑本條

「浮光山」原是注文，誤竄入正文。

〔一七〕省北弋陽入南弋陽改爲定遠焉　「定遠」，疑是「定城」之誤。寰宇記卷一二七光州定城縣引輿地志：「武平元年改南弋陽縣爲定城縣。」輿地廣記卷二一光州定城縣同。

〔一八〕梁置義城郡及建州并所領平高新蔡新城三郡　「平高」，疑應是「高平」之誤。魏書卷一〇六中地形志中，南建州「蕭衍置，魏因之，治高平城」，領高平、新蔡等七郡。又，地形志新城郡屬南朔州所領，與此異。

〔一九〕安陽山　原作「安陽郡」，據楊守敬考證卷八引宋本改。寰宇記卷一二七光州固始縣：「安陽山，在縣東六十里。山頂與霍縣分界。」

〔二〇〕雍州　原作「羅州」，據通典卷一八一州郡一一蘄春郡、寰宇記卷一二七蘄州、輿地廣記卷二一蘄州改。

〔二一〕梁置高塘郡　「高塘郡」，疑應作「高唐郡」。梁書卷六敬帝紀，太平二年正月「分尋陽、太原、齊昌、高唐、新蔡五郡，置西江州」。陳書卷五宣帝紀，太建八年十一月「丁酉，分江州晉熙、高唐、新蔡三郡爲晉州」。可證。

〔二二〕大業初置歷陽郡　上文歷陽縣下謂「大業初復置郡」，既已在歷陽縣置歷陽郡，則不得在烏江縣下復置歷陽郡，楊守敬考證卷八據此認爲本句應是衍文。今按，寰宇記卷一二四和州烏江縣下稱「隋爲烏江郡」，此處之「歷陽郡」或是「烏江郡」之誤。姑存疑。

〔三〕于湖　原作「平湖」，據楊守敬考證卷八引宋本改。宋書卷三五州郡志一，于湖縣，晉武帝太康二年分丹楊縣立。元和志卷二八宣州當塗縣，隋煬帝大業十年廢于湖縣。

〔四〕繁昌　原作「樊昌」，據宋書卷三五州郡志一、南齊書卷一四州郡志上改。

〔五〕廢丹陽郡入　上文江寧縣下稱「平陳，又廢丹陽郡」，則此「丹陽郡」當作「丹陽縣」。梁書卷六敬帝紀太平元年五月庚寅，「齊軍水步入丹陽縣」，即此。

〔六〕故治　疑應作「故冶」。寰宇記卷一〇五池州銅陵縣：「本漢南陵縣，自齊、梁之代爲梅根冶，以烹銅鐵。」

〔七〕平陳改名焉　「平陳」二字原闕，楊守敬考證卷八：「各本脱『平陳』二字，今據宋本訂。」今據補。

〔八〕臨津　原作「臨澤」，據宋書卷三五州郡志一、南齊書卷一四州郡志上改。

〔九〕胥山　原作「首山」。寰宇記卷九一蘇州吳縣：「胥山，在縣西四十里。吳録云：『吳王殺子胥，投之於江，吳人立祠於江上，因名胥山。』」水經注卷四〇漸水引吳録同。今據改。

〔一〇〕重山　寰宇記卷九六越州山陰縣作「種山」，引吳越春秋稱「大夫種所葬處」。續漢書郡國志四引越絶書、元和志卷二六越州會稽縣作「重山」。御覽卷四七地部一二會稽東越諸山「重山」引孔曄會稽記：「重山，大夫種墓，語訛成『重』。」

〔一一〕鄮　原作「鄮」，據漢書卷二八上地理志上、續漢書郡國志四改。

〔三二〕石甑山　原作「不甑山」，據至順本、汲本改。寰宇記卷九三杭州於潛縣引郡國志：「石甑山，一名天姥山，有石危如甑，三石支在下，一人摇之，甑動，更加千人摇之，終不落。」

〔三三〕龍山樓山丘山　「龍山丘山」，疑是「龍丘山」之誤。續漢書郡國志四太末縣注引東陽記，縣有龍丘山，「龍丘萇隱居於此，因以爲名」。後漢書卷七六循吏龍丘萇傳、寰宇記卷九七衢州龍游縣引略同。元和志卷二六衢州龍丘縣：「晉改太末爲龍丘，因縣東龍丘山爲名。隋末廢，貞觀八年又置。」

〔三四〕陳銀城縣廢入焉　「陳」，原作「鍊」，據至順本、汲本改。

〔三五〕開皇九年省并永脩豫章新吴四縣入焉　「并」，疑是「艾」之誤。寰宇記卷一〇六洪州武寧縣：「陳武帝初割建昌、豫寧、艾、永脩、新吴等五縣，立爲豫寧郡，屬江州。隋平陳，廢郡，置洪州。因廢豫寧郡，割艾、永脩、新吴、豫寧等入建昌，并隸洪州，爲總管府。」

〔三六〕梁陳並置都督府　「都」字原闕，據楊守敬考證卷八引宋本補。

〔三七〕湞陽縣　原作「須陽縣」，據宋書卷三七州郡志三、南齊書卷一五州郡志下改。

〔三八〕瀛州　原作「嬴州」，據通典卷一八二州郡一二潮陽郡潮州、寰宇記卷一五八嶺南道潮州改。

〔三九〕義招　原作「昭義」，據宋書卷三八州郡志四、南齊書卷一四州郡志上改。寰宇記卷一五八潮州潮陽縣引南越志：「義安郡有義昭縣，昔流人營也。」即此。

〔四〇〕大業初廢永熙郡　「廢永熙郡」，與下文「開陽、正義俱廢入」文意不合。通典卷一八四州郡一四開陽郡瀧州稱，「隋煬帝初，州廢，瀧州置永熙郡」。寰宇記卷一六四嶺南道康州條之「廢瀧州」下亦載「隋煬帝初，廢州置永熙郡」。輿地廣記卷三五康州端溪縣：「大業初，以瀧水立永熙郡，而省開陽、正義入焉。」當從寰宇記，在「廢」下補「州置」二字，作「大業初，廢州置永熙郡」。

〔四一〕大業初廢郡　「郡」字原闕，據楊守敬考證卷八引宋本補。

〔四二〕目山　元和志卷三七昭州平樂縣、寰宇記卷一六三昭州平樂縣俱作「目巖山」。寰宇記引盛弘之荆州記：「平樂縣西南數十里有山，其巖間有兩目，如人眼極大，瞳子黑白分明，因名爲目巖山。」當從作「目巖山」。

〔四三〕又置臨賀綏越蕩山三縣入焉　元和志卷三七賀州臨賀縣：「隋大業二年省臨賀縣入富川縣，十二年重置，屬蒼梧郡。」同卷蕩山縣下亦稱「隋大業二年省」。此所謂「入」者，謂三縣廢入富川縣，疑「置」應作「廢」。

〔四四〕戎成　元和志卷三七梧州戎城縣、通典卷一八四州郡一四蒼梧郡戎城縣、舊唐書卷四一地理志四、新唐書卷四三上地理志七上、寰宇記卷一六四梧州戎城縣作「戎城」。

〔四五〕遂成　南齊書卷一四州郡志上、元和志卷三七梧州戎城縣、寰宇記卷一六四梧州戎城縣作「遂城」。

〔四六〕又周改縣曰安遠　「又」，疑應作「後」，「安遠」，疑應作「遠安」。按，輿地紀勝卷七三峽州遠安縣引隋志作「後周改縣曰遠安」。寰宇記卷一四七峽州遠安縣「後周明帝武成元年改高安爲遠安縣」。舊唐書卷三九地理志二「後周改爲遠安」，輿地紀勝引元和志亦稱「後周武成元年改爲遠安」。又，元豐九域志卷六夷陵郡遠安縣「有遠安山」，縣當因山得名。

〔四七〕又置清縣　楊守敬考證卷九：「清縣當是梁置，志脱『梁』字，文遂不順。」

〔四八〕後周改縣曰竟陵　「縣」字原闕，據楊守敬考證卷九引宋本補。

〔四九〕尋改郡曰汶川　舊唐書卷四〇地理志三鄂州汊川縣：「漢安陸縣地，後魏置汊川郡。」元和志卷二七沔州亦作「汊川」。

〔五〇〕相山　原作「祖山」，據元和志卷二一襄州南漳縣、寰宇記卷一四五襄州南漳縣改。

〔五一〕西魏併新安武昌武平安武建平五縣　「武平安武建平」，原作「平武安武建」。按，南齊書卷一五州郡志下，南襄郡領新安、武昌、建武、武平，今據補改。

〔五二〕後魏置西淮安郡　魏書卷一〇六下地形志下，南襄州領西淮郡，無「西淮安郡」，疑「安」字衍。

〔五三〕西魏改曰昇州後又改曰湖州　周書卷二文帝紀下，魏廢帝三年正月，改「南襄爲湖州」、「南平爲昇州」，此將二州混而爲一。

〔五四〕以厲城順義二縣立冀州　「以」字原闕，據楊守敬考證卷九引宋本補。

〔五五〕董城　原作「重城」。輿地紀勝卷七七安州「古跡」載，董城「因孝子董黯得名」。又在晉董黯墓碑下稱：「圖經云，即董城，在孝感縣北一百三十里。昔孝子董黯家焉。故後魏大統十六年改爲董城。」梁書卷四簡文帝紀，大寶二年，「邵陵王綸走至安陸董城」，即此。今據改。

〔五六〕西魏改爲富水又置富水郡　「富水郡」，原作「富人郡」，據楊守敬考證卷九引宋本改。輿地紀勝卷八四郢州引隋志：「西魏改爲富水縣，又置富水郡。」疑前「富水」下應補「縣」字。

〔五七〕又後齊置澬州　「澬州」，原作「産州」。陳書卷五宣帝紀，太建五年十月，以「澬、湍爲漢陽郡」，屬司州。楊守敬考證卷九謂：「據此，則陳廢澬州，改置漢陽郡。」今據改。

〔五八〕又有永安義陽二郡後齊置湘州後改爲北江州　魏書卷一〇六中地形志中：湘州，「蕭衍置，魏因之，治大治關城」，領安蠻、梁寧、永安三郡；北江州，「蕭衍置，魏因之，治鹿城關」，領義陽、齊昌、新昌、梁安、光城、齊興六郡。楊守敬考證卷九據此認爲：「湘州、北江州明係兩地，此志既誤梁爲後齊，又合二州爲一；又僅載湘州之永安、江州之義陽，其餘并略之，皆其疏漏。」

〔五九〕開皇初別置廉城縣　魏書卷一〇六中地形志中，北江州「治鹿城關」，楊守敬考證卷九據此認爲，「廉城縣」應是「鹿城縣」之誤。

〔六〇〕天門郡　原作「石門郡」，據宋書卷三七州郡志三、水經注卷三七澧水、舊唐書卷四〇地理志三、輿地紀勝卷七〇澧州石門縣引元和志、寰宇記卷一一八澧州石門縣改。

〔六一〕作唐　原作「作塘」，據宋書卷三七州郡志三、水經注卷三七澧水、輿地紀勝卷七〇澧州安鄉縣引元和志改。

〔六二〕梁置南安湘郡　讀史方輿紀要卷七七岳州府華容縣引劉昫曰：「安南縣，劉表所置也，宋、齊因之。梁封蕭駿爲安南侯；又置南安郡于此，郡尋廢。」疑「湘」字爲衍文。

〔六三〕澋水　原作「渭水」，據水經注卷三九澋水改。

〔六四〕湘西　原作「湘東」，據楊守敬考證卷九引宋本改。

〔六五〕衡陽　原作「衡山」。按，上文長沙郡已有「衡山縣」，此不得重出。今據舊唐書卷四〇地理志三衡州、新唐書卷四一地理志五衡州改。

〔六六〕連水　楊守敬考證卷九謂應作「漣水」。水經注卷三八漣水載，漣水出連道縣西，「過湘南縣南，又東北至臨湘縣西南，東入于湘」。即此。

〔六七〕舊曰洣陽　「洣陽」，原作「洙陽」，據至順本、殿本改。

〔六八〕舂江　原作「春江」，水經注卷三八湘水，舂水「上承營陽舂陵縣西北潭山，又北逕新寧縣東，又西北流注于湘水也」。從楊守敬考證卷九改。

〔六九〕渌水　原作「淥水」，據至順本、汲本改。

〔七〇〕泉陵　原作「泉陽」，據楊守敬考證卷九引宋本改。輿地紀勝卷五六永州零陵縣：本漢零陵郡之泉陵縣，「歷晉、宋、齊、梁、陳，並無所改」。

〔七一〕祁陽　原作「初陽」，據楊守敬考證卷九引宋本改。宋書卷三七州郡志三亦作「祁陽」。

〔七一〕零陵　原作「小零陵」，據楊守敬考證卷九引宋本改。

〔七二〕梁置永陽郡　汲本、殿本「梁」下有「改名焉」三字。按，通典卷一八三州郡一三江華郡道州：「漢初屬長沙國，後屬零陵郡。後漢、魏及晉皆因之。宋齊爲營陽郡。梁改營陽爲永陽郡。」寰宇記卷一一六道州，梁天監十四年，改營陽郡爲永陽郡。

〔七三〕洭水　原作「淮水」，據楊守敬考證卷九改。按，水經注卷三九洭水載，洭水「出桂陽縣西北上驛山盧溪，爲盧溪水，東南流逕桂陽縣故城，謂之洭水」。楊守敬指出，「據此，則盧水即洭水，不知志何以分爲二」。

〔七四〕連山梁置曰廣德隋改曰廣澤　元和志卷二九連州連山縣：「梁武帝分桂陽置廣惠縣，隋開皇十年改爲廣澤。」寰宇記卷一一七連州連山縣略同。舊唐書卷四〇地理志三連州連山縣：「晉武分桂陽立廣惠縣，隋改爲廣澤。」「廣德」作「廣惠」。